Self-concept in
childhood and
adolescence

児童期・青年期の自己概念

富岡比呂子 著　Hiroko I. Tomioka

ナカニシヤ出版

はじめに

　自己とはなんだろうか。また，どうしたらより明確に把握し，理解することができるのだろうか。古来，多くの心理学者はこの問いに挑み続けてきたといってよい。辞書をひくと，「自己」という言葉の後に続く単語は，自己評価，自己受容，自己満足，自己高揚，自己責任……など数多くの語句があり，自己という目に見えないものをいかにとらえ，理解するかについての関心の高さがうかがえる。

　人は自分についてどう思うのだろうか。自分で自分をどんな人間だと理解しているのだろうか。そのような自分自身に対する評価や概念は自己概念とよばれ，幼少時から周囲の生育環境による内的及び外的な影響を受けるなかで発達するものである。また青年期になっても，本人の性格や行動パターンに影響を及ぼすことになる，パーソナリティを形成する一つの核といえる。近年の教育心理学では，自己概念は子どもの学業成績だけでなく，環境への適応，精神的健康や友人関係と関連しているという結果が出ている。

　この本のテーマは，自己に関する研究の一分野であり，自分に対する主観的かつ包括的な知覚・評価である自己概念を研究対象とする。第1章では，自己とは何かについて，先行研究を中心に概観する。古くは，ジェームズ (William James, 1842-1910) やミード (George H. Mead, 1863-1931)，クーリー (Charles H. Cooley, 1864-1929) にさかのぼり，自己の理論化についての研究のレビューをおこなう。実際に手にしたり，目で見ることのできない「自己」に対して，過去の研究者はどのようなアプローチをしてきたのかを知る一助になるであろう。

　第2章では，自己概念について，その定義と理論モデル，また自己をはかる測定基準や尺度の紹介をしていきたい。自己概念に関連し，ときには混同されたり，互換的に使用されやすい語句（自己評価，自己受容，自尊感情など）の定義についても検討する。さらに，自己概念の構造モデルについて実証的な研

究を進めているシャベルソン（Richard J. Shavelson）やマーシュ（Herbert W. Marsh）の自己概念の多次元・階層モデルについてもふれる。次に，乳幼児期，児童期から青年期の自己について，その変化の諸相をとりあげる。自己概念は年齢とともに分化と統合の過程を経て変化するといわれるが，その発達の概要について検討する。また，自己や自己概念をはかる尺度や測定法の紹介をしながら，それぞれの尺度の特徴とその背景にある理論モデルについてみていきたい。また，自己概念の正確さについて，自己評定と他者評定の間の不一致や自己概念のゆがみの問題もとりあげる。

　第3章では，自己概念と関連づけて研究されてきたさまざまな要因との関係について検討する。自己概念は学業成績や動機づけにどのように影響するのだろうか。自己概念は親子関係や友人関係の影響を受けるのだろうか。また，年齢，性別，人種によって自己概念の傾向性は異なるのだろうか。これらの自己概念をとりまく構成概念を扱った研究についてふれる。さらに，精神的健康や抑うつ，攻撃性と自己概念との関連性についても検討する。

　第4章では，児童期の自己概念について筆者のおこなった日本の小学生を対象とした調査結果を紹介する。筆者は，第2章でも自己概念の理論モデルや尺度を概観したが，そのなかでシャベルソンら（Shavelson, Hubner, & Stanton, 1976）の開発した多次元・階層的理論モデルが妥当性・信頼性ともに高く，国際比較に堪えうる自己概念尺度の有用性が証明されていると判断した。しかし，その多次元・階層的理論モデルを基盤にしたマーシュのSDQ-Ⅰ（自己記述質問票）はまだ日本で実施されたことはなく，当然日本語版もなかった。そこで，筆者は欧米や豪州で広く使用され，一部のアジア地域でも妥当性が証明されている自己概念理論が日本の教育現場にどの程度適用可能かを検証するために，SDQ-Ⅰ尺度を日本語に翻訳して小学生に実施し，自己概念尺度としての妥当性を検証するとともに，日本人の自己概念の様相を検討しようと試みた。本章ではその研究について詳しく述べる。さらに，その結果をふまえて，改善したSDQ-Ⅰ尺度を，今度は国際比較の枠組みで検討することをめざした。日本とアメリカの同学年の児童にSDQ-Ⅰを実施した調査結果について考察する。そこでは，日米の自己概念の共通点・相違点や下位尺度の得点の日米比較もみることができる。

第5章では，青年期の自己概念について，日本とアメリカの大学生に対して，SDQ-Ⅲ（自己記述質問票の大学生・青年期版）を実施した調査結果について検討する。児童期の自己概念と比べると，青年期の自己概念はより分化しており，諸相が細かく分かれて発達しているが，このSDQ-Ⅲ尺度も身体的・社会的・情緒的・学業的自己概念の大きく4つの側面から自己を分析するのに有用な尺度である。また，大学生に対して「自己イメージ」について個別インタビューをおこなった結果についてもふれる。日米の大学生が自分自身をどのように見ているのか，社会的比較をどのようにおこなっているのか，また子どものときと現在の自己概念についてどのように感じているのかについての回答がみられるので，大学生の視点からみた自己や自己概念を考察する一助になるであろう。調査の結果としては，日米において，自己表現や自己呈示の仕方に違いがみられた。次章でふれる自己高揚バイアスや自己批判バイアスの影響を反映していると思われる結果もでてきたので，紹介したい。

　第6章では，文化と自己形成の問題を国際比較の観点から検討する。本書では，日本とアメリカの自己概念について比較検討しているが，こうした国際比較をおこなう際に，心の成り立ちが2つの国や文化によって異なるのではないかという可能性が考えられる。そもそも，人の心というものはどのように形成されていくのだろうか。文化心理学では，心の発達は，文化と心理的プロセスとの相互構成過程であるとし，その文化のもつ意味体系や価値観，文化的スキーマが自己形成に影響を及ぼすとされる。特に，アジアと西洋の自己形成の違いについて，文化心理学の分野では文化的自己観という概念を用いて説明されている。この章では，文化的自己観からみた自己形成について，アジアと西洋の文化の違いに言及しながら考察する。欧米人の自己高揚バイアスや，日本人の自己批判バイアスの新しい解釈の仕方についてもふれる。

　第7章では，臨床場面や学校現場における自己概念の発達について検討する。自己概念が安定している子どもや，尺度得点からみた自己概念が高い子ども・低い子どもの特徴についてふれるとともに，自己概念向上のための方途についてみていきたい。受容や肯定的フィードバック，適切な目標設定といった具体的な方法をふまえたうえで，学校・学級規模で自己概念を向上させる取り組みやグループ活動，介入プログラムなどについて紹介する。さらに，筆者が

日米の小学校教員におこなったインタビュー調査の結果を紹介する。第4章で紹介した自己概念尺度を用いた調査では，同時期に調査対象の児童の担任の教員らにインタビューをおこなう機会に恵まれた。その際に，各児童の学力面・生活面での評価や教室場面などの日常の業務において，子どもたちの肯定的な自尊感情を育てる教師の工夫や取り組みなどについてたずねた。この章では，その調査結果についてふれる。また問題を抱える子どもの傾向性や，学級の雰囲気など日米の教育現場での教師の目から見た子どもの様子や，教師のもつ教育観の共通点・相違点を知ることができるようになっている。

最終章の第8章では，自己概念研究のこれからの展望について概観する。教育場面，臨床場面での自己概念研究の可能性や，今後の課題についても言及していきたい。

筆者が自己概念に興味をもったのは，肯定的に自己をみること，肯定的な自己概念をもつことが，人生において，何をするにも重要なキーポイントになるのではないかと思ったからである。児童期においても，青年期においても，また中年期・老年期においても自己をどのようにとらえるかという根本的な姿勢，またそこでなされる評価はその人自身の行動体系や精神性に影響を与えるといえる。本書が研究者の方々だけでなく，現場の先生方にとって，子どもの肯定的な自己概念の向上に少しでも役立つことを願うものである。

なお，本書は平成24年度日本学術振興会科学研究費補助金（研究成果公開促進費：課題番号245205）の学術図書の出版助成を受けている。

目　次

はじめに　i

第1章　自己とは何か―自己をめぐる先行研究 ―――― 1
1　自己とは　1
2　自己に関する先行研究　2

第2章　自己概念について ―――――――――――― 11
1　自己概念の定義　11
2　自己概念の理論モデル　15
3　自己概念の発達　33
4　自己をはかる尺度　41
5　自己概念の正確さ　56

第3章　自己概念とさまざまな要因との関係 ―――― 61
1　基本的属性　61
2　学業成績　74
3　人間関係や環境　80
4　その他の臨床的要因　95

第4章　児童期の自己概念 ―――――――――――― 99
1　SDQ尺度の日本語版作成の試み　99
2　日米の小学生の自己概念研究　126

第5章　青年期の自己概念 ―――――――――――― 155
1　日米の大学生の自己概念研究　155

2　日米の大学生へのインタビュー調査を通して　187

第6章　文化と自己形成 ——————————— 213
　　　1　文化心理学とは　213
　　　2　文化的自己観　215

第7章　自己概念を向上させるために ——————— 231
　　　1　自己概念の高い人・低い人にみられる特徴　231
　　　2　自己概念を向上させるために　238
　　　3　学校・学級規模で自尊感情を高める取り組みの紹介　246
　　　4　日米の教員へのインタビュー調査を通して　256

第8章　これからの自己概念研究の展望 ——————— 271
　　　1　人間形成における自己概念の重要性　271
　　　2　自己概念尺度の有用性　272
　　　3　今後の課題　274

参考文献　279
あとがき　303
索　　引　305

自己とは何か
―自己をめぐる先行研究

1 自己とは

「自己概念（self-concept）」とは，広くは自分自身に対する評価や概念をさし，幼少時から周囲の生育環境による内的及び外的な影響を受けるなかで発達するものである。そして子どもにとっての「重要な他者（significant others）」，つまり両親・教師・友人との人間関係が自己概念形成の主要因となると考えられている。自己に対する包括的な認知，知覚であり，自己についての多くの知識が体制化されたものといえ，さまざまな側面から成り立っている。自己概念は客体として存在する自分に対する主観的な知覚のことをさすため，さまざまな領域（知的，社会的，身体的，情緒的など）が存在する。それと同時に，「本人自身の視点」と「他者の視点」の2つの視点によって形成されており，この2つはそれぞれに評価機能をもっているため，自己概念にはさまざまな様相が見出される。また，それをはかる尺度も多彩といえる。

1980年代から90年代にかけて，欧米では多くの研究者が自己概念および自尊感情の発達についての研究を重ねてきた（Hattie, 1992；Marsh, 1986；Marsh, Parker, & Smith, 1983；Purkey, 1970；Shavelson & Bolus, 1982）。彼らは肯定的な自己概念を育てることは初等教育における一つの重要な目的であり，子どものパーソナリティの発達や学業成績の向上，円滑な対人関係の構築，また精神的な安定にもつながるとした。さらに，自己概念は自己受容や自己肯定感とも深く関連があり（高橋，2002），肯定的な自己概念を育むことは，子どもの望ましい社会への適応を促すものとされ，教育心理学，発達心理学などの多くの分野において望ましいことであるとされている。

このように，自己概念は20世紀初頭より長く論じられてきた研究領域の一つでもある。本章では，自己についての過去の研究を概観したい。

2　自己に関する先行研究

(1) ジェームズの知る自己，知られる自己

　ジェームズは，「自己」に関する研究の第一人者といえるが，彼は自己を行為の主体としての自己 - 主我（I）と，対象として認識された客体としての自己 - 客我（me）に分け，「知る自己」「知られる自己」という2つの側面を提示した（James, 1910）。このように，自己の認識を主体と客体の2つに区分するジェームズの立場は，その後の自己研究の基本的な枠組みとなっている。

　ジェームズはさらに，客体的自己である me を①物質的自己（material me）②社会的自己（social self）③精神的自己（spiritual self）の3つに分類している。物質的自己とは，自分の身体や衣服，家族や財産といった物質としての自己であるが，最も中心的なものは身体であるとされる。社会的自己とは，自分がかかわりをもつ人たちが抱いている自分に対するイメージである。精神的自己とは，自身の意識状態，心的能力や心的傾向である。ジェームズはこのように客体的自己を3つに分類することにより，自己をより機能的に把握しようとした。

(2) クーリーの鏡映的自己

　クーリー（Cooley, 1902）は，ジェームズの社会的自己の概念を継承・発展させて，独立した個体としての自己というよりも，むしろ他者の目から見た自己という視点を重視した。クーリーは，自分自身を規定する概念として，他者とのかかわりから生じ，他者の目を通して現れ出る自己のことを「鏡に映った自己（looking-glass self）」という語句を使って説明している。彼は，人間は社会的動物であるところから，自己とは常に他者の目にどのように映るかという社会的自己の側面を有すると指摘する。さらに，彼は自我には3つの側面があるとしている。一つには「他者の認識についての想像」，次に「他者の評価に関する認識」，最後に「それらの認識に対する喜びや失望の感情」である。つまり，認知自我を形成する要因として，他者に対する認識，他者の評価やそれについての自分の感情が重要になるということであり，「自分が何者か，どのような人間であるか」ということを他者という「鏡」を通して初めて知ること

ができるということである．この鏡映的自己とは，自分の外見，態度，行動，性格などが他者の目にどのように映っているかを想像によって知り，その他者の心に映っていると想像される自己像のことである．この鏡映的自己をもつことによって，自身の内にさまざまな感情が生じてくるが，これを自己感情(self-feeling)とよぶ．クーリーは，この自己感情の能動性に着目し，自己の感情的側面を重視している．

（3）ミードのコミュニケーションを通した自己形成

次に，他者との関係における自己を研究した例として，ミードの自我形成についてふれる．ミード（G. H. Mead）は，人間のコミュニケーションを通しての自我形成に言及した．自己とは生物学的な一個の個体そのものとして存在するものではなく，社会的経験や周りの環境との相互作用によって形成される．自己とは他者とのかかわりを通して形成される社会的構造をもつという点がクーリーと共通しているが，ミードの一つの特徴は，自己形成を認知的側面から掘り下げたという点にある．

ミードによると，人間は他者とのコミュニケーションのなかで，そのジェスチュアの意味を他者の立場から考えることが可能だという．すなわち，人間には，自身のしていることを他者の立場から自身を見ることを通して知る能力がある．彼はこの能力を「他者の役割を習得する」という意味で，「役割習得(role-taking)」能力とよんでいる（Mead, 1934）．われわれは他者の見方を通して，自分の発した音声ジェスチュアの意味を知ることになり，このときの音声ジェスチュアをミードは「意味のあるシンボル（significant symbol）」とよんだ．このように，われわれは，他者とコミュニケーションをする際に，現実の他者とのやりとりと，他者の見方を通した自分自身とのやりとりという二重のコミュニケーションを形成しているといえ，この後者の自分自身とのコミュニケーションが自我を形成するのである．

この自分自身とのコミュニケーションでも，ジェームズの主我と客我のように「I」と「me」が用いられるが，ミードの自我形成における「I」とは「他者の態度に対する個体の反応」であり，「me」は「他者の態度（と個体自身が想定している）の組織化されたセット」であるといえる．つまり，「me」とは

他者の立場を代表する,自分のなかの他者であるともいえ,客体化した自己といえる。このように,人間は自分自身とのコミュニケーションを通して,自分のジェスチュアの意味を知り,それを意識することを通して「自己意識（self-consciousness）」を生み出しており,ミードはその意味で,コミュニケーションや言語や身振りといったジェスチュアなどの象徴を通しての自我形成に着目していた。榎本（1998）は,自己の理論化についてレビューするなかで,「I」は他者の態度や周りの環境にあわせて変化していく能動的側面を反映し,「me」は社会的適応の受動的側面を表すとしている。

（4）ブルーマーのシンボリック相互作用論

自己概念を規定する理論的枠組みの一つとして,シンボリック相互作用論（symbolic interactionism）がある。このシンボリック相互作用論は,アメリカの社会学者ブルーマー（Blumer, H. G.）が提唱した社会心理学的パースペクティブの一つである。人間は,日常生活において,身の周りの現実を構成するさまざまな事物（事柄）に種々の意味を付与しながら,その現実に働きかけ（＝行為,社会的行為）をおこなっている。シンボリック相互作用論は,その際の相手との社会的相互作用や自分自身との相互作用（自己相互作用）を重視する考え方であり,自我や自己の領域からみると,この「自己相互作用」こそ自我（self）や自己の内実であるといえる。

ブルーマー（Blumer, 1969）によると,人間は,「自己」を対象化することによってのみ,自身との相互作用をおこなうことができるという。すなわち,人間とは「自我」を有する存在であるが,「自己相互作用」という形式において初めて成立するものであるということである。この意味で,自我とは他者との相互作用を通して獲得される「社会性」を有した存在であるといえよう。

次に,オルポートとナイサーの研究をひきながら,彼らがどのように自己を分類していたのかをみていきたい。

（5）オルポートの自己理論

パーソナリティの特性論者であるオルポート（Allport, 1943）は,自己を機能的に把握するためにプロプリウム（proprium）という用語を用いている。

プロプリウムとは，自分自身として内的に統一されたパーソナリティのすべての側面を含むとし，以下の8つの機能を有している。

① 身体感覚（bodily sense）
② 自己同一性（self-identity）
③ 自我高揚（ego-enhancement）
④ 自我拡大（ego-extension）
⑤ 理性的作用（rational agent）
⑥ 自己像（self-image）
⑦ 自己希求（propriate striving）
⑧ 認識主体（the knower）

彼の生み出したプロプリウムは，自己の性格の内的統一性や能動的・自律的な心理作用に着目した概念であるといえる。

（6）ナイサーの5つの自己知

ナイサーは認知科学的な視点から自己をとらえようとし，自己に対する情報，いわゆる自己知を5つの側面に分類した。ナイサー（Neisser, 1988, 1993）のいう5種類の自己とは，

① 生態学的自己（ecological self）：視覚・聴覚などの感覚器官を通した物理的環境の知覚に基づく自己
② 対人的自己（interpersonal self）：他者との社会的交渉のなかで知覚される自己
③ 拡張的自己または想起的自己（extended self or remembered self）：個人の記憶・予期に基づく自己
④ 私的自己（private self）：他者とは同じ意識的経験を共有しないことを自覚した自己
⑤ 概念的自己（conceptual self）：自分の信念や仮説が体系化された，自身の特性に関する心的表象

となっている。このうち，⑤の概念的自己とは，自己についての包括的理論を表すため，自己概念（self-concept）と理解することができる。①②は物理的環境における行動の主体としての自己，また他者との相互作用をおこなう主体としての自己という，主体的側面に着目しており，③④⑤は想起され，内省され，概念化された自己であるので，自己の客体的側面を表しているといえる。

（7）エプスタインの自己の一貫性

　自己という存在は，唯一無二の，単一の存在なのだろうか。もしくは，文脈や対峙する対象によって，さまざまな自己が存在するのだろうか。エプスタインは，人は基本的な要求の一つとして，「自己を定義する概念やシステムの単一性と一貫性を保つこと」を欲するとした（Epstein, 1973）。つまり，人は無意識にも自分自身という存在が時間や文脈を越えて常に一貫していることを，必要としているということである。

　この単一性の強調とは対照的に，ガーゲンは自己を定義する理論として，単一性よりも複合的役割を主張した（Gergen, 1968）。彼は，人は環境に適応するうえで，文脈や対人関係などに応じて行動を適合させるとしている。たとえば，青年期になると，自己は多様な社会的役割に応じて，多面的な側面をもつ。それは「学生としての自分」「運動選手としての自分」「（親から見た）子どもとしての自分」「友人からみた自分」「恋人からみた自分」などといったさまざまな「自分」であり，対峙する相手によって，見せる自己の側面は異なるといえる。このように複数の自己の存在を包含するなかで，ハーターとモンサーは，自己像内における葛藤について論じている（Harter & Monsour, 1992）。彼らによると，青年期の葛藤の原因の一つとして，特に対人関係において自己のもつ特性や自己開示・自己呈示の方法が対象によって異なり，ときにはそれらが対立する場合をあげている。たとえば，両親の前ではつまらなそうにしたり，元気がないのに，友人の前では快活に，元気になるといったような場合である。このような認知は，自己における一貫性のなさにつながるが，青年期後期になると，そのような自己内部に矛盾を感じることでの葛藤は減少する。それは，自己に対して単一的な見方をするのではなく，役割もしくは文脈を超えた多面的な自己特性を，自分なりに解釈し統合することが可能になるからだと考えら

れる。このような自己特性間の潜在的矛盾を減らすことに関する方略は,「いろいろな自分がいるが, どれも自分自身である」という統合された自己に対する認知を形成し, 多様な自己の存在を矛盾という形でなく, 共存していると認識することである。この方略は自己を一つのシステムとして理解するために必要だといえる。

(8) ヒギンスの自己不一致理論

　自分は何者であるかを考えるときに, 今ここにある, 自己の認知像をまず考えるであろう。しかし, 自己概念の検討にあたっては, 時間軸の幅を広げ, 現在の自己だけでなく, 過去の自己についてのとらえ方や将来なりたい自己像についても考慮することも必要といえる。その意味で,「自己」と称されるものは, 現在の自己だけに限定されないともいえよう。マーカスとニューリアス (Markus & Nurius, 1986) は, 可能自己 (possible selves) という概念を提唱し, 自己の認知的側面と動機的側面との概念的な結びつきを示した。可能自己とは自己についての希望, 不安, 目標, 脅威などの認知的な表現であり, こうなりたいという自分, こうなるであろう自分, またこうなるのを恐れている自分などさまざまな自己の諸相のことである。そのなかに, 良い自己 (good selves), 悪い自己 (bad selves), (他者から) 期待されている自己 (hoped-for selves), 恐れられている自己 (feared selves), 本来の自分でない自己 (not-me selves), 理想自己 (ideal selves), 当為 (義務) 自己 (ought selves) などが含まれる。

　ヒギンズ (Higgins, 1987) は現実自己と理想自己の間の不一致による認知的不協和や困惑を説明するために, 自己不一致理論 (self-discrepancy theory) を提唱した。それによると, 自己の領域は現実自己, 理想自己, 当為自己 (義務自己) の3つに分類され, さらに自己を見る視点として,「自分自身」と「重要な他者」の2つが設定されている。現実自己 (real self) とは, 今意識している自己の能力, 資質, 志向についての概念であり, 自己概念も含まれる。理想自己 (ideal self) とは自分自身あるいは重要な他者がこうなりたい, こうなってほしいと考える自己の表象のことをさす。当為自己 (ought selves) とは, こうあるべきである自分の表象である。このように3つの領域を2つの視点で

みることで，6つの自己についての表象があるが，ヒギンズはそのうち，現実自己にかかわる2つを自己概念とし，残りの4つの表象を自己指針 (self-guide) と名付け，それらには自己を導く機能があるとしている。

ヒギンズ (Higgins, 1987) によれば，人間は理想自己に現実自己を近づけようと自己調整をするべく動機づけられており，理想自己と現実自己の間の不一致が大きいと，悲しみ，失望，恥，困惑などに関連する感情が生じることを示した。たとえば，理想自己と現実自己の不一致が大きい人ほど，精神的健康度が低いことが報告されている。理想自己の水準が高いと，自己評価の内的基準が高まるため，その時点における自己評価は高くなりにくいといえる。このことから，理想自己と現実自己の不一致が自己価値や自己概念を決定する重要な要因となりうることがわかる。さらに，ある人の自己概念（現実自己）と理想自己の間に較差が生ずると，そのような不一致を低減するために自己調整を行うが，その方向性として促進焦点 (promotion focus) と防衛焦点 (prevention focus) という2つの方略があるとヒギンズは指摘している (Higgins, 1998)。促進焦点とは，「何をすれば理想自己に近づけるか」というところに焦点を置く考えで，より肯定的自己を目指す志向性をさす。防衛焦点は「何をすれば悪い結果を避けられるか」という否定自己を避けようとする志向性をさす。この調整焦点理論 (regulatory focus theory) は，理想自己と現実自己をふまえた自己概念のあり方にも影響を及ぼすと考えられる。

水間 (1998) は，理想自己を自己形成の文脈でどのようにとらえるべきかについて，理想自己と自己評価の関係について論じている。彼女は，理想自己が自己形成に与える影響について，理想自己の水準が高いことが，自己否定を強めるだけのものであるのか，それともその水準の高さが，現実自己をより発展・向上させていくきっかけになりうるのかという2つの可能性について言及した。そして，この異なる2つの文脈は区別してとらえられるべきであるとしている。マズローの欲求階層説では，人間は誰しも生きていくなかで，自己実現に向かって自己の可能性を開花させるべく動機づけられ，成長し続けることを志向する存在であるといわれている (Maslow, 1954)。この観点から考えると，理想自己のもつ意味として，現実自己との不一致が失望などを生むという否定的側面だけではなく，現実自己をさらに向上させる要因になりうるという肯定

的側面ももつことが示唆されたといえる。

自己概念について

1 自己概念の定義

(1) 自己概念と自尊心・自尊感情

　自己と自己概念（self-concept）の研究史については前章でふれたが、自己概念という用語はしばしば自尊感情や自尊心と混合されて使用されることがある。これらの用語については、いくつかの研究者が定義をしているのでそれらを紹介したい。

　まず、自分自身に対する認知的、情動的、行動的側面を含む包括的な知覚である概念を自己概念とよぶが、そのなかで自己に対する記述的（descriptive）な認知を自己概念、それに対して評価的（evaluative）な認知を自尊感情（self-esteem）と区別する場合が多い（Beane & Lipka, 1980；Burnett, 1994）。つまり、自己を評価の対象としてみた評価的側面を自己評価や自尊感情というのである。自己概念も自尊感情も行動の決定因としての重要性をもつことは、多くの心理学者が主張している。石井（2009）によると、自己概念とは「自分が自分をどう思うか、人や他人が自分をどう評価しているかなどを含めて、自分の性格や能力、身体的特徴などに関する、比較的永続した自分の考え」となっている。

　自尊心は、自尊感情という言葉と互換的に使用されるが、本書では自尊感情と記す。自尊感情は自己概念のなかの、評価的な側面を示しているといわれている。上記に述べたように、自己概念とは、自己に対する記述的側面であり、自尊心は、認識された自己に対する自己評価（self-evaluation）の概念を含む。加えて、自尊感情は自己に対する満足・不満足、また誇り・恥といった概念を含むので、自己に対する肯定的・否定的な態度をも意味することが多い。

　自尊感情は、日常の生活経験や他者からの評価を通じて形成されるものであ

るので，成功体験や他者から肯定的な評価を受けた経験の多い子どもであれば，「自分は有能で価値がある人間だ」と思い，高い自尊感情をもつことになる。逆に，失敗体験や他者から否定的な評価を多く受けてきた子どもは，「自分は無力で価値のない人間だ」と思い，自尊感情は低くなる傾向にある。

　ローゼンバーグは自尊感情を「自己イメージの中枢的な概念で，一つの特別な対象，すなわち自己に対する肯定的または否定的態度」(Rosenberg, 1965) と定義している。肯定的な態度とは，有能感，自信，幸福感や自己を尊重する気持ちなどがあげられるし，否定的な態度は無能感，無力感，劣等感，不満感などにみることができる。

●自己価値（self-worth）の概念

　カルホーンとモース（Calhoun & Morse, 1977）は自己価値と自己への満足度という観点から自尊感情を規定した。彼は自己概念を「自分自身や自己の行動，及び他者がどのように自分を見ているかについての知覚」とし，自尊感情を「自己概念に対する個人の満足度」としている。このことから，自尊感情は自己概念のなかの評価的な部分，つまり自己価値にかかわる部分だとわかる。つまり，自己の価値や能力について，肯定的か否定的か，または自己の状態に満足かどうかなどの感覚といえる。

　ハーターは自己価値（self-worth）の概念を規定する条件に言及している。彼によると，自己価値は，自分が重要だと考える領域における有能感（たとえば学業成績，身体的能力など），つまりコンピテンスの程度や自分にとって「重要な他者（significant others）」から肯定的評価を受けていると感じる程度によって規定される（Harter, 1986）。たとえば，学業成績が重要だと考えている人は，自身の外見的容貌の自己評価があまり高くなくてもコンピテンスはさほど低下しないが，成績が良くなかった場合はコンピテンスが低下する。このように，自己価値や自尊感情は，単に願望とそれに対する成功の度合いによって規定されるのではなく，あくまでも個人が重要だと考える領域における成功度が大きく影響するという可能性が示唆された。

●自己評価について

　自尊感情が自分自身に対する肯定的または否定的な感情や，自分自身を価値ある存在としてとらえる感覚のことであるとすると，自己評価は自身に対する認知的評価をさす。自己評価はさまざまな領域ごとに分かれ，そのときどきの状況や他者からの評価に応じて変動すると考えられる。自尊感情との関連をみると，個人において重要な領域における自己評価は，自尊感情を左右すると考えられる。

●自己概念の力動性と自尊感情

　森尾・山口（2007）は高い自尊感情が陥りやすいナルシシズム（自己愛）傾向について，自己概念の力動性の観点から考察している。彼らによると，高い自尊感情は自己概念の力動性が高い場合，すなわち内在的に自己評価が不安定な場合のみナルシシズム傾向につながる。対して，自己評価が内在的に安定しており，自己概念の力動性が低い場合は，安定的な自尊感情として積極性や主観的幸福感と結びつくとされている。このことから，自尊感情は，高いことそれ自体が望ましいというのではなく，内在的に安定した自己評価という根拠に裏づけされているかを考慮することが重要であるといえる。

（2）自己効力感

　自己効力感という言葉はバンデューラ（Bandura, 1977）によって提唱され，個人がある課題に直面したときに，期待された結果を自分の知識や技能などによって得ることができるかという自信や信念にかかわる動機づけの構成概念をさす。その活動をどの程度うまく遂行できるかという見通しも含まれる。つまり，自己効力感は現在の状態だけでなく，未来において起こりうることについての自己評価であり，課題によっても変わるものである。

　バンデューラは自己効力感を，結果期待と効力期待の2つのタイプに分けている。結果期待とは，課題を遂行するときに成功するかどうかについての期待であり，効力期待は，成功するための行動をうまくおこなうことができるかという期待である。類似した概念で，自分自身の一般的な能力についての自信や適切性の知覚であるコンピテンスもあるが，こちらは自己効力感よりも不変で

包括的なものであるとされる。自尊感情との違いは，2つとも自己の能力に対する評価ではあるが，自尊感情は自己価値に関する感覚であるのに対し，自己効力感はある目標に到達するための能力があるかどうかという感覚である。また，自己概念との違いについては，パジャレスとミラー (Pajares & Miller, 1994) が文脈の観点から考察している。自己効力感は，ある特定された文脈における個人の課題遂行能力の査定や評価であるのに対して，自己概念はそのような特定化された文脈のなかの話ではなく，より包括的な自己知覚をさし，文脈に依存しない。自己効力感は自己概念と並んで，学業成績などの要因と関連づけながら研究されている (Namok, 2005；Marsh, Dowson, Pietsch, & Walker, 2004)。マドックス (Maddux, 2001) は自己効力感を個人の課題遂行の成功を信じる力ととらえている。この観点から考えると，自己効力感は人間の行動を予測し，その変容が行動の変容にも強く影響する，重要な構成概念の一つといえる。

(3) 自己カテゴリー化理論

人は，なにによって自己を規定するのだろうか。人は，自己と他者との類似性や相違性を検討し，特に行為や信念において類似している者同士をまとめて知覚する傾向がある。たとえば，自分を含むこちらとあちら側というカテゴリー化をおこない，内集団と外集団という区別をする。これを自己カテゴリー化理論 (self-categorization theory) といい，ターナー (Turner, 1987) は，自己を規定するアイデンティティを社会的アイデンティティ (social identity) と個人的アイデンティティ (individual identity) に分けた。社会的アイデンティティは，自分がある集団に属しているという集合体成員としての知識・自覚から生じる自己概念の側面であり，たとえば，「私は日本人である」「私は○○大学の学生である」というような人種や所属する学校・会社などについての認知である。個人的アイデンティティとは，自己の内面に関する特性に基づく自己概念であり，「ほかの誰でもないユニークな自分自身」の表象である。

社会的アイデンティティをもつ人は，自分の所属する集団に対して肯定的な感情や評価を求めるため，所属する内集団を外集団と比較して，より優位に位置づけようとする傾向があることが指摘されている (Tajfel, 1974)。そのため，

社会的競争や内集団贔屓（ingroup favartism）といった現象が生まれ，それでも自らの所属する集団から好ましい社会的アイデンティティが得られないと，所属集団を変更しようとする社会的移行（social mobility）が起こることがある。

また，ルータネンとクロッカー（Luhtanen & Crocker, 1992）はターナーの提唱した社会的アイデンティティと個人的アイデンティティの概念を自尊心に応用した。彼らは，個人的アイデンティティに対応する自尊心と，社会的アイデンティティに対応する「集合的自尊心」（collective self-esteem）の概念を提唱している。これは，人種，民族のような属性集団（attributed group）に自身が所属することに対する自己評価であって，集団自身に対する評価や，自己が集団へどれだけ貢献しているかについての自己評価，また集団との一体感などが含まれる。

2　自己概念の理論モデル

今まで数々の研究者が自己を理論化し，その概念モデルの構築を試みてきた。ソアーズとソアーズ（Soares & Soares, 1977）は知能のモデルを概観したうえで，自己についての一次元の一般因子モデル，多次元因子モデル，階層因子モデル，分類モデルを提案した。ブラッケン（Bracken, 1996　梶田・浅田訳，2009）の『自己概念研究ハンドブック』の図（図2-1）を参照すると6つのモデルを確認できる。ここでは，それぞれのモデルの特徴について概観する。

16　第2章　自己概念について

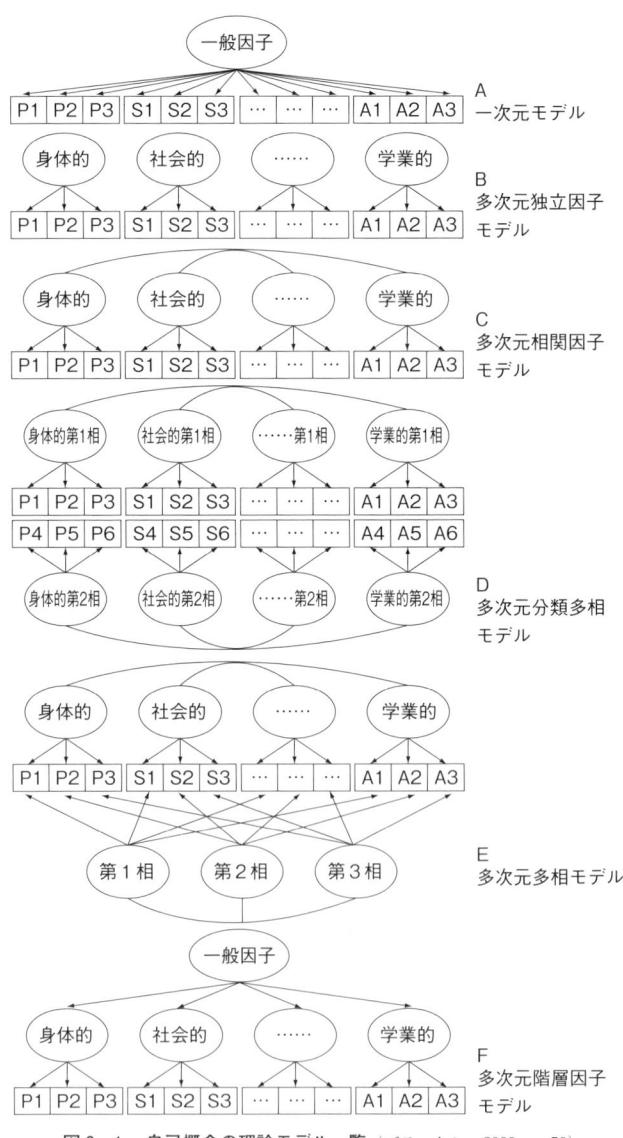

図2-1　自己概念の理論モデル一覧（ブラッケン，2009, p.50）

（1）理論モデルの種類
●一次元モデル

　一次元のモデルは，自己概念には一般的な因子一つしかないという考えを前提にしている。クーパースミス（Coopersmith, 1967）は，自己は一般的な因子に強い影響を受けており，個々の因子の弁別性は低いとの見方を示した。彼が提案したセルフ・エスティーム・インベントリー（自尊感情目録）は，一般（26項目），社会（8項目），家庭・両親（8項目），学業（8項目）の4つの下位尺度からなる50項目の尺度であるが，一般的な因子が半分以上を占めている。彼は，自己概念は一元化できるとの見方を示したが，後になされたこの尺度に対する分析では，一般因子による自己概念の一元性は支持されなかった（Marsh & Smith, 1982）。因子分析は，自己概念の一般因子の支配を支持せず，いくつかの下位尺度に分かれているという結果になったのである。ローゼンバーグの自尊感情尺度（Rosenberg, 1965, 1979）も，一つの全体的な自己概念（この尺度では，これを自尊感情とよぶ）を合算した得点を算出するものであり，一次元一般因子モデルに基づくものといえる。しかし，このように自己概念をただ一つの包括的なものとして測定するやり方では，個人のさまざまな側面における自己のあり方を細かく把握することが困難である。

　その後，シャベルソンら（Shavelson, Hubner, & Stanton, 1976）の系統的な理論モデルを用いた心理測定的な研究や，異なる尺度を用いた研究においても，自己概念の収束的妥当性（尺度にかかわらず，類似した構成概念同士に高い相関がみられること）と弁別的妥当性（尺度にかかわらず，関連の弱い構成概念同士に低い相関がみられること）が確認されており，自己概念は多次元であるとの見解が支持されている（Marsh, 1990a；Marsh, Byrne, & Shavelson, 1988）。さらに，このシャベルソンらの自己概念の理論モデルに影響を受け，自己概念の具体的な諸側面の構造を検討するための尺度が開発されてきたが，マーシュはこれらの研究をレビューし，自己概念の多面的な構造や多次元性を無視してしまうと，自己概念を正確に理解することはできないとしている（Marsh & Shavelson, 1985；Byrne, 1984）。

●多次元独立因子モデルと多次元相関因子モデル

　自己概念の一次元モデルでは，前述のようにそのモデルの不十分さを示す研究が多くみられるようになり，代わって自己概念の多次元性や階層性を支持する研究が出てきた。そこで，自己概念を単一の包括的な存在としてではなく，いくつかの次元に分かれた多次元なモデルとして扱う多次元モデルが有力視されてきた。

　多次元独立因子モデルと多次元相関因子モデルは，どちらも自己概念を多次元の存在としてとらえているが，その次元間の相関が異なる。独立因子モデルは，因子間の相関がまったくないか，ほとんどみられないというモデルである。しかし，独立因子モデルを極端な形で論じてきた自己概念の理論家はいないとマーシュとハティは指摘している（Marsh & Hattie, 1996）。ソアーズとソアーズ（Soares & Soares, 1983）は，彼らの開発した感情知覚尺度（API）の因子分析をしたところ，下位尺度間の相関係数が小さいことが認められた。この結果をふまえて，彼らは学業的自己概念を「独立した複数の因子からなる」と主張し，自己概念の多次元性と独立性を指摘している。しかし，実際のところ因子間の相関がゼロという自己概念の極端な多次元独立因子モデルは，ほとんどもしくはまったく支持されていない。多くの研究は，たとえば，英語と数学など異なる学業領域間の小さい相関を認めてはいるが，自己概念の下位尺度間に少なくとも中程度の因子相関がみられる，多次元相関因子モデルを支持している。

●補償モデル

　マークスとウィン（Marx & Winne, 1978）は，全体的自己概念という因子とその下位尺度として存在する社会的・身体的・学業的自己概念というモデルを提示した。このモデルは，下位尺度間に因子によっては負の相関がみられると仮定した補償モデルとよばれる。これは，たとえば学業的自己概念が低い人の場合，自身の全体的自己概念のバランスをとるために，身体的能力や対人関係能力など他の領域の自己概念が高くなる傾向があるというものである。つまり，学業的自己概念と身体的自己概念・社会的自己概念は負の相関関係にある。榎本（1998）は，この補償モデルの基本として自己価値感・自尊感情の維

持という観点に言及している。彼によると，人は自己価値感や自尊感情を維持するために，特定の領域の否定的な自己知覚を，他の領域における肯定的な自己知覚によって補償する傾向があるとしている。たとえば，前述の学業的自己概念が低い人の場合，学業的能力の否定的自己観を社会的能力の肯定的自己観で補うことにより，全体的な自己価値感の維持をはかることが可能になるからである。

　ウィンとマークスの研究では，学業的自己概念とそのほかのさまざまな領域の自己概念との間に負の相関が見出され，この補償モデルを支持するものとなった（Winne & Marx, 1981）。しかしながらこのようなイプサティブ（ipsative――回答の合計が一定の値をとる方式）な情報処理過程が存在するという前提で作られた補償モデルには，問題点も指摘されている。それは，この自己概念モデルの構造が補償的な情報処理を経たものというよりは，イプサティブな評定自体が負の相関を招く原因となっているのではないかという点である（ブラッケン，2009）。そもそもイプサティブな評定をするということは，自身のなかで自己概念の順序づけをおこなうことになり，ある領域は高く，ある領域は低くなるのが当たり前であるといえる。そうなると，その評定は必然的に異なる自己概念領域同士の負の相関を生み出すこととなるため，イプサティブな尺度にみられる負の相関は必ずしも補償モデルを支持する結果であるとはいえない。よって，このモデルを生み出した方法論は疑問視されている。

● **多次元分類多相モデル**

　多次元分類多相モデルは，まず自己概念の因子が複数になっており（多次元），測定の水準が複数ある（多相）モデルのことをさす。たとえば，フィッツのテネシー自己概念尺度（TSCS：Fitts, 1964）は，5（外的準拠枠）×3（内的準拠枠）×2（表現が肯定的／否定的）の3つの層がある。5つの外的準拠枠は身体，倫理，個人，家族，社会となっており，こちらは他の尺度でも用いられることの多い自己概念の下位尺度を示している。この5つの下位尺度の特性と3つの内的準拠枠の組み合わせによって自己概念の特性を示すというのが，TSCSの特徴となっている。3つの内的準拠枠は第二の相となり，その内容は，自我同一性，自己満足，行動となっている（詳しくは「4　自己をは

かる尺度」の5項を参照されたい)。つまり，多次元であるだけでなく，測定の水準が複数あり，その因子と測定の基準の組み合わせで，自己概念をとらえるという理論モデルのことを多次元分類多相モデルという。

(2) シャベルソン・モデル (Shavelson, Hubner, & Stanton, 1976)

このシャベルソン・モデルは，前述した自己概念の理論モデルのなかで，図の一番下にある多次元階層因子モデルを代表するものといえる。シャベルソンら (Shavelson, Hubner, & Stanton, 1976) は，先行研究をレビューしたうえで，自己概念を多面的でダイナミックな構造として以下の7つの特徴を提示している。

① 自己概念は構造化されている（組織化）——自己概念はいくつかのカテゴリーに分かれており，それぞれが関連づけられ，構造化されている。
② 自己概念は多面的である（multifaceted）——それぞれの側面は，自分やもしくは集団がもつ分類システムを反映している。
③ 自己概念は階層的である（hierarchical）——全体的で一般的な自己概念が頂点にあり，その下が社会的，身体的，学業的な領域の自己概念，さらにその下の階層にはより詳細で個人的な状況における自己概念が置かれている階層的な構造をしている。
④ 自己概念は安定している——階層の頂点は安定しているが，下位にいくにしたがって自己概念は状況依存的になり，不安定になる。
⑤ 自己概念は年齢とともに分化する（発達的推移）——幼児期から青年期にかけて，自己概念は次第に多面的になる。幼児期は自分と環境との区別が厳密にはできておらず，自己概念も包括的で分化していないが，年齢が上がるにつれて，自己概念の諸相が分化し，多面的で階層的な構造になっていく。
⑥ 自己概念は評価的側面を含む——自己概念には「私は数学が得意です」のように，他者との比較の結果見出される側面，自分のもつ絶対的な理想，また重要な他者の期待に照らしてなされる評価的な側面がある。
⑦ 自己概念は他の構成概念とは区別される——自己概念は理論的に関連す

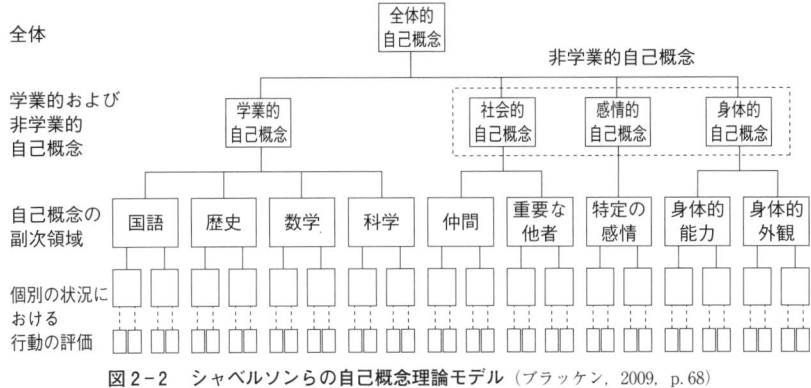

図2-2　シャベルソンらの自己概念理論モデル (ブラッケン, 2009, p.68)

る他の構成概念と区別される。たとえば，成績は，社会的自己概念よりも学業的自己概念と強い関連性をもち，数学の成績は言語的自己概念よりも数学的自己概念と強い相関関係をもつなど，弁別的特徴をもつ。

マーシュとシャベルソン (Marsh & Shavelson, 1985) は上記の自己概念の定義を基盤にして，その構造を多面的，階層的に把握するためのモデルを提示した（図2-2）。これによると，自己概念は学業的または非学業的自己概念から構成されている。学業的自己概念とは，国語，数学，歴史などの教科の学業成績とそれに対する評価からなっている。非学業的自己概念は身体的，社会的，感情的自己概念の3つに分かれており，身体的自己概念は身体的能力や身体的外見についての評価である。社会的自己概念は主に対人関係に関する評価であり，友人の関係や両親との関係についてとそれらの評価からなる。感情的自己概念は特定の感情状態とその評価からなっている。このシャベルソン・モデルは，自己概念の多面性と階層性を強調しているが，各領域を細かく分析することを可能にするという意味で，有用なモデルといえる。

● 内的／外的準拠枠モデル (Internal/External Frame of Reference model)

このモデルは，前述の補償モデルを学業的自己概念の領域でより詳しく実証したものであり，シャベルソンら (Shavelson et al., 1976) の自己概念のモデ

ルで，数学的自己概念と言語的自己概念の間には相関がほとんどみられないということを説明するために開発されたモデルである。マーシュとシャベルソンの研究（Marsh & Shavelson, 1985）では，国語と数学の成績の相関は，.50〜.80と高い正の相関があるにもかかわらず，言語的自己概念と数学的自己概念の間にはほとんど相関がみられなかった。国語の成績と言語的自己概念の間，数学の成績と数学的自己概念の間には正の相関がみられた。だが，国語の成績は数学的自己概念に負に寄与し，数学の成績は言語的自己概念に負に寄与するという驚くべき結果が出たのである。この現象を説明するための内的／外的準拠枠モデルでは，人は，特定の領域における自己概念を，他者との比較（外的な準拠枠）と，自分自身の他の領域における自己概念との比較（内的な準拠枠）の2つの枠組みを通して形成するとされている。そのため，特に内的な準拠枠によって異なる自己概念同士の負の相関が見出されるということである。これは，マークスとウィン（Marx & Winne, 1978）によって提示された補償モデルのプロセスとも類似している。

●ソンとハティのモデル

ソンとハティ（Song & Hattie, 1984）は，シャベルソン・モデルの改訂をおこない，大きく2つの点を改良した。1つ目は，学業的自己概念を実際の成績の知覚としての達成自己概念（academic self-concept）と，自分の能力の知覚としての能力自己概念（ability self-concept），学級活動に対する自信に関する教室自己概念（classroom self-concept）の3つに分けて2次的な因子を作ったことである。2つ目の改良点は，非学業的自己概念に2つの2次的な非学業因子を作ったことである。彼らは，非学業的自己概念を社会的自己概念と自己呈示的自己概念（self-presentation self-concept）の2つに分け，そのなかの社会的自己概念を仲間自己概念（peer self-concept）と家族自己概念（family self-concept），自己呈示的自己概念を身体的自己概念（physical self-concept）と自己信頼（confidence in self）にそれぞれ分けた。自己信頼の質問項目は，ローゼンバーグの自尊感情尺度で測られる一般的自尊感情と重なっている（Rosenberg, 1965）。

（3）多次元の自己の分析（19種類の自己）

榎本（1998）は，複雑化する自己概念の次元を図式化して示しているので紹介したい（図2-3）。それによると，自己概念を記述的次元と評価的次元とに大きく分け，それらに加えて感情性の次元，重要視の次元，可能性の次元を入れて5つの次元にし，さらに，交差する次元として安定性，複雑性，明確性の次元を設定している。

また，自己像を自分が自分をどうみるかという視点と，他者から自分がどうみられているかという大きく2つの視点に分けて，合計で19種類もの自己概念の様相を提示している。彼は，自己をみるうえで，「こうありたい」「こうありたくはない」という動機づけ的視点や，「他者からこうあってほしいと期待されている自分」など他者による期待の視点，また社会規範的な視点である「こうあらねばならない自分」などを想定している。また，時間軸を取り入れて，現在の自己像に対して，過去の自己，将来の自己についての表象も現れてくるとし，以下の具体的諸相を提示している（図2-4）。

① 現実の自己像――現実の自分はこうであるという自分のみた自己像
② 他者のみる現実の自己像――他者からこうみられているであろうと推測される自己像
③ 本人が抱く自己像に対する評価――①に対する自己評価

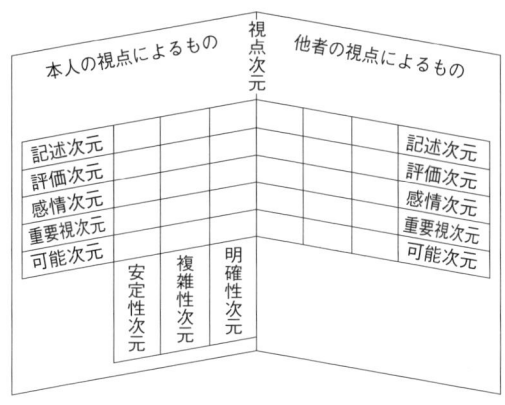

図2-3　榎本（1998）の自己概念の次元（榎本，1988, p.38）

24　第2章　自己概念について

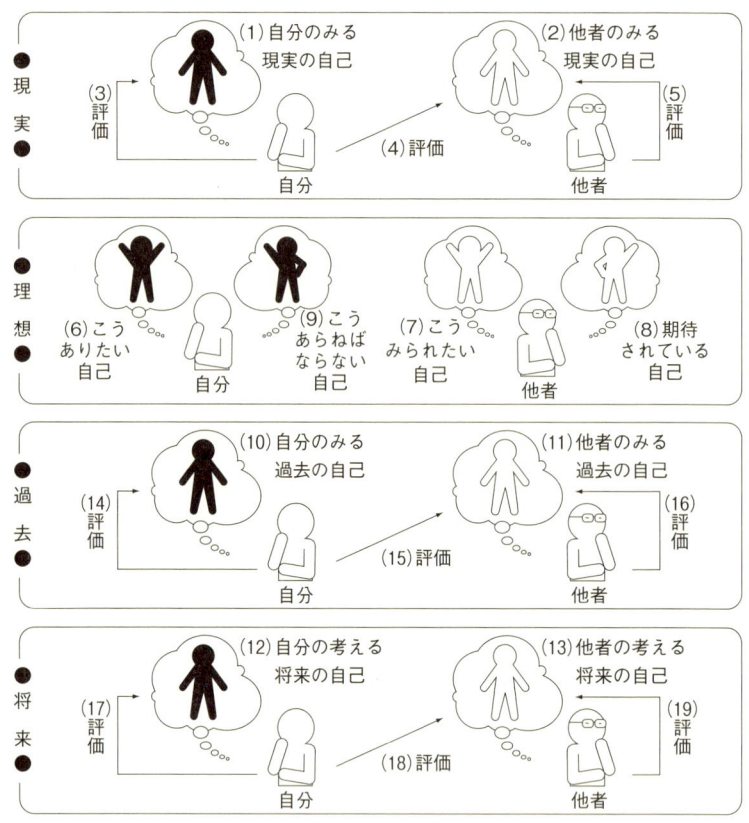

―― 自己概念にはさまざまなかたちで他者がかかわっている ――
図2-4　**自己概念の諸相**（榎本，1998, p.41）

④　他者が抱いていると推測される自己像に対する評価――②に対する自己評価
⑤　他者の視点による評価――②に対する他者評価
⑥　理想の自己像――こうありたいと願う自己，またこうなりたくないという否定的な意味での理想自己も含まれる
⑦　他者からこうみられたいという理想の自己像――こうみられたくないという否定的な意味での理想的自己像も含まれる

⑧ 他者から期待されている理想の自己像――両親や友人など重要な他者からこうあってほしいと期待されている自己像。こうあってくれたら理想的であると積極的に期待されている自己像と，せめてこの程度は期待に応えてほしいと消極的に期待されている自己像とがある
⑨ 義務自己――こうあらねばならないという自己像。現在だけではなく，過去（こうあらねばならなかった）や未来（こうなっていなければならない）の自己像も含む
⑩ 過去の自己像――過去の自分はこうであったという自分の抱く過去の自己像
⑪ 他者のみる過去の自己像――他者からこうみられているであろうと推測される過去の自己像
⑫ 将来の自己像――将来自分はこうなっているであろうという自分が抱く将来の自己像
⑬ 他者のみる将来の自己像――他者からこうみられるであろうと推測される将来の自己像
⑭ 本人が抱く過去の自己像に対する評価――⑩に対する自己評価
⑮ 他者が抱いていると推測される過去の自己像に対する評価――⑪に対する自己評価
⑯ 他者の視点による過去の自己像の評価――⑪の他者評価
⑰ 本人が抱く過去の自己像に対する評価――⑫に対する自己評価
⑱ 他者が抱いていると推測される将来の自己像に対する評価――⑬に対する自己評価
⑲ 他者の視点による将来の自己像の評価――⑬の他者評価

（4）自己概念の諸相（身体的・社会的・感情的・学業的自己概念）

　自己概念の下位概念としてあげられるのが，身体的・社会的・情緒的・学業的自己概念などである。いくつかの研究者があげている，自己概念の諸相を紹介したい。

●身体的自己概念

　身体的自己概念は，自分の身体的特徴や機能に関する自己知覚のことをさす。「自分とは何か」を考えたときに，身体的自己は最も明らかに「そこにあるもの」として知覚できる存在であり，幼児期の自己概念の中心的な側面である。身体的自己概念には，顔やスタイルなど容姿に関する外見的側面やスポーツが得意といった運動能力的側面，体力や筋力の強さといった頑強さの側面，健康か病気かといった健康的側面などの下位分類がみられる。ここでいくつかの研究者の分類例を紹介したい。

　多くの研究は，身体的自己概念は多次元的な構造をもつとしている。フランゾアとシールズ（Franzoi & Shields, 1984）は，身体的自己概念を，

① 身体的外見（physical appearance）
② 身体的能力（physical performance）
③ 体重管理行動（weight-control behaviors）

の3つの下位領域に分けている。

　フォックスとコービン（Fox & Corbin, 1989）は，身体的自己知覚尺度を開発し，身体的自己概念を，

① 身体的魅力（body attractiveness）
② 運動コンピテンス（sports competence）
③ 筋力（physical strength）
④ フィットネス（fitness and exercise）

の4つの下位領域に分けて測定している。因子分析では，この4つの下位領域を確認することができ，尺度間の関連のパターンは身体的自己概念の階層モデルを支持するものとなった。

　シャベルソン・モデルでは，身体的自己概念は①身体的能力（physical ability）と②身体的外見（physical appearance）の2つに分かれているが，マーシュとレッドメイン（Marsh & Redmayne, 1994）は，身体的自己記述質問票

(Physical Self-Description Quesionnaire)を開発し，その妥当性を検討した。結果は，

① 身体的外見（physical appearance）
② 身体的能力（physical ability）
③ 筋力（strength）
④ 平衡感覚（balance）
⑤ 柔軟性（flexibility）
⑥ 持久力（endurance）

の6つの下位尺度の構成概念妥当性が支持され，身体的自己概念の多面性が確認された。この研究をふまえて，マーシュら（Marsh, Richards, Johnson, Roche, & Tremayne, 1994）は身体的自己記述質問票を改訂した。その改訂版身体的自己記述質問票は，

① 筋力（strength）
② 肥満の度合い（body fat）
③ 活動性（activity）
④ 持久性／フィットネス（endurance/fitness）
⑤ 運動コンピテンス（sports competence）
⑥ 協応性（coordination）
⑦ 健康（health）
⑧ 外観（appearance）
⑨ 柔軟性（flexibility）

の9つの下位領域に分けられており，確認的因子分析の結果，構成概念妥当性が確認された。

身体的自己概念と他の構成概念との関連
　身体的自己概念は自分の外見や身体的能力に関する自己知覚であるが，感情

的自己概念などと違って，他者からみても判別可能な部分が多い（例：魅力的な容貌をもつことや，背が高い，走るのが速い，力持ちであるなど）。ここで，身体的魅力をどうとらえるかについてみていきたい。特に青年期は，対人関係においても自意識が発達し，自分が他者からどのようにみられているかについての関心が高まる時期である。このようなときに，身体的自己概念は自尊感情や他の領域の自己概念に影響を与えるのだろうか。

身体的能力（運動能力や筋力など）と身体的外見（容姿・容貌の美しさ）の2つの自己知覚は，重視される領域において性差がみられるという研究がある。ラーナーとカラベニックは，青年期の女子では身体的能力よりも身体的外見のほうが自己概念に強く関連し，男子では身体的能力の自己知覚の方が自己概念に強く関連するとしている（Lerner & Karabenick, 1974）。これは，青年期の女子が化粧や髪型・ファッションをはじめとしたいわゆる身だしなみに気を使うことからも女性の社会的役割や性役割観が反映されているといえよう。

ハーター（Harter, 1993）によると，一般的自尊感情は身体的自己概念のなかの，特に身体的外見と強い関連をもつことがわかった。つまり，自分の容姿がすぐれている，また自分の外見に満足していると肯定的感情を持つ人は，自尊感情も高くなる傾向にあるということである。ハーターは，自尊感情に影響を与える要因として，社会的受容よりも，身体的外見の自己知覚がより大きいとした。また，身体的能力においても，自分の身体的能力を肯定的に評価する人は，高い自尊感情を持つ傾向があることが報告されている（Ryckman, Robbins, Thornton, & Cantrell, 1982）。このことからも，身体的自己概念は社会的自己概念や包括的自己概念にも影響する重要な構成概念であるといえよう。

● **社会的自己概念**

人間は社会的存在であるといわれることからも，自己概念における社会的自己概念の意味は大きいと考えられる。今までの研究で，一人でいるときの自己概念と他者といるときの自己概念に違いがみられることが示されている。ジェームス（James, 1910）は人は自分にかかわりのある人の数だけ，社会的自己をもつとしている。このようにかかわりのある人や所属する集団によっても社会的自己が異なるということは，われわれは相手や場面によって，「これ

が私です」と自己として見せる側面が異なると考えられる。

　社会的自己概念については，研究者によっていくつかの分類方法があるので紹介したい。榎本（1998）は，他者の目に現れている自己の認知像と社会的能力の自己認知としての社会的自己概念の2つの側面に分けている。「他者の目に自分がどのように映っているか」についての自己認知と，「自分にはどの程度社会的能力（対人関係能力など）が備わっているか」についての自己認知とを区別することにより，より正確に社会的自己をとらえようとしたのである。

　シャベルソン・モデル（Shavelson et al., 1976）における自己概念の理論モデルによると，社会的自己概念は「仲間に関連した自己概念」と「重要な他者（significant others）に関連した自己概念」の2つに分けられている。だが，その場合の「重要な他者」のなかには，両親や家族，教師などが含まれると考えられるが，仲間というカテゴリーも無視できないと考えられる。そのため，このモデルでは「仲間」と「重要な他者」の区分けがあまり明確でないとして，バーンとシャベルソンは社会的自己概念の改訂・拡張モデルを開発した（Byrne & Shavelson, 1996）。これによると，社会的自己概念の領域は大きく2つ，「学校」と「家庭」に分かれている。1つ目の「学校に関連した自己概念」は「クラスメートに関連した自己概念」と「教師に関連した自己概念」の2つの下位概念に分かれており，2つ目の「家庭に関連した自己概念」では「きょうだいに関連した自己概念」と「両親に関連した自己概念」という2つの下位概念に分かれている。バーンらは，この社会的自己概念モデルの妥当性を検討し，予測したとおりに多面的かつ階層的であるという結果を得ている。自己概念は他者との社会的相互作用のなかで形成される。このモデルは，そのような社会化の過程のなかで子どもをとらえるうえで，活動の場を「学校」と「家庭」に分け，それぞれの自己概念を測定できるという点で，有益なモデルといえよう。

　マーシュは，多次元の自己概念尺度を3つ作成した。本章後半で紹介するが，SDQ（Self-Description Questionnaire——自己記述質問票）といわれるもので，シャベルソンらの多面的・階層的自己概念モデルに基づき，児童期用（SDQ-Ⅰ——小学校高学年向け），青年期前期用（SDQ-Ⅱ——中学生・高校生向け）・後期用（SDQ-Ⅲ——大学生向け）と発達段階に応じて下位尺度の領域が少し

ずつ異なっている。SDQ-Ⅰにおける社会的自己概念は，主に「友人との関係」「両親との関係」の2つの下位尺度から成り立つ。そのなかでも，特に友人・仲間からの受容を測定するための項目が多い（Marsh, Parker, & Smith, 1983）。SDQ-Ⅱになると，仲間関係に関する自己概念は，「同性の友人との関係」と「異性の友人との関係」の2つに分かれることになり，人間関係を把握する領域がより詳細になっていくのがわかる。

社会的自己概念と他の構成概念との関連

　ここで，社会的自己概念と自己概念の他の側面，また自尊感情との関係についてみていきたい。ハーター（Harter, 1982）の研究では，社会的コンピテンスと認知的コンピテンスの間に約.30の適度な正の相関関係がみられた。このことから，自分が仲間から受容されていると知覚する人ほど，自身のことを知的で学業に優れていると知覚する傾向があることがわかった。この結果を支持するように，人気のある子どもや青年の方が，人気のない人たちより，学力が高いという研究も報告されている（Wentzel & Erdley, 1993）。さらに，マーシュとホルムス（Marsh & Holmes, 1990）の研究では，社会的自己概念と身体的自己概念との間に高い相関関係が認められた。これは，自分が社会的に受容されていると感じる人は，自分の身体的外見がすぐれており，運動コンピテンスが高いと知覚する傾向があるということであり，実際に，人気のある子どもや青年が，人気のない子どもや青年よりも，概して身体的魅力が高く，運動能力が高いという報告もある（Hartup, 1983；Savin-Williams, 1987）。

　社会的自己概念と自尊感情の関係については，5年生を対象にした研究において，社会的受容の知覚は，身体的外見の知覚よりも，一般的自尊感情との相関が高いという結果が出ている（Marsh & Holmes, 1990）。さらに，社会的自己概念と深い関連のある構成概念として孤独感があげられる。自分が他者から受容されていないと感じる，つまり社会的自己概念が低いことは，孤独感を感じることにもつながるといえるだろう。アッシャーら（Asher, Hymel, & Renshaw, 1984）の孤独感尺度は，子どもが自身の仲間関係についてどう思うかについての知覚，社会的コンピテンスに対する満足度を評価するためのものだが，この質問内容は，ハーター（Harter, 1985）の子ども用自己知覚プロフィー

ル (SPPC, 後述する) の「社会的コンピテンス」の下位尺度の質問内容と多くが重複しており, ハーターの尺度の 7 項目中 6 項目がアッシャーらの尺度と同義であることがわかった。このことから, 社会的自己概念と孤独感とが類似した構成概念であることが示唆されている。

上記に示すように, 社会的自己概念は学業的自己概念や身体的自己概念, 自尊感情や孤独感などさまざまな他の構成概念と関連があることからも, 人間関係についての知覚や社会的受容が他の自己概念の領域に与える影響は大きいのではないかと考えられる。

● **感情的自己概念**

感情的自己概念とは, 自分自身の内面の情緒的・感情的側面についての自己知覚である。個々の情動や精神的安定, 正直さや精神的価値の重視などの項目が含まれ, ブラッケン (Bracken, 1992) の多次元自己概念尺度 (MSCS) やマーシュ (Marsh, 1989a) の自己記述質問票 (SDQ) の下位尺度の一つとしてみられる。また, 自分自身に対する自信も含まれるので, 一般的自尊感情との関連性が高いといえる。MSCS では, 6つの基本的文脈によって自己概念が規定されるが, そのなかでも「感情」は, 怒り, 悲しみ, 喜びなどの基本的感情や, ある行動がほめられたり, 拒否されたりする程度によって子どもがもつ肯定的または否定的な感情を伴った反応についての知覚を扱う。SDQ では, 小学生用の SDQ-Ⅰでは感情的自己概念はみられないが, 中学生・高校生用の SDQ-Ⅱにおいて, 「情緒的安定性」と「正直・信頼性」の下位尺度の形で現れる。さらに, 大学生向けの SDQ-Ⅲでは, 「精神的価値・宗教」という下位領域も加わり, 感情的自己概念がより分化され, 詳細に測定されるようになる。

● **学業的自己概念**

学業的自己概念とは, 学業成績や学習能力に対する自己知覚をさし, たとえば国語や数学の自己評価や好み, コンピテンスなどに関わる知覚である。今までの研究を概観すると, 自己概念は多次元・階層的な構造をもつことがうかがえるが, 学業的自己概念もいくつかの領域に分けられ, 多面的な構造をもつことが考えられる。シャベルソンら (Shavelson et al., 1976) のモデルでは, 一

般的自己概念が頂点に位置し，その下が非学業的自己概念（身体的，社会的，感情的自己概念）と学業的自己概念の2つに分けられている。さらに，そのなかの学業的自己概念が英語，歴史，数学，科学，学業全般などの各科目の領域別の自己概念に分かれている。ストライン（Strein, 1993）は学業的自己概念は記述的側面（例「私は数学が好きです」）と評価的側面（例「私は数学でいい成績をとります」）の2つをもつとしている。特に評価的側面は，学業的コンピテンスにもかかわり，自己効力感に強く結びついていることを指摘している。

　学業的自己概念における各科目別の自己概念は，学年が上がり，学ぶ領域や科目が増えるにしたがって，細かく分化していく傾向にある。それらを体系的に把握するために，マーシュら（Marsh, Byrne, & Shavelson, 1988）はシャベルソンらの学業的自己概念のモデルをもとに，改訂モデルを提示した。改訂モデルでは，学業的自己概念は大きく数学的（理系的）自己概念と言語的（文系的）自己概念の2つに分けられ，その下位構造に科目別の自己概念が位置づけられている。数学的自己概念には，数学，物理，生物，経済経営学の自己概念が含まれ，言語的自己概念には，英語（国語），外国語，歴史，地理の自己概念が含まれる。両者に共通のものとして，学校の自己概念があり，数学的自己概念，言語的自己概念とも関係している。

　マーシュ（Marsh, 1990b）はこれらのモデルを理論的背景として，さらに多面的に学業的自己概念を測定するために学業的自己記述質問票（Academic Self-Description Questionnaire—ASDQ）を開発した。ASDQ-Ⅰは小学生用の学業的自己概念尺度で，綴り，読み，書き，社会，コンピュータ，科学，数学，体育，美術，音楽，宗教，保健の12の科目別自己概念と学業全般における自己概念を合わせた13の下位尺度からなる。ASDQ-Ⅱは，中学生・高校生が対象となり，全96項目であり，15の科目別の自己概念と学業全般における自己概念を合わせた16の下位尺度からなる。15の科目別の自己概念は，9つの中心的な科目（英語，英文学，外国語，数学，科学，歴史，地理，商業，コンピュータ）と6つの非中心的な科目（体育，保健，音楽，美術，工作，宗教）になっている。この尺度は，内的整合性においても.89から.95という高い信頼性係数が報告されており，安定した尺度といえる（Marsh, 1992）。

3 自己概念の発達

（1）乳幼児期の自己の発達
●自己の覚知

　人は生まれてから，発達していく過程で，どのように「自己」を認識するようになるのだろうか。ギブソン（Gibson, 1979）は，環境を知覚することは，それと同時に知覚者自身を知覚することと付随しているとしている。その考えを受けて，ナイサー（Neisser, 1993）は，物理的な環境の知覚に伴って知覚される知覚者自身を，生態学的自己（ecological self）とよんだ。また，人を知覚することによって，潜在的に知覚される自身のことを対人的自己（interpersonal self）とよんでいる。このように，環境を知覚するときと人と相対峙するときの自己とをあえて分けているのである。この2つの自己は生まれながらにして人がもっているものとされ，たとえ新生児であっても，人は物理的な環境としての外界と対人的な環境としての外界に対して何らかの相互作用を行う存在であり，自己とはその出発点である発動主体であるといえる。とはいえ，新生児の段階では，まだ自己も他者も区別せず，すべてが融合した自他未分化の世界に生きている。生後3か月くらいから，自分の手をじっと眺めたり，顔をひっかいたりといった自己刺激的運動がみられはじめる。また，自分の周囲の人やものを眺めたり，いろいろなものに手で触って，ときには口にもっていって，なめたり，かんだりという行為をおこなう。こうした運動により，自分自身と自分に属さない周囲の事物との境界を知ることになるといえる。クラヴィッツとボーエム（Kravitz & Boehm, 1971）によると，乳児は生後6か月から1年にかけて，こうした自己刺激運動をさかんにおこなう。この時期に自分の身体的領域の範囲を確認することで，自己が外界と区別できる一個の独立した存在であるということを学ぶというのである。このように，周囲の環境との相互作用を通して，乳児は身体的自己を獲得していくといえる。

　ルイス（Lewis, 1992）によると，自己についての覚知には2種類あるとされている。1つ目は，「主観的自己覚知（subjective self-awareness）」であり，外界に向かって注意が向けられている状態であり，注意の対象は外にある対象である。これは先ほどの生態学的自己や対人的自己もこれに含まれる。2つ目

は「客観的自己覚知（objective self-awareness）」であり，これが客体的自己とよばれるものであり，注意の対象が自分自身になる。つまり，自分が何を思っているか，考えているかに注意が向けられ，自己に対する再帰的・内省的な意識ともいえる。

次に，自己知覚における感情についてみていきたい。再帰的な自己知覚が起こってくると，それに伴って照れ（embarrassment）や共感，羨望といった自己を意識して初めて生まれてくる感情が生じるようになる（船津・安藤，2002）。船津と安藤（2002）は自分を何らかの基準や規則から評価することができるようになると，恥（shame），罪悪感（guilty），誇り（pride）といった感情が生じるとしている。このように，自己に対する知覚は，さまざまな感情を喚び起こし，年齢とともに洗練されていくといえる。

再帰的な自己覚知の例としては，鏡に映る自分の姿を自分だと認識するという鏡像認知があげられる。人は，自分を客体視できるときに，初めて自らを自己と認識することができる。自己と他者（及び周囲の環境）との区別ができていない場合は，鏡に映るものが自分かそうでないかを判別することは難しく，自分の身体的特徴を認識していて初めて，鏡に映った対象が自分と同じであるとわかるからである。自己を視覚的に認知しているかどうかを確認するために用いられるのが，鏡を用いた鏡像実験である。ギャラップ（Gallup, 1977）は，チンパンジーのいる部屋に鏡をおいて，反応を調べた。はじめのうちは，チンパンジーは鏡に映った自分の姿に対して，威嚇したり，声をあげたりといった反応を示すが，そうした反応は2〜3日で急減し，代わって鏡に向かっていろんな顔つきをしたり，歯の間にはさまった食べかすを取ろうとしたりなど，自分自身に向けた反応が増えていった。この自己知覚実験から，チンパンジーの最初の2〜3日の鏡像に向けての反応は，いわゆる他者に向けられた社会的行動（反応）であるが，次第に自己に向けられた反応に変化していくなかで，鏡像が自分の姿を映したものであることを理解していったことがわかる。さらに，チンパンジーの鏡像の自己認知が確かなものであるかを確認するために，実験開始から11日目に，チンパンジーが眠っている間に赤い塗料をまゆ毛や耳の上に塗り，鏡がないときと鏡があるときの2つのパターンの反応を調べた。その結果，自分の体で赤い染料がついている部分を触る反応は，鏡があるとき

は，鏡がないときの25倍にも増えており，チンパンジーが，赤い染料がついている鏡像を自分の姿だと理解している，つまり，自己認知ができていることが示された。

ルイスとブルックス=ガン（Lewis & Brooks-Gunn, 1979）は，ギャラップと同様の方法を人間の子どもに適用し，乳幼児の鼻の頭に赤いしるしをつけてから，鏡の前に立たせる実験をおこなった。鏡に映った自分の像を見て，自分の鼻に手をもっていった被験者の割合は，9～12か月児では0％，15～18か月児では25％，21～24か月児では75％であった。このことから，鏡に映った自己像を自分だと認識する身体的自己の認知は，約1歳半くらいから進み，生後24か月，2歳を過ぎる頃にはかなりはっきりしてくることが示唆された。

また，ギャラップ（Gallup, 1970）のチンパンジーの実験で，もう一つ他者の存在の影響を示唆する実験がある。前述の鏡像認知の実験で，チンパンジーを隔離飼育されたチンパンジーと仲間と一緒に飼育されたチンパンジーに分けて反応を調べた。すると，隔離飼育されたチンパンジーは，鏡を見ても，自分の鼻を触ったり，自己に向けた行動をとることがなかった。このことから他者を視覚的に認知することが自分自身の認知へとつながることが示され，自己の認知には，他者との接触が重要な要因となりうることがわかった。このことは，社会的相互作用を通して形成される自己概念の理論とも合致する部分といえよう。

これらの実験からわかるように，鏡像の自己認知は2歳頃からはっきりしてくる。これと同時に，自分の名前を理解しはじめるのも，2歳前後といわれている。植村（1979）は保育園児の観察や実験を通して，自分自身の表現の仕方について調べた。その研究によると，「～ちゃんは？」と聞かれて，自分を指さしはじめるのは1歳7か月頃，自分の名前を言い始めるのは1歳8か月頃，自分の写真を見て自分の名前を言うのは2歳2か月頃からであった。幼児が自分のことを名前で表現することの意味は，自己を客体として見る視点を獲得したことを意味すると考えられる。つまり，他者が自分を見ている視点を取り入れるということであり，他者の目に「～ちゃん」として映る自分を理解しているということである。

さらに，客体としての自己の存在が確かめられる時期として，多くの研究者

は生後2年目の後半をあげている（Harter, 1998；Lewis, 1992, 1995）。この時期は，子どもが言語を使用し始める時期になるため，言語を獲得することによって，自己を対象化して知覚することがより可能になる。

●幼児期における自己の発達

自己概念は，自分を客体視するなかで形成される。そうであるならば，前述の研究にもあるように鏡像の自己認知や，自分を名前でよぶなどの行為を通して，自分を客体として見ることができるようになる2歳前後を起点として，子どもの自己概念も徐々に形成されていく。

言語の使用に関して，ケイガン（Kagan, 1981）は，子どもの自己叙述的発言とそれが現れる時期について着目している。その研究によると，生後2年目の頃から，子どもが自分自身について叙述する発言が増え，「わたしは遊ぶ」などの行動的叙述や「わたしは背が小さい」などの身体的叙述，「わたしは～をもっている」などの物質的叙述がみられる。このような叙述がみられる背景としては，自己の行動的側面や身体的特徴を理解している必要があり，「わたしは～である」という自己概念は，2歳くらいから形成されていると考えることができよう。

また，ケラーらの研究（Keller, Ford, & Meacham, 1978）では，3歳から5歳の子どもに自分のことを自由記述で答えさせた。子どもたちの回答は，以下の9つのカテゴリーに分けられた。榎本(1998)の研究でも紹介しているので，引用する。

① 行動：習慣的なもの（すわってテレビをみます，幼稚園に行きます）
　　　　能力的なもの（髪を自分で洗います）
　　　　援助的・従順的なもの（お母さんのお手伝いをします）
② 関係：大人（すてきなお父さんとお母さんがいます）
　　　　仲間（弟がいます，よい友だちがいます）
③ 身体イメージ（～色の目です）
④ 持ち物（人形をもっています，犬を飼っています）
⑤ 個人的ラベル（人間です，～という名前です）

⑥　性別（男の子です）
⑦　年齢（3歳です）
⑧　評価（とてもよい子です）
⑨　個人的特徴や好み（幼稚園が好きです）（榎本，1998，p.74）

　このことから，どの年齢においても，①行動の側面から自己をとらえる反応が多いことがわかり，幼児期の自己概念としては，行動的自己概念が中心的な領域として存在することが示された。

（2）児童期における自己の発達
●児童期の自己
　児童期に入ると幼児期にもっていた自己の側面がそれぞれ発達し，精緻化されていくとともに，自己に対する知覚である自己概念も発達する。幼児期の自己概念の中心領域を占めていた行動的側面や身体的側面だけでなく，心理的・情緒的側面にまで自己の領域が広がり，内面的な自己への認識が芽生えてくるといえよう。そのような自己知覚の領域の年齢による変化についての研究を紹介したい。
　グアードとボーアン（Guardo & Bohan, 1971）は，6〜9歳の児童を対象に，「自分は何者であるか」という自己同一性（self-identity）について調べた。結果は，すべての年齢の児童が，以下の4つの次元における自己同一性の感覚をもっていることがわかった。

①　人間性（ペットの動物などではなく，自分は人間であるという感覚）
②　性別（異性のきょうだいとは異なる性をもつという感覚）
③　個別性（同性のきょうだいとは異なる存在であるという感覚）
④　連続性（生まれてからずっと自分はいつも同じ人間であるという感覚，またこれから未来にかけても同じ人間であり続けるであろうという感覚）

　この結果によって，6歳の児童でも，「自分はなにか」といった自己同一性

の感覚を身につけていることが示唆されたが，その着目する側面が年齢によって異なっていた。6～7歳児は，身体的外見や行動面から自己同一性をとらえるのに対して，8～9歳児は外的側面だけでなく，感情や態度など内的側面から自己同一性を確認していることがわかった。

ブロートン（Broughton, 1978）によると，子どもは幼児期には主に身体的自己概念によって，自己と他者とを区別している。しかし，8歳くらいになると，自分のもつ思考や精神性といったものに意識が向き，それらが他者にはない自分独自のものであるとの認識をもつようになる。このように幼児期から児童前期では身体的側面（身長，かわいらしさ，眼の色，髪の色）や所有物からの自己の把握が主であるのに対し，児童中期からは，「わたしは～と思う」といった内面的操作をもとにした心理的・精神的側面から自己を把握することが可能になるといえる。上の2つの研究に対して，デーモンとハート（Damon & Hart, 1988）は，就学前の幼児に面接をおこない，自己について回答させた。すると，自己に関する記述について，就学前児であっても身体的・外的側面のみならず，心理的側面からも自己をとらえていることが示された。

●尺度によってわかる自己概念の分化

自己概念の諸側面が分化しているかをみるためには，異なる領域同士の自己概念の相関関係が，加齢によって低下することを示せばよい。相関が低いということは2つの異なる領域の自己概念が別々のものであるという証拠になるからである。マーシュ（Marsh, 1989a）は3年生から5年生の児童にSDQを実施し，下位尺度間の相関を調べた。すると，3年生から4年生，4年生から5年生にかけて下位尺度間の相関は減少していることがわかった。これは，異なる領域同士の自己概念が分化してきていることを示す。また，マーシュは加齢に伴う自己概念の分化について，同一人物の異なる下位尺度得点の差が，加齢に伴い大きくなるという仮説を提示した。これは，幼い被験者の場合，自己概念はすべての領域で一様に高いか，もしくは一様に低いというように分けられるのに対し，被験者の年齢が高くなると，同一人物内の自己概念に高い領域と低い領域が同時に存在するようになるというものである。マーシュらの研究では，自己概念の内的一貫性や下位尺度間の弁別性が，被験者の年齢が上がるに

つれて高くなることを示した (Marsh, Craven, & Debus, 1991)。

●社会的自己の分化

社会的自己も年齢とともに分化するといえる。ハーター (Harter, 1983) は社会的自己概念を形成する「重要な他者」の定義を，自己概念が年齢とともに分化するにつれて変化していくものとした。たとえば，就学前の子どもにおいては母親が「重要な他者」の筆頭者であろうし，児童期に進むと学校に生活場面が移ることにより，「重要な他者」に仲間集団や教師も含まれていく。さらに，青年期になると仲間関係においても，同性や異性の区分けをしたほうが，より正確に社会的自己をとらえることが可能となる。また成人期になると，職場における自己認知も社会的自己概念の重要な要素となってくるといえる。

また，ローゼンバーグ (Rosenberg, 1986) の調査では，年齢とともに単なる対人的な結びつきによって自己を叙述するよりも，対人的な感情（他者に対する感情や自分に対する他者の感情についての言及）によって自己を表現することが多くなることが指摘されている。つまり，目に見える関係性だけではなく，それに対する自分の内面的な感情のほうが，自己概念を規定する要因になっているのである。これは，社会的自己のあり方が全体的自己概念にもある程度の影響を及ぼすことを示唆しているともいえよう。

●児童期中期の自己概念

児童期中期になると，自己を叙述するときに，1つのことに対して多面的な解釈が存在することを理解することが可能になる (Harter, 1988)。たとえば，「いい試合ができてうれしかったけれど，負けて悔しかった」というように，1つのことに対して，嬉しい気持ちと悲しい気持ちのいわば相反する気持ちが同時に存在することもありうるということで，自己の感情の多面的な把握のあらわれであるといえる。良い・悪いが単純な様式ではなく，このときは良いがこの状況のときは悪いなど，両価的・多面的な見方ができるようになるということでもある。このことは，児童期では，自己に関する事象の羅列的な把握だったものが，年齢が上がるにつれて内的連関をもった統合的な把握へと変化していくことのあらわれともいえる。また，この時期は自己に対してだけでなく，

他者に対しても多面的な見方が進むため，自他をとらえる心理的枠組みが複雑かつ多面的になってくる。

（3）青年期の自己

モンテメイヤーとアイゼン（Montemayor & Eisen, 1977）は，「わたしは……」で始まる文を20個完成させるという20答法（Twenty Statement Test）を用いて，自己概念における年齢差を分析した。30のカテゴリーに分類された回答を分析すると，年齢とともに，居住地，持ちもの，身体的特徴などの客観的・外面的特徴による自己記述が減少し，性格的特徴，思想・信念，個性化の意識などの主観的・内面的特徴による自己記述が増加していた。このことは，前述の先行研究と同じく，児童期から青年期にかけて，自己についての記述が身体的な特徴などを中心とした表層的なものから，年齢を経るごとに自己の内面的・心理的な特徴を中心とした深層的な理解へと進んでいくことを示している。

●自己概念の分化について

デーモンとハート（Damon & Hart, 1982）は自己を身体的自己（physical self），行動的自己（active self），社会的自己（social self），心理的自己（psychological self）の4つに大きく分け，それぞれについて，乳幼児期と児童前期，児童中期および後期，青年前期，青年後期の4つの発達段階における自己概念形成の特徴について述べている。デーモンとハートによると，年齢の上昇につれて，身体的自己→行動的自己→社会的自己→心理的自己の順に重要度が増すと考えられている。つまり，児童前期は自分の身体に関する知覚や評価が自己を規定するのに大きな要因となり，児童中期・後期には，自分がどのように他者とかかわるかという行動的自己が重視される。さらに，青年前期には自己の性格のなかでも社会的側面が重視され，青年後期になると自らのもつ信念や哲学，思考などを表す心理的自己が自己を規定する際の中心的な基準となる。このように，発達初期の自己概念は主に，身体的自己概念と行動的自己概念が中心であるが，児童期になると，外見的なものから内面的な側面にフォーカスが移り，青年期の自己概念になると，内面的自己概念がさらに分化・統合される

こととなる。つまり、自分についての個々の要素が、単なる羅列的なものから体系的なまとまりや内的一貫性をもったものとして統合され、知覚されていくのである。

4 自己をはかる尺度

　ここでは、自己概念をはかるための尺度をいくつか紹介したい。それぞれの尺度には長所や短所があるが、どれも自己というものを1つもしくは2つ以上の側面からとらえようとしたものであり、目に見えない自己を把握するため、どのような次元からアプローチを重ねたのか、研究者たちの試みを知る一助となるであろう。

（1）自尊感情尺度（Rosenberg, 1965, 1979）

　ローゼンバーグ（Rosenberg, 1979）の自尊感情尺度（Self-esteem Scale）は、1965年に初版が出され、自己概念の尺度の中で最も初期の尺度の一つであり、現在でも一般的自尊感情の測定に用いられている汎用性の高い尺度である。ローゼンバーグは、自尊感情を「個人の自己尊重あるいは自己価値の感覚」と記した。この尺度は、全体的な自己概念に関連した、10項目からなる1次元の尺度である。項目の語彙から12歳以上の被験者を対象するのが妥当であると思われる。この尺度の妥当性については、シルバーとティペット（Silber & Tippet, 1965）、ティペットとシルバー（Tippet & Silber, 1965）の研究により、収束的妥当性と弁別的妥当性が報告されている。また、ローゼンバーグ（Rosenberg, 1979）による因子分析を用いた検討では、自尊感情尺度から2つの因子が見出され、カーマインズとゼラー（Carmines & Zeller, 1974）は、この2つの因子を肯定的自尊感情と否定的自尊感情とよんでいる。もともと1次元であるとされた自尊感情に2因子が見出された理由としては、項目の内容として、肯定的な自己態度に5項目、否定的な自己態度を表す項目に5項目が費やされていることに着目すべきである。つまり、この2つの因子はあくまでも言語表現的な観点から異なるが、実際には全体的自尊感情をはかっていることには変わりはないといえる。

（2） 自尊感情目録 （Coopersmith, 1967）

クーパースミスの開発した，自尊感情目録（Coopersmith Self-Esteem Inventory；CSEI）は，ローゼンバーグの自尊感情尺度よりも項目が増えて，精査され，より使いやすいものとなっている（Coopersmith, 1967）。CSEI は大きく分けると児童用と成人用の2つがある。児童用の CSEI は8歳から15歳の児童生徒を対象としており，以下の4つの下位尺度からなっている。項目数は50であり，8項目のライ・スケール（虚偽尺度）を含む。成人版の CSEI は16歳以上が対象であり，児童用の尺度を修正して25項目になっている。

① 両親（家庭関係）
② 友人（仲間関係）
③ 学業（学校関係）
④ 一般（自尊感情）

この尺度の特徴は，回答方式が Yes/No の2択式となっており，約10分という短時間で実施可能なことである。そのため，学級でのスクリーニング，自尊感情構築への教育プランなど臨床的な場面において，実施しやすい。しかし，内容を詳細にみると，4つの下位尺度といっても，一般的自己に50項目中半分以上の26項目を費やしており，全体的な自尊感情に対する重みづけが強いことを無視することはできない。

（3） 自己概念目録 （Sears, 1963）

シアーズの自己概念目録（Sears Self-concept Inventory）は，自己概念の階層的・多面的な構造を支持する尺度といえる。オリジナル版だと以下の9つの下位尺度に分かれており，全100項目である。

① 身体的能力
② 精神力
③ 学校での同性友人との関係
④ 学校での異性友人との関係

⑤ 学校での教師との関係
⑥ 勉強の習慣
⑦ 社会的美徳
⑧ 幸福の質
⑨ 学業科目

　被験者は，各項目に対して3つの次元（自身に満足しているか，向上を期待しているか，人と比べてどうか）があり，それぞれに回答しなければならない。回答法は5段階評価である。
　このオリジナル版を基盤にして改訂された新しいシアーズ自己概念目録は，9因子で計48項目になっており，下位尺度は以下のとおりである。

① 身体的能力
② 魅力的な外見
③ 社会的関係
④ 社会的美徳
⑤ 幸福の質
⑥ 勉強の習慣
⑦ 学業科目
⑧ 集中的精神力（convergent mental ability）
⑨ 分散的精神力（divergent mental ability）

　オリジナル版と比べると，②精神力の項目が分化し，③④⑤にみられる学校での人間関係が，③社会的関係にまとめられるなど，領域別に重視する観点が変化しているのがわかる。

（4）ミシガン州コンピテンス自己概念尺度（Brookover et al., 1964）

　ミシガン州能力的自己概念尺度（Michigan State Self-Concept of Ability Scale；SCA）はミシガン州立大学のブルックオーバーら（Brookover, Thomas, & Paterson, 1964）によって開発された。彼らによると，ある課題に取り組む

ときに，他の人と比べて自分がどのくらいできたのかという社会的比較が学業的自己概念を決定する重要な要因となるとしている。その理論を基盤にして，この尺度は一般的自己概念をはかるフォーム A と，具体的な科目の自己概念をはかるフォーム B という 2 つのフォームに分かれている。フォーム A では他人と比べた自分の一般的な学業達成能力についての質問が 8 問含まれる。フォーム B では，数学，言語，社会，化学などの個別の科目における自己評価についてたずねており，自分の能力を「下・平均より下・平均・平均より上・上」の 5 段階で評価する。対象学年は，中学生・高校生（7～12年生）となっている。比較的初期に開発された具体的な科目別のコンピテンスに関する自己概念を測定する尺度ということで，価値があるといえる。

(5) テネシー自己概念尺度（Fitts, 1965；Roid & Fitts, 1988）

テネシー自己概念尺度（Tennessee Self-Concept Scale；TSCS）はロイドとフィッツ（Roid & Fitts, 1988）によって開発され，自己概念を多次元的に測定することができる。この尺度の構造は 3 つの内的な自分自身の側面と 5 つの外的な評価要素を組み合わせたものになっている。3 つの内的な次元は，

① 同一性（identity）（自分で自分をどう思っているか）
② 自己満足（self-satisfaction）（その状態に自分がどれだけ満足しているか）
③ 行動（behavior）（自分がどのような行動をするか）

となっている。外的準拠枠の 5 つの側面は以下のようになっている。

① 身体的自己（physical self）——自分の身体的外見，体格，健康状態についての知覚
② 倫理的自己（moral-ethical self）——道徳的価値，善悪の基準，宗教的信念についての知覚
③ 個人的自己（personal self）——自分自身の個人的な価値や性格についての知覚

④ 家族的自己（family self）——家族の成員としての自分自身の適格感や価値についての知覚
⑤ 社会的自己（social self）——他者との社会的なやりとりに関する適格感についての知覚

TSCSは100項目からなっており，回答は「まったくあてはまらない」「ほとんどあてはまらない」「あてはまる部分もあてはまらない部分もある」「ほとんどあてはまる」「まったくあてはまる」の5択式である。下位尺度は前述の5つの側面である身体，倫理・道徳，個人，家族，社会となっており，カウンセリングや臨床におけるアセスメントなどに利用されている。

たとえば，下位尺度の5番目の社会的自己に関する「友人関係」を例にとると，①同一性は「私は友だちがたくさんいると思う」，②自己満足は「私は友だちがたくさんいることに満足している」，③行動は「私は友だちをつくるために，社交的にふるまう」などといった質問例になる。TSCSは同一性と行動という自己の記述的側面と，自己満足という自己の評価的側面の両方を備えもつという点で，有用な尺度の一つといえる。

（6）ピアーズ・ハリスの児童用自己概念尺度（Piers, 1969, 1984）

ピアーズ（Piers, 1984）によれば，自己概念とはその人自身の行動や態度に関する記述的及び評価的態度のことをさす。児童用自己概念尺度（Piers-Harris Children's Self-Concept Scale；PHSCS）は，全体的・包括的な自己概念と領域別に分かれた自己概念の2つの構造をもつと仮定しており，以下の6つの領域における児童の自己知覚を査定することを目的としている。

① 行動
② 知能／学校
③ 身体的外観／特質
④ 不安
⑤ 人気
⑥ 幸福／満足

この尺度は小学校3年生（8歳）程度の読解力があれば実施可能であり，実際には12年生(高校3年生)まで使用可能である。全40項目であり，回答はYes/Noの2択式，実施時間は約20分である。また，尺度の妥当性に関しては，ほとんどの年齢段階において信頼性の推定値は.80以上となっており，十分な信頼性をもっていると考えられる。児童の自己概念をはかるのに，適切な文章表現などを用いており，調査場面や臨床の分野で広く使用されてきた尺度である。

（7）ローレンス自尊感情質問紙法（Lawrence,1982）

ローレンス自尊感情質問紙法（Lawrence Self-Esteem Questionnaire；LAWSEQ；Lawrence, 1982）は主に教室場面で使用される質問紙である。ローレンスは，自尊感情を「自己像と理想自己の間の不一致についての個人の感情的な評価」と定義している。この尺度は，1979年度のアメリカの全国児童発達研究で小学校の男女児童15,000名に対して適用され，信頼性・妥当性ともに確認されている（Lawrence, 1982）。小学生版と中学生版（ともに16項目，3択法）がある。内容は親との関係，友人関係，教師との関係，学業の自己評価，全般的な自尊心などの項目に分かれており，4項目のライ・スケールを含む。ローレンスは，自尊感情向上のプログラムの実施前と実施後にこの尺度を実施することによって，自尊感情の変化を測定している。

（8）自尊感情指標（Brown & Alexander, 1991）

自尊感情指標（The Self-Esteem Index；Brown & Alexander, 1991）は，多次元的な自己概念を測定するため，以下の4つの下位尺度からなる。

① 家族受容
② 学業的コンピテンス
③ 仲間の人気
④ 個人的安全性

全20項目からなり，4段階のリカート形式で評定する。実施時間はおよそ30分である。下位尺度，全体尺度の得点において，ともに高い内的整合性がみら

れ，因子分析においても，想定された4つの因子を見出している。ほとんどの項目が，それぞれに対応する因子に負荷を示し，それ以外の因子への負荷が低くなっており，構成概念妥当性は高いといえる。

（9）子ども用自己知覚プロフィール（Harter, 1985）および拡張版

子ども用自己知覚プロフィール（Self-Perception Profile for Children；SPPC；Harter, 1985）は，8～12歳の子どもの自己知覚に関する尺度であり，以下の6つの下位領域を含む全36項目で構成される。

① 学校コンピテンス（Scholastic competence）
② 社会的受容（Social acceptance）
③ 運動コンピテンス（Athletic competence）
④ 身体的外観（Physical appearance）
⑤ 品行（Behavioral conduct）
⑥ 全体的自己価値（Global self-worth）

この尺度は，まず児童が回答の方向（肯定か否定か）を決め，次にその回答の強さを決めるというユニークな2段階方式の回答方法をもつ。下位尺度としては，各領域につき6項目しか含まれていないため，標本抽出が非常に限定されたものであるので注意が必要であるといえる。

ハーターらは，さらに年齢別にいくつかの自己知覚プロフィールの拡張版を作成しているので紹介したい。青年用（Self-Perception Profile for Adolescents；Harter, 1988）は，13～18歳の青年期向けの尺度である。下位尺度は，子ども用自己知覚プロフィールの6つの領域に加えて，⑦仕事コンピテンス⑧親密な友人関係⑨恋愛に対する興味が含まれている。

大学生用自己知覚プロフィール（Self-Perception Profile for College Students；Neeman & Harter, 1986）の下位尺度は，以下のとおりである。

① 学校コンピテンス

② 運動コンピテンス
③ 社会的受容
④ 仕事コンピテンス
⑤ 恋愛に対する興味
⑥ 親密な友人関係
⑦ 知的能力
⑧ 道徳性
⑨ 身体的外観
⑩ 全体的自己価値
⑪ 創造性
⑫ 親との関係
⑬ 人生でのユーモアの発見

　この下位尺度をみると，子ども用から①②③，青年用から④⑤⑥，成人用の尺度から⑦⑧を採用している。⑨⑩はすべての尺度に共通してあり，大学生用にあらたに加えられたのが⑪⑫⑬である。全54項目からなり，実施時間は30分程度である。

　成人用自己知覚プロフィール（Self-Perception Profile for Adults；Messer & Harter, 1986）は，子ども用自己知覚プロフィールの下位尺度を基盤にしながらも，より分化した自己概念を測定するために，以下の12の領域の下位尺度からなる。

① 社交性
② 職業コンピテンス
③ いつくしみ
④ 運動能力
⑤ 身体的外見
⑥ 適切な扶養者
⑦ 道徳性

⑧　家庭のやりくり
⑨　親密な関係性
⑩　知性
⑪　ユーモアの感覚
⑫　全体的自己価値

　下位尺度をみると，③⑥⑧が成人用に加えられているのがわかるだろう。全50項目からなり，全体的自己価値の6項目を除いた11の下位尺度は各4項目となっている。

　学習障害児用自己知覚プロフィール（Self-Perception Profile for Learning Disabled Students；Renick & Harter, 1988）は子ども用自己知覚プロフィールの5つの下位尺度の領域に加えて，学習障害に特有の能力や適応性を検討するために，あらたに5つの下位尺度を加えている。合計で10の下位尺度は以下のとおりである。

①　社会的受容
②　運動コンピテンス
③　身体的外観
④　品行
⑤　全体的自己価値
⑥　一般的な知的能力
⑦　読むコンピテンス
⑧　正しくつづるコンピテンス
⑨　書くコンピテンス
⑩　計算能力

　後半の⑥～⑩は読解力やスペリングの力，計算能力など，基本的な学力をより細かく分析できるようになっている。全45項目であり，①～⑤は各5項目，⑥～⑩は各4項目となっている。尺度は高い内的整合性を示しており，全般的

に学習障害児にみられる領域固有な自己概念をはかる信頼性，妥当性のある尺度と考えられている。

(10) 自己イメージ記述質問紙（Offer et al., 1992）

オファーらの自己イメージ記述質問紙改訂版（Offer Self-Image Questionnaire-Revisited；OSIQ-R；Offer, Ostrov, Howard, & Dolan, 1992）は，13～18歳の青年期の自己イメージをはかるために開発された全129項目の質問紙であり，以下の12の下位尺度をもつ。

① 情動傾向
② 衝動の統制
③ 精神的健康
④ 社会的役割
⑤ 家族役割
⑥ 職業的態度
⑦ 自信
⑧ 自己信頼
⑨ 身体イメージ
⑩ 性意識
⑪ 道徳的価値
⑫ 理想主義

尺度の因子分析では，2因子が見出された。第1因子は，上記の①～⑨までの下位尺度が含まれ，「総合的・個人内自己イメージ因子」と名づけられた。第2因子は⑩～⑫に加えて，②⑤⑥⑧が高い因子負荷を示し，「社会的イメージ，道徳性，社会的変化に影響された自己イメージ因子」と名づけられた。だが，多くの下位尺度の内的整合性は低く，想定した因子構造を示していないことから，妥当性は高いとはいえない。

(11) ブラッケンの多次元自己概念尺度（Bracken, 1992）

ブラッケン（Bracken, 1992）は，シャベルソンらの自己概念の理論モデルを基本として，米国で多次元自己概念尺度（The Multidimensional Self-Concept Scale，以下 MSCS と記す）を開発した。この尺度は，シャベルソンらの多次元的・階層的構造を参考にしながらも，円を用いて自己概念をモデル化している（図2-5）。

ブラッケンは，子どもは，自らのもつ環境的文脈の数に見合うだけの多くの自己概念を発達させると指摘する。彼は，ほとんどの子どもがもつであろう基本的な環境的文脈を6つに分け，MSCS 尺度の下位尺度とした。6つの文脈は，以下のようになっている。

① 社会（social）――他者との社会的相互作用に関する知覚・評価
② コンピテンス（competence）――環境にしたがって行動する行為主体としての有能感の知覚・評価
③ 感情（affect）――自分自身に対する肯定的・否定的な感情
④ 学校（academic）――学業成績や学校での活動に対する評価
⑤ 家族（family）――家族内の相互作用に関する知覚・評価
⑥ 身体（physical）――身体的能力，外見的魅力，身長，体重，健康状態

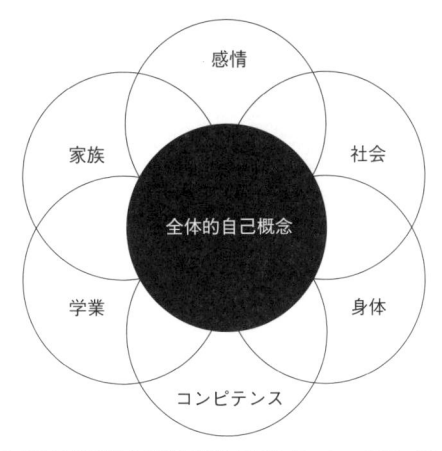

図2-5　ブラッケンの多次元自己概念尺度の理論モデル（Bracken, 1996, 梶田・浅田訳, 2009, p.552）

に関する知覚・評価

　これらは，それぞれが排他的でなく，一部が重複しており，かかわり合っているとされている。全体的自己概念が中央に位置づけられているものの，周囲に囲むように配置された他の一次的自己概念の次元が全体的自己概念と同じ程度の重要性をもつと仮定されている。階層構造というよりは，多次元的なその構造を重視したモデルであることが図からも読み取れる。この図では，全体的自己概念は6つの自己概念次元が集合的に重なる部分に位置するが，どの尺度も隣り合った領域と重複している。だが，隣り合った領域との重複しか表現していないため，すべてが重複し関連しているというMSCSモデルの正確な表現には限界があるとしている（Bracken, 1992）。MSCSではこの6つの下位尺度の1つにつき25項目の質問があり，合計150項目となっている。そして，この6つの側面における自己概念を測る際の評価的基盤を2つの視点（個人的と他者的）と4つの基準を用いて規定している。2つの視点とは，

① 個人的（自分自身から見た自己）
② 他者的（他者から見た自己）

という観点である。4つの基準とは，

① 絶対（absolute）的基準――決められた一定の基準に達しているかどうかで評価
② 内部比較的（ipsative）基準――個々の領域を自分自身の全体的な能力や成績，他の側面と比較して評価
③ 比較的（comparative）基準――他者との比較により評価
④ 理想的（ideal）基準――自身の理想的水準と比較して評価

となっている。特に，②の内部比較的基準は，マークスとウィン（Marx & Winne, 1980）による自己概念の補償モデル（compensatory model）とも関連する概念だといえるだろう。

ブラッケン（Bracken, 1992）は，人はこの2つの視点と4つの基準を組み合わせた8通りの見方のどれかを用いて，自己をとらえ，自己概念を形成するとしている。

(12) マーシュの自己記述質問紙法(Marsh & O'Neill, 1984 ; Marsh, 1988 ; Marsh, 1990c)

自己記述質問票（SDQ；Self-Description Questionnaire）は，シャベルソンらの自己概念の多面的・階層的理論モデルを基盤にしてマーシュによって開発された尺度である。対象年齢ごとに3つのバージョンがある。SDQ-Ⅰ（Marsh, 1988）は児童期の小学校2～6年生向けになっており，下位尺度は以下のとおりである。

① 身体的能力
② 身体的外見
③ 仲間関係
④ 親との関係
⑤ 言語能力
⑥ 算数（数学）能力
⑦ 学科一般
⑧ 一般的自己

①～④までが，非学業的自己概念であり，⑤～⑦が学業的自己概念となる。これに⑧「一般的自己」の因子を加えて，合計8つの下位尺度となる。よくみると，マーシュとシャベルソンのモデル（Marsh & Shavelson, 1985）の8因子に相当する8つの下位尺度であることがわかるだろう。項目数は全76項目である。

SDQ-Ⅰを用いて，小学校2～5年生を対象にした研究（Marsh, Barnes, Cairns, & Tidman, 1984）では，8つの因子構造は学年の違いにもかかわらず，一貫してあてはまることがわかった。さらに，因子間の相関は，年齢が上がる

につれて減少するなど，自己概念の構造が分化して，8因子の構造がより明確になってくることも示された。

次に，7年生～10年生を対象としたSDQ-Ⅱ（Marsh, 1990c）についてみていきたい。こちらも，シャベルソンらの理論モデルを基盤にしているが，SDQ-Ⅰと比べると因子がより細かくなり，新しい因子も増えている。下位尺度は以下のようになっている。

① 身体的能力
② 身体的外見
③ 仲間関係――同性
④ 仲間関係――異性
⑤ 両親との関係
⑥ 正直・信頼性
⑦ 情緒的安定性
⑧ 言語能力
⑨ 数学能力
⑩ 学科一般
⑪ 一般的自己

①②が身体的自己概念，③～⑤が社会的自己概念，⑥⑦が感情的自己概念，⑧～⑪が学業的自己概念である。SDQ-Ⅰの③仲間関係が，SDQ-Ⅱになると，③仲間関係――同性　④仲間関係――異性と2つに分かれ，具体的な交友関係を性別によって分けていることがわかる。また，⑥正直・信頼　⑦情緒的安定性の因子が新しく加わっている。各下位尺度は8～10項目であり，全部で102項目となっている。

妥当性に関しては，全体尺度でも，下位尺度でも，α係数は.80を上回るなど，高い内的整合性を示している。

3つ目は青年期後期（大学生～成人）を対象にしたSDQ-Ⅲ（Marsh &

O'Neill, 1984）である。下位尺度は，さらに分化しており，以下のようになっている。

① 身体的能力
② 身体的外見
③ 仲間関係――同性
④ 仲間関係――異性
⑤ 両親との関係
⑥ 正直・信頼性
⑦ 情緒的安定性
⑧ 精神的価値・宗教
⑨ 言語能力
⑩ 数学能力
⑪ 学科一般
⑫ 問題解決能力
⑬ 一般的自己

①②が身体的自己概念，③〜⑤が社会的自己概念，⑥〜⑧が感情的自己概念，⑨〜⑫が学業的自己概念である。あらたに，⑧精神的価値・宗教と⑫の問題解決能力という因子が加わった。

ハティ（Hattie, 1992）は，数々の自己概念尺度をレビューするなかで，このSDQを，先行研究をふまえたうえで因子構造の安定性，妥当性や信頼性などの観点から最も汎用性がある尺度としてあげており，その階層的・多次元的理論モデルや年代別の3種類の尺度（SDQ-Ⅰ,Ⅱ,Ⅲ）の適用可能性を指摘している。この尺度は，オーストラリアで開発され，既にアラブ首長国連邦（Abu-Hilal & Aal-Hussain, 1997；Abu-Hilal, 2005）やフランス（Guerin, Marsh, & Famose, 2003），中国（Hau, Kong, & Marsh, 2003），フィリピン（Watkins & Gutierrez, 1989）やネパール（Watkins, Kai, & Regmi, 1991），マレーシア（Watkins, Kan, & Ismail, 1996）で妥当性・信頼性の検証がなされ，いずれの場合においてもSDQの理論モデルの妥当性と国際比較に堪えうる自己概念尺度としての

有用性が証明されている。

● **尺度実施上の留意点**

次に，尺度を開発・実施するうえで注意すべき点について述べたい。まず，自己概念のどのような側面を知りたいのかをはっきりさせておくべきである。全体・包括的な自己概念なのか，ある状況下のある特定の領域における特殊的な自己概念なのかということである。全体的な自己概念は自身についての包括的・全般的な知覚・価値観であるのに対し，特殊的な自己概念・自尊感情はさまざまな活動領域にかかわることであり，学業上の自己概念，身体的な自己概念，社会的な自己概念などがある。

次に，自己報告法を用いた質問紙法の場合，自己認識を欠いている子どもの場合，信頼できる結果を得ることは難しい。特に低学年の子どもにとっては，自己をはっきりと意識した経験がない場合，質問紙の回答自体の妥当性が失われることにも留意すべきである。また，自己申告の形をとる場合，暗黙の「社会的期待や望ましさ」にそって回答する子どもが存在する可能性がある。「先生はこのように答える自分を期待しているだろう」と子どもが思って回答すれば，それは信頼性に欠けるものになってしまう。同じような理由で，「自我防衛機制」が働いている場合，子どもは特定の不適切感を受け入れたくないために，正直な回答をしないこともある。このように尺度の正確さの問題は常に子どもの状況とも関連していることも忘れてはならないであろう。

5　自己概念の正確さ

（1）自分の実際の能力と自己概念の関係

自己概念は自分自身に対する包括的な知覚であり，その人の環境との経験や解釈によって形成されるものである。しかし，ほとんどの自己概念尺度は自己報告式であり，報告された自己概念がその人の実際の能力や特性とどの程度合致しているのかについての研究はあまりおこなわれていない。ではここで，本人の実際の能力や資質と，自己概念との関係，その一致や不一致の問題について検討していきたい。

自尊感情の向上に関しては，数多くの論文や書籍が出版されており，その測定方法は上記に示した尺度をみてもわかるように多岐にわたっている。自尊感情を「自己像と理想自己の間の不一致についての個人の感情的な評価」とすると，信頼性と妥当性のある査定方法はかなり難しくなる。今まで，自尊感情についていくつかの定義があるのと同じようにいくつかの尺度が存在した (Wylie, 1974)。

　たとえば，能力に関する自己概念であれば，実際の能力を客観的基準（成績や教師の評価など）によってみることができる。子どもは小学校の頃から，通知表などの形で，自分の学力についての客観的な評価やフィードバックを受ける機会が多いので，自分の学業能力において，かなり客観的評価に近い自己認知をもっていることが期待される。しかし，先行研究をみると，知能指数と，自身の学力に関する自己知覚はあまり一致しておらず，相関関係も低いという結果が出ている (Borkenau & Liebler, 1993；Wylie, 1979)。また，学力と学業的自己概念との間の関係も，両者の間に正の相関関係がみられるものの，その幅は.20から.70と幅広く，一定した結果とはいえない(West, Fish, & Stevens, 1980)。どうしてこのような結果になるのだろうか。ブラウンとダットン(Brown & Dutton, 1995) は，この実際の知能と自身の知的能力に関する認知の間の相関の低さの理由について，自己認知が不正確であることよりも，知的能力の定義の仕方が人によって異なることをあげている。つまり，人によって何を知的能力とするかの定義づけが異なるために，それらが実際に測定された知能指数とのギャップを生み出すということである。また，人は自分にとって都合のいい解釈をする傾向があるという側面も無視できない。こうした，自分についての積極的な錯覚のことをポジティブ・イリュージョンとよぶ (Taylor & Brown, 1988)。テイラー (Taylor, 1989) は，ポジティブ・イリュージョンには，非現実的な肯定的自己評価だけでなく，現実を統制できるという幻想や非現実的な楽観主義といった現象も含まれると指摘している。ポジティブ・イリュージョンは自己高揚の一つの結果であり，自尊感情を向上させる要因とされているだけでなく，精神的健康とも関連があるとされる。

（2）自己評定と他者評定の不一致

　自己認知の正確さは，客観的指標からだけでなくても，たとえば他者からの評価との比較によっても検討することが可能である。人は自分の能力を評価する際に，社会的比較によって判断することが多いため，自己評定と他者評定の間の相関はある程度高くなることが予想される。しかし，予想に反していくつかの研究はその仮説を支持していない。フェルソン（Felson, 1981）は，フットボール選手の能力について，自己評定と他者評定を間の相関を検討した。結果は，ある選手に対する複数のコーチによる他者評定間の相関は高いのに対して，選手自身の自己評定とコーチによる他者評定の相関は非常に低かった。これは，選手自身が自分の能力として認知しているものと，コーチから見た選手の能力とが一致していないことを示している。

　ボーンステッドとフェルソン（Bohrnstedt & Felson, 1983）は，子どもが自分で感じる他の友人からの人気度と，実際に他者が評価した人気との関係を調べたところ，人気の自己認知と他者評定の相関はかなり低かった。つまり，自分が思っているほど，他者は人気者だと思っていないことが示されたのである。このように，自己認知と他者評定は必ずしも一致しているとはいえず，むしろ相関は低くなっていることがわかった。

（3）自己概念のゆがみ

　自己概念は前述のポジティブ・イリュージョンやボーンステッドらの研究にみられるように肯定的にゆがむことがある。つまり，自分を実際以上に肯定的にみて，そのような人間だと知覚する現象のことである。自分を平均からみてどのように位置づけるかについて，ダニングら（Dunning, Meyerowitz, & Holzberg, 1989）の研究がある。彼らが大学生のリーダーシップ能力について調べたところ，約70％の学生が，自分は平均より上であるとみなしており，平均以下であるとみなしているのはわずか2％であった。運動能力についても，60％の学生が自分は平均より上であるとみなしており，平均以下とみなす者は6％となっており，学生の自己評価が肯定的な方向に大きく偏っているのがわかる。このように，ある望ましいとされる性格特性や能力に対して，平均以上であると自己認知をする者が，被験者の半数を大きく上回ることがわかった

が，現実には，平均以上の割合は被験者全体の50%となっており，ここでも不一致がみられる。この結果は，人が自己を実際以上に肯定的にゆがめて認知していることの証といえよう。

また，ミラー（Miller, 1976）は，原因帰属理論において，人は成功の原因を自分自身の属性に帰属させ，失敗を外的な要因に帰属させる傾向があることを指摘しており，自分に都合よく物事を解釈する傾向は自己を実際以上に肯定的に認知しようとする心理のあらわれであると考えることができる。

自己概念は肯定的だけでなく，否定的な方向へゆがむこともある。第6章でも詳しくふれるが，欧米の社会文化的文脈における自己高揚バイアスと対照的に扱われる，アジアを中心とする東洋文化における自己批判バイアスがそれにあたる（柏木・北山・東，1997）。つまり，自分の能力を実際より低く見積もり，呈示する傾向である。

自己知覚の性差の偏りに関して，ベイヤー（Beyer, 1990）やドーブマンら（Daubman, Heatherington, & Ahn, 1992）は，女性は男性と比べて自分の能力や成績を低く見積もる傾向があることを示した。このような女性の否定的な自己認知の現れる要因について，ベイヤーとバウデン（Beyer & Bowden, 1997）は，課題に現れる男性性と女性性の要素の違いに言及している。たとえば，男性性を多く含むと考えられる課題（男性が好むとされるスポーツや政治の問題など）に関しては，女性のパフォーマンスに関する自己評価が男性よりも低い方向にゆがむ傾向があったが，女性性を多く含む課題（映画やテレビの俳優についての話題やファッションについての話題）や中立的な課題（一般的な知識についての問題など）については認知にゆがみがみられなかった。このことから，男性が優位とされる課題においては，性役割観のうえで女性が優位に立たないことが暗黙の内に求められているため，認知が否定的な方向にゆがむ可能性が示唆された。つまり，社会的に女性として期待される方向に自己認知がゆがむ傾向があるということであり，女性としてあまり優れていないほうが望ましいと思われる課題（この場合は男性性の要素を含む課題）に関しては否定的にゆがみ，そうでない領域に関してはゆがみがみられないということである。「自分はこうだからこう認知する」というよりも「自分は，社会において女性としてこうあるのが望ましいとされているから，こう認知する」という方向で

自分をとらえているといえるだろう。自己概念はその人の認知だけでなく，感情や実際の行動にも少なからず影響を及ぼす。その意味でも，どのような基準で自己を認知するのかには，上に述べた文化的・社会的文脈やその社会で優勢な性役割観など，外的な影響の大きさも無視することができないことがわかった。

　以上のように，自己を正確に知覚することは容易なことではなく，客観的指標や他者からの評定との関連性をみても，自己概念が正確な自己認知を反映しているかについては，常に留意すべきであろう。また，非現実的な期待や展望により，誤った自己知覚を抱いてしまうこともときには起こりうるため，自己概念の正確さや安定性を考慮したうえで妥当性の検討を進める必要がある。

3 自己概念とさまざまな要因との関係

　この章では，自己概念とそれに関連するさまざまな要因について検討する。年齢や性差，学業成績など自己概念とあわせて議論されることの多い要因だけでなく，友人関係などの社会的関係や抑うつ，精神的健康などの臨床的要因にも目を向けたい。

1 基本的属性

(1) 年　齢

　自己概念と年齢によって，どのように変化するのだろうか。先行研究を概観すると，児童期前期の自尊感情は小学校3年生が一番高く，4年生以降下降する傾向にあるといわれている。

　ローゼンバーグ（Rosenberg, 1986）によると，小学校入学時に高い状態にある自尊感情も，学年とともに低下し，6年生ごろが最も低くなるという結果になっている。ソアーズら（Soares & Soares, 1977）は，1年生から8年生（中学2年生）までの自己概念を，主に学業的自己概念に焦点をあてて2つの形式で測定した。1〜3年生までのトータルスコアと，4〜8年生までのトータルスコアを比較すると，自己概念の値が低下していることがわかり，その差は統計的に有意であった。同じような研究として，チャンら（Chang, McBridge-Chang, Stewart, & Au, 2003）は，小学校2年生と8年生の学業的自己概念を比較し，小学校2年生のほうが高くなっていることを示した。ワトキンスとドングは，言語能力と学業一般に関する自己概念は，10歳のほうが13歳よりも肯定的であるという結果を示している（Watkins & Dong, 1997）。

　マーシュ（Marsh, 1989a）は，自己概念を尺度得点として数値化したときに，学年が上がるにつれてそのスコアが減少する傾向があることを示したが，これ

は使用する尺度や年齢によっても多少の差があった。マーシュはSDQ-Ⅱを用いて，7年生（中学1年生）から11年生（高校2年生）までの自己概念を調べたところ，7年生では比較的高いものの，8，9年生で低下し，10，11年生になるとまた上昇することがわかった。これは，学業的・非学業的にかかわらず，全般的に自己概念は4，5年生から下がり始め，9年生（中学3年生，平均年齢15歳）のときに最も低くなり，10年生，11年生時にまた回復するという研究とも一致している（Marsh, Smith, & Barnes, 1985）。つまり，自己概念が小学生から中学・高校生にかけて年齢の上昇によってU型の曲線を描くのである（Liu & Wang, 2005）。さらに，マーシュ（Marsh, 1989a）は青年後期と成人前期の自己概念をSDQ-Ⅲで測定したところ，SDQ-Ⅲの13の下位尺度のうちの11の尺度においては，年齢が上がるにつれて，一貫して自己概念の値は上昇した。

このように，多くの研究が年齢とともに自己概念が低下するということを示しているが，異なる結果を示す研究も存在する。バックマンとオマーリー（Bachman & O'Malley, 1977）の研究では，13歳から23歳までのデータをもとに，一般的自尊感情を検討したところ，年齢が上がるにつれて自尊感情が上昇していることがわかった。だが，この上昇は18歳から23歳までの期間であり，変化もわずかであった。また，青年期から成人期になると，外的環境から受ける影響を処理したり，自我同一性が確立されるため，自己概念は安定してくるという傾向がある（McCrae & Costa, 1982）。

また，年齢の効果を見出せなかった研究もある。ダセクとフラハーティー（Dusek & Flaherty, 1981）は，5年生から12年生までの自己概念の年齢による変化について分析したところ，「適応」「リーダーシップ」「社会性」などの多くの次元において，年齢の効果はほとんどみることができなかった。彼らは，青年期の自己概念は，個々のレベルの変化を伴ってゆるやかに，かつ安定的に，連続性をもって発達するものであるとしている。

日本での自尊感情に関する研究についてもみていきたい。自尊感情の性差・学年差については，学年が上がるとともに自尊感情得点が低下する傾向が特に女子に顕著に認められた（荒木, 2007）。男子の自尊感情は4年生以降およそ横ばい状態で推移するのに対して，女子の自尊感情は学年の進行とともに漸次

的に低下する傾向があった。具体的には，中学年で女子の自尊感情が男子より高く，高学年になると男子が女子より高いという形に逆転する。この理由としては，子どもたちの身体的・精神的発達の影響や自尊感情を構成する要因の重みづけが性別によって異なることによるものと考えられる。井上(Inoue, 2001)の小学生4～6年生の自己概念を調べた研究によると，小学校4年生が最も自己概念得点が高く，5，6年生になるにしたがって低下しており，特に女子の低下が激しいことからも，同じ傾向が見て取れる（第4章を参照）。

このように自己概念と年齢との関係は，下降する，上昇する，年齢の効果はないなど，見解が一貫しているとは言い難い。ただ，多くの研究から明らかになった児童期から青年期にかけての自己概念の低下について，クレイン(Crain, 1996)は，この低下は必ずしも「悪い（望ましくない）」ことではないと考察している。この時期に自己概念が低下することは，むしろ自分自身についてより客観的で現実的な見方を獲得した結果とも解釈でき，それは発達の過程である認知的成熟の一つの結果であるとしている。たとえば幼児期は非現実的に高い自己概念や万能感をもつ傾向があり，児童期に入るにつれて，他者との社会的比較や，教師や親からのフィードバックをもとに自己知覚をおこなうことにより，自己概念は徐々に現実的なものになっていく。したがって，このような自己概念の低下は，実際に子どもの自己評価が低下しているというよりも，子どもの評定がより客観的になったことのあらわれではないかと指摘されている。

(2) 性別・ジェンダー

自己概念と性差との関係については，男女で領域別に差がみられるという研究が多い (Marsh, Smith, & Barnes, 1985；Marsh, 1989b)。学業的自己概念に関しては，男子は算数（数学），女子は言語や学校教科全般の領域において高くなる傾向がある。非学業的自己概念の場合は，男子はリーダーシップを表す項目や運動能力，身体的外見に関する自己概念が高く，女子は社会性を表す領域，つまり友人関係や親との関係に関する自己概念が高くなる傾向がある(Byrne & Shavelson, 1987；Marsh, Relich, & Smith, 1983)。SDQ-Ⅱを用いて青年期の自己概念の性差を分析したバーンとシャベルソンの研究によると

(Byrne & Shavelson, 1986），女子は言語，正直さや信頼，同性の友人との関係といった領域において，男子よりも高い自己概念をもち，男子は身体的能力，身体的外見，数学の領域で女子よりも高い自己概念をもつことがわかった。ムボヤ（Mboya, 1993；1994）は，自己記述目録（SDI；Self-Description Inventory）という尺度を用いて，成年期の男女の自己概念を検討した。この尺度は家族関係，学校全般，身体的能力，身体的外観，情緒的安定，音楽的能力，仲間関係，健康という8つの下位尺度をもち，心理測定法的にも妥当性が証明されている。結果は，男子は家族，身体的能力，身体的外観，音楽的能力，健康の領域において女子よりも高い自己概念をもち，女子は学校全般と情緒的安定の領域で男子より高い自己概念をもつことがわかった。

幼少期の自己概念の性差についても，領域別に差があることが示された研究がある。マーシュら（Marsh, Craven, & Debus, 1991）は5歳から8歳までの子どもを対象にSDQ-Iを実施した。その結果，幼児期の男子は女子よりも身体的能力に関する自己概念が高く，女子は容姿と言語能力の領域の自己概念が高かった。特に身体的能力の男子の優位性は，年齢が上がるにつれてより顕著になり，男女間の差が広がっていた。

オズボーンとレゲット（Osborne & LeGette, 1982）は，ピアーズ・ハリス自己概念尺度，コンピテンス自己概念尺度，クーパースミスの自尊感情目録を用いた研究で，青年期の男子と女子の間には全体的自己概念に関して有意な差はみられないとした。しかし，男子は外見に関する領域固有の自己概念が有意に高く，不安については低かった。女子は行動と社会的領域において男子よりも有意に高かった。ピアーズ（Piers, 1984）も，ピアーズ・ハリス自己概念尺度を用いた研究において，女子が外見に関して高い不安を示していることを指摘しているが，この結果はオズボーンらの研究結果と一致する。

このように，児童期，青年期を通して，男女の自己概念には，高くなる領域の傾向性の違いがみられた。この傾向は，オーストラリア（Marsh, 1989a）やカナダ（Byrne, 1988）など豪州北米諸国だけでなく，香港（Dai, 2001）や日本（Inoue, 2001）などアジア諸国でもみられ，男女の社会化の傾向性と自己概念との関連を示すものといえる。一般的自己概念に関しては，性差はあまりみられず，全体的自己概念になると学業的・非学業的自己概念の総合得点のた

め，個別の因子に性差が存在しても，合計の点数を出す際に，それらがお互いをうち消しあって，はっきりした性差はみられないことが多い。

次に，学業的自己概念の性差に関する研究についてみていきたい。マーシュとヤン（Marsh & Yeung, 1998）は，英語と数学の学業的自己概念と学業成績の間の関連を，性別と年齢による効果を通して分析した。結果は，女子は年齢が上がると，より肯定的な英語の自己概念をもつようになり，より否定的な数学の自己概念をもつ傾向があった。数学の自己概念に関しては，小学生の段階ではほとんど差はみられないが，中学，高校と年齢が上がるにしたがって，男子の数学的自己概念が一貫して高くなっていった。このことから，マーシュらは，数学と英語における典型的な性差は青年初期の頃から出現し，年齢とともに大きくなっていくと結論づけている。また，男女間の異なる社会化のパターンは，男子の国語に対する積極的な態度，及び女子の数学に対する積極的な態度を阻害するのではないかと指摘している。しかし，マーシュらは過去20年間の学業的自己概念の性差についての研究をレビューしたうえで，男子のみが数学や化学を好むという伝統的な傾向は徐々にうすれ，女子もそういった理系の科目を好むようになってきていると指摘している。近年の女子の学力は，数学や化学の分野においても男子に比べて向上してきており，現在の研究成果としては，数学の自己概念における男女差は徐々に小さくなっているにもかかわらず，依然として英語の自己概念は女子が高いという結果になっている。

●性差の原因

このような性別による自己概念の領域による違いは，社会や文化によってあらかじめ規定された社会化のパターンが関係しているのではないだろうかと，いわゆるジェンダー・ステレオタイプの影響を主張する研究がある。マーシュ（Marsh, 1989b）は，自己概念や自尊感情尺度の合計得点は，統計的に見て男子が女子よりもわずかに高いが，その性差は，全体の分散の1％を説明できるだけであるとしている。また，多くの研究者（Block & Robins, 1993；Eccles & Blumenfeld, 1985；Fennema & Sherman, 1977；Hirsch & DuBois, 1991）が指摘するように，この男女差は男性優位の社会を反映したジェンダー・ステレオタイプと，男女で異なる社会化のプロセスと一致しているのではないかとい

われている。

たとえば，男子の身体的能力の自己概念が有意に高い理由として，男子が学校生活において，スポーツや競技に参加することが奨励される学校文化が存在することは無視できない。

身体的外見に関しては，女子が男子よりも有意に低い理由として，公的自己意識が発達していることと，思春期に近づくと学年が上がるにつれて自身の容姿に不満を抱くようになるという点があげられるが，女子は自身の身体的外見を男子よりも自身にとって重要であるとみなしている点にも注目すべきである（Harter, 1990）。つまり，女子にとって自分の容姿をどのように感じているかが，自分自身の自己知覚や包括的な自尊感情を決定づける要因になりうるということである。また，ハーターは，身体的外見に関する自己知覚が自身の包括的自己概念に与える影響は，青年期だけでなく生涯を通して強く関連しているとしている。

自己概念における重視する領域の性差についての研究もいくつかある。男子は主にコンピテンスに関する領域の関心が高いのに対して，女子は，自己価値の領域の関心が高い（Marsh, Parker, & Barnes, 1985）。これは，男子は実社会においても，学業や仕事を通してコンピテンスを評価されることが多いため，コンピテンスに対する関心が高いのだと考えられる。これに対し，女性はコンピテンスよりも，むしろ自分の価値を他者に認められたい，また自分でも確認したいという欲求があることのあらわれといえるのではないだろうか。

自己概念におけるジェンダーの影響が有意な差を示さなかった研究もある。たとえば，クレインら（Crain & Bracken, 1994）は，ブラッケンの多次元自己概念尺度を用いて男女の自己概念を検討したが，自己概念の総得点や，身体的尺度を除くすべての領域に有意な差はみられなかった。

自己概念について，なぜこのように男性と女性で違いが出るのかをみていきたい。一般に，女性は男性よりも低い自己概念をもつと仮定されている。ミラー（Miller, 1979）は，女性は男性に比べると好ましくない（unfavorably）包括的自己概念をもつと結論づけている。その理由として，「男性らしい」とされる男性性に関連する心理社会的特性（責任感，リーダーシップなど）は，「女性らしい」とされる女性性に関する心理社会的特性（細やかな，養育性がある

など) よりも, 一般社会において, より望ましい人間像を特徴づけるものとみなされている点があげられている (Rosenkrantz, Bee, Vogel, & Broverman, 1968)。

イーグリー (Eagly, 1987) の研究では, 男女のあり方について, 男性は「agentic (主体的で自己主張的)」で女性は「communal (共同体的で, 他者との関係性重視)」というステレオタイプがあるとしている。マーシュら (Marsh, Smith, & Barnes, 1985) の研究では, 男子は「学業達成／リーダーシップ」のような男性性を反映する自己概念が高く, 「適応性／社交性」に関する自己概念が低かった。エプスタイン (Epstein, 1979) は, 自己記述に関して, 男子は「成功や失敗」を含む経験をよく報告し, 女子は「受容や拒否」に関する経験をよく報告することを見出した。これらの結果をふまえて, 人は自己について語るときに, 男女でおそらく異なる規範を用いているのではないかという可能性が示唆された。これも男性性・女性性の心理社会的特性の反映といえるだろう。つまり, 男性は一家の稼ぎ手で, 女性は家庭のなかで主婦として, また子どもの養育者を担当するという一種の社会における役割分担にこれらの心理社会的特性がうまくあてはまっているからであろう。また, ハティ (Hattie, 1992) は, 女性は社会的また経済的に依存的であり, 男性よりも多くの役割葛藤をもち, また多くの文化的イデオロギーのなかで, 女性は劣っているとみなされていると指摘している。男子がコンピテンスに傾倒し, 女子が自己価値に傾倒する傾向について, クリストファー (Christopher, 1999) は, 社会自体がある意味性差別主義的な (sexism) であることが, その原因の一つとなっているのではないかとしている。彼は, 男子と女子の社会における生き方のモデルが大きく異なる社会だと, 男性女性双方にとって, 身体的・情緒的・社会的自己概念などをバランスよく向上させるのが難しく, 偏りのあるものになりかねないと指摘している。さらに, 彼はそうした性差別的な傾向に気をつけながら, 男子だから, 女子だからという枠にはまらない, バランスの取れた肯定的な自己概念を形成しているべきであると主張している。

マーシュとバーン (Marsh & Byrne, 1991) は, 女性が低い自己概念をもつ理由として, 一般的自己概念の尺度構成が, 男性性を反映する項目に偏っている点に言及している。彼らは, 一般的自己概念をはかる尺度自体が自分に対す

る自信や,主体性の感覚,攻撃性など男性性を反映する項目を多く含んでいるため,女性性に関する心理的特性についての項目が少なくなっていることを指摘している。よって,女性は自らの性的特性にかかわりのない項目で構成された尺度に回答するため,自然と男性と比べると低い自己概念にならざるをえないのである。このようにジェンダーによる役割期待の違いや男性性・女性性を反映した尺度の構成が男女の自己概念に影響を与えるという可能性も考えられよう。

　性別によって自己概念の様相が異なる要因として,自己概念を形成する過程が男女間で異なるという見解を示す研究がある。たとえば,男性は否定的なコンピテンスのフィードバックに対して,自己の現状を防衛するための方略を取る傾向があるのに対し,女性はこれらのフィードバックを自分の能力を検証するものとみなし,結果として自己評価が低くなる傾向にある(Roberts & Nolen-Hoeksema, 1989)。つまり,男性はフィードバックに対して,最大限自尊感情を守るような方法をとり,否定的なフィードバックよりも肯定的なフィードバックが自分に影響を及ぼすように操作しているといえる (Elliot, 1988)。前述のロバートらの研究では,男性は,フィードバックがないとき,女性よりも自身の行動を好意的に判断する傾向があることが指摘された。一方,女性は,フィードバックに対して自己評価が男性よりも否定的になる傾向がある。ノーレン＝ホエックゼマの研究 (Nolen-Hoeksema, 1987) では,男性は,肯定的なフィードバックよりも否定的なフィードバックに対して,より自身を実際以上に高く評価する傾向があることがわかった。このような男性の過大評価の傾向は,自身の自己概念や自尊感情を維持・高揚させようという強い自己防衛のあらわれであるともいえる。

　このように,男性はどちらかというと自分自身を過大評価する傾向があるのに対し,女性はその反対に自分自身を過小評価するだけでなく,特に否定的なフィードバックに影響されやすいという傾向が示唆された。このことから,男性はさまざまな情報やフィードバックから自己概念を形成する方法を,いわば自己高揚を志向したやり方でおこなうのに対し,女性は自己検証を志向したやり方でおこなうといえる。このように,ジェンダーと自己概念の関係を考えるときに,単に男性が高く,女性が低いということをみるだけではなく,その背

景にある自己概念を統合する方略や「何のために自己概念を形成するのか」という動機づけが男性と女性によって異なる点にも着目する必要がある。

（3）人　　種

自己概念は，文化的文脈や社会構造などの外的要因の影響を受けながら形成される。そのため，国や文化を超えた比較研究の際，特に結果の解釈のときには文化的志向の違いを考慮に入れることが必要といえる。一般的に，環境や文化が異なると，おのずから自己概念の構造も異なり，人種的・文化的背景は自己概念に影響を及ぼすとされている（Rosenberg, 1965）。

自己概念の人種による違いについては，多くの先行研究が白人の多数派を被験者としたものであるため，方法論や理論モデル，また自己概念尺度についても白人に対して実施することが一つの基準となっている。そのなかで，白人と黒人（本書ではアフリカ系アメリカ人と記す）に関する研究はおこなわれてきているが，他の少数派の民族（アジア系やヒスパニック系など）の自己概念との比較に関する研究はわずかしかない（Wylie, 1979）。また，自己概念における人種の差について言及している研究の多くが，包括的な自己概念についてであった。ここでは，白人とアフリカ系アメリカ人を対象としているものだけでなく，アジア人や先住民の自己概念と多数派を比較した研究も紹介していきたい。

今までの自己概念と人種の差における研究において，白人の生徒はアフリカ系アメリカ人の生徒よりも高い自己概念をもっていると主張する研究が多くあるが（Osborne & LeGette, 1982；Stenner & Katzenmeyer, 1976），一方で，アフリカ系アメリカ人の自己概念は低くなく，むしろ実際は白人よりも高いと主張する研究も存在する（Lay & Wakstein, 1985；Powers, Drane, Close, Noonan, Wines, & Marshall, 1971）。また，白人とアフリカ系アメリカ人の自己概念には有意な差がないと指摘する研究もある（Hirsch & Rapkin, 1987；Zirkel & Moses, 1971）。このような一貫していない結果の原因として，自己概念を決定づける要因が人種なのか，果たして別の要因なのかという議論が出てきた。たとえば，アフリカ系アメリカ人の自己概念が白人よりも低いとすれば，それは能力的にアフリカ系アメリカ人が劣っているのが理由なのか，それとも

社会経済的地位（socio-economic status）など他の外的要因によるものなのかを検討する必要がある。現在では，多くの研究（Kohr, Coldiron, Skiffington, Master, & Blust, 1988；Samuels, 1973）が，社会経済的地位が，人種そのものの違いよりも自己概念を予測する強力な要因であることを指摘しており，この問題は無視することはできない。

以上のような背景をふまえたうえで，社会経済的地位の効果を考慮に入れた場合，アフリカ系アメリカ人の自己概念は白人よりも低くはないという結果を支持する研究がある（Porter & Washington, 1979）。しかしこれは，包括的自己概念に関する結果であるため，学業的自己概念や身体的自己概念など領域別の自己概念についてはまた別の結果が出ている。ここでいくつか，アフリカ系アメリカ人を扱った研究を概観する。

オズボーンとレゲット（Osborne & LeGette, 1982）は，クーパースミスの自尊感情目録（Coopersmith, 1967），ピアーズ・ハリスの児童用自己概念尺度（Piers, 1969），ブルックオーバーらのコンピテンス自己概念尺度一般版（Brookover, Thomas, & Paterson, 1964）という3種類の尺度を用いて，白人とアフリカ系アメリカ人の自己概念を調べたところ，アフリカ系アメリカ人青年は白人青年よりも低い学業的自己概念を示すことがわかった。さらに，自尊感情目録の合計得点においても白人が有意に高かった。

グリンら（Grin, Grin, & Morrison, 1978）の研究においては，アフリカ系アメリカ人は白人よりも知覚された自己効力感やコンピテンスが低いという結果が出ている。この理由について，ヒューズとデーモ（Hughes & Demo, 1989）は，アフリカ系アメリカ人はしばしば白人との関係において，行使するべき権利や機会を奪われており，それがコンピテンス感覚の発達を阻害するのであると，それが暗に人種差別の結果によるものであることに言及している。

オーンとマイケル（Oanh & Michael, 1977）は，ピアーズ・ハリスの児童用自己概念尺度を用いて被験者をベトナム，ベトナム以外のアジア，民族混合の子どもの集団を含む6つの民族集団に分けて，ベトナムの子どもとアフリカ系アメリカ人の子どもの自己概念を比較したが，アフリカ系アメリカ人の生徒は6つの集団の中で，身体的外見において最も高い自己概念の得点を示した。領域固有の自己概念と全体的自己概念に関しては，ベトナムの子どもが一番低

く，アフリカ系アメリカ人の子どもが一番高いという結果になった。

　ムボヤ（Mboya, 1993, 1994）は，自己記述目録（SDI）を用いて，13歳から20歳までの南アフリカに住む白人青年とアフリカ系アメリカ人青年の自己概念を検討した。結果は，自己概念の領域によって，人種の差が出ていた。アフリカ系アメリカ人青年は，全体的自己概念，学校全般，身体的外観，音楽的能力において白人青年よりも高い自己概念をもち，白人青年は，身体的能力と情緒的安定において，アフリカ系アメリカ人青年よりも高い得点を示すことがわかった。

　ローゼンバーグとサイモン（Rosenberg & Simmons, 1971）は都市部の学校におけるアフリカ系アメリカ人の自己概念について検討したところ，白人の生徒に比べて，アフリカ系アメリカ人の自己概念は低くはないことが見出された。この結果について，ローゼンバーグらはアフリカ系アメリカ人生徒と白人生徒のグループの対人関係に着目した。彼らによると，アフリカ系アメリカ人生徒はほとんど白人生徒と交流をもつことがなかった。したがって，アフリカ系アメリカ人生徒の自尊感情は同じ人種グループ内のメンバーとの比較によって形成され，白人生徒はその中には入らないことがわかった。そして，これがアフリカ系アメリカ人生徒の高い自尊感情につながると考察している。このことから，自尊感情には人種の違いというよりも，同人種内の人間関係や異人種間の人間関係などさまざまな対人関係が少なからず影響するのではないかという可能性が示唆された。

　他の民族集団の子どもたちの自己概念を対象にした研究はいくつかあるものの，多くはない。ロングとハムリン（Long & Hamlin, 1988）は，アメリカ先住民と白人の自己概念をピアーズ・ハリス児童用自己概念尺度を用いて調べた。結果は，白人の子どもたちは，アメリカ先住民の子どもたちより総合的自己概念の得点が高く，さらに，領域別にみると，行動と学校／知的な地位（状態）における自己概念の得点が高かった。ロングらは，この結果をみて，アメリカ先住民の子どもたちの学校生活に関する自己概念が低いことの理由として，彼らが学校において少数派（マイノリティ）としての位置づけにあることや，教師たちの多数が白人であるため，有形無形にマイノリティにとって否定的なフィードバックを受けているのではないかという点を指摘している。これ

は，民族性の優劣によって自己概念が決定づけられるというよりも，本人の置かれた立場や社会的文脈によって，自己知覚のあり方も変わり，自己概念の形成に影響を与える可能性を示唆している。

また，尺度自体が白人中心の社会規範や文化的文脈を基盤にして開発されている点も考慮すべきであろう。ローテンバーグとクランウェル（Rotenberg & Cranwell, 1989）は，従来の自己概念尺度によって測定された特性は，白人の西欧文化や社会規範のなかで開発されているため，尺度構成や項目内容が白人の子どもたちにとって身近であったり重要である場合が多く，それは必ずしも他文化の子どもたちの自己概念にとっては身近でなかったり，決定因となるようなものではないことを指摘している。よって，単に得点の高低のみを解釈することは誤解を招くことになると主張している。このことは，アメリカ先住民だけでなく，アジア・太平洋地域の子どもたちと白人を比較するときにも同じことがいえるだろう。

人種的な多数派と少数派に関する研究をみると，人種的少数派（マイノリティ）の人は，多数派に比べると学業成績は低い傾向にある（DeBlassie & Healy, 1970；Gibby & Gabler, 1967）。これは，自己概念についても同じ傾向を示す（Wylie, 1974；Zirkel & Moses, 1971）。こうした少数派の生徒の自己概念が低い理由としては，文化的背景，言語的困難，よい教育を受ける機会の不平等性，社会経済的地位などがあげられる。

ヒシキ（Hishiki, 1969）は，6年生女子のメキシコ系アメリカ人と白人の自己概念について検討した。尺度としてブレッドソーとガリソン（Bledsoe & Garrison, 1962）の自己概念尺度を用いたところ，自己概念および「理想自己」の領域において，メキシコ系アメリカ人児童は白人児童に比べて有意に低い値を示した。しかし，自己記述のパターンは両グループとも類似していた。ヒシキはこの結果に対して，白人児童のほうが，より高いレベルの教育を受ける機会に恵まれ，結果として学校生活における成功を感じており，それが自己概念に反映しているのではないかと考察している。もう一つ，メキシコ系アメリカ人の自己概念についての研究を紹介する。エバンスとアンダーソン（Evans & Anderson, 1973）は中学生のメキシコ系アメリカ人とアングロ系アメリカ人の学業的自己概念について調べた。結果は，家庭内での英語を話す頻度や量にかか

わらず，メキシコ系アメリカ人生徒がアングロ系アメリカ人よりも有意に低い学業的自己概念を示すことが明らかになった。さらに，学業成績においてもメキシコ系アメリカ人がアングロ系アメリカ人よりも低かった。これらの事実から，エバンスらは，メキシコ系アメリカ人生徒の低い学業的自己概念は，低い学業成績につながる要因となっていること，またこうした結果は，「貧困の文化（culture of poverty）」と関連するある社会化の要因の存在を示唆していると結論づけている。

　アジア・太平洋地域やアメリカのアジア系の子どもたちの自己概念に着目した研究（Fox & Jordan, 1973；Oanh & Michael, 1977）では，彼らの身体的自己概念や人種的自己概念は，白人の子どもたちよりも否定的であると示されている。また，アジア系アメリカ人の自己概念は，アフリカ系アメリカ人よりも否定的であった（Chang, 1975）。身体的自己概念とは，身体的能力や自身の外見や容姿に関する自己知覚をさすが，特に自分の皮膚の色や，目や髪の色，身長や体形など，自分の外見について，アジア人の子どもたちが低い傾向にあるのは，マイノリティとしての彼らの立場とも関連しているといえるのかもしれない。

　国籍や人種の影響に関して，マーティン（Martin, 1976）は移民の地位と自己概念について検討した。近年，オーストラリアでは移民が増大しており，人種的・文化的多様性が高まるとともに新しい階層が構築されてきている。マーティンの研究は，アジアやヨーロッパ，アングロサクソン，オーストラリアの先住民といった多くの移民の自己概念について言及している。マーティンによると，日常生活において着目する点が人種によって異なるということがわかった。アジア系の移民は「知的」であることに重点を置くが，アングロサクソンやオーストラリア人やヨーロッパ人は「良好な友人関係」に重点を置く。さらに，その結果は，子どもの出生地が自己概念に有意な影響を与えることを見出した。ヨーロッパに生まれた子どもは，アジア，オーストラリア，ニュージーランドやイギリスなどのアングロサクソンの国に生まれた子どもよりも，すべての領域において高い自己概念を示した。これに対して，アボリジニというオーストラリアの先住民は，多くの領域で低い自己概念を示した。次章で詳しく述べるが，日本とアメリカの小学生に同じSDQ-Ⅰを実施した筆者（富岡，2011）

の研究でも，全体的自己概念だけでなく，学業的自己概念，非学業的自己概念のすべての下位尺度において，日本の子どもの自己概念はアメリカの子どもの自己概念よりも低く，その差は統計的に有意であった。

　これらの研究結果をまとめると，自己概念における人種的・民族的な差異に着目した研究は，今まで主に白人とアフリカ系アメリカ人を対象におこなわれてきた。従来の研究結果は，一貫していなかったが，現在のおおかたの研究の見解としては，アフリカ系アメリカ人の子どもたちは，白人の子どもたちと同等，もしくは優れた自己概念をもっていることを示している。

　自己概念のなかの，特に身体的自己概念に関しては，アフリカ系アメリカ人が高く，アジア人が最も低い傾向を示した。人種の差が生まれる背景としては，自身の所属する帰属集団や社会のなかで多数派か少数派かという点や社会経済的地位，その社会において優勢になっている社会基準や規範と文化的文脈の影響を検討する必要があるといえる。

2　学業成績

(1) 自己概念と学業成績の相関関係と因果関係

　自己概念や自尊感情は成功経験と結びついて高められる。よって，子どもにとって成功経験の一つである高い学業成績の獲得は，学校生活における適応にかかわるものであると同時に，自己概念の形成や自尊感情にも深いかかわりがあると考えられる。このように自己概念は学業成績と関連づけて議論されることが多く，学業成績を予測する変数の一つと考えられており，その研究の多くは，自己概念と学業成績との間に正の相関関係を見出している（Shavelson et al., 1976；Hamachek, 1995；Watkins & Gutierrez, 1990）。また，ブルックオーバーら（Brookover, Thomas, & Paterson, 1964）は，自己概念とGPA（Grade Point Averageの略で，学生の成績評価指標のこと）の間に正の相関関係を確認している。また，逆に自己概念を向上させることが，本人の社会的能力だけでなく，学業成績にも影響を及ぼすという双方向の見方も成り立つように思われる。キャプリン（Caplin, 1969）は，肯定的な自己概念をもつ学生は，より高い学業成績を修める傾向があることを示した。自己概念と学業成績との関連

性については，多くの先行研究がみられるが，そのうちのいくつかを紹介したい。

ワイリー（Wylie, 1979）は，自己概念と学業成績の相関はおおむね.30前後であるとしている。またハティ（Hattie, 1992）は自己概念と学業成績に関する先行研究をレビューして，両者の相関関係のなかで，正の相関を示すものが8割以上であるが，相関がないとした研究や，負の相関を示した研究も1割を超えていることを指摘した。そして，論文や著作のなかから検出された1,136の相関関係の平均の値を.21であるとしている。このように，自己概念と学業成績は正の相関関係にあるといえるが，その相関の強さは.20～.30とあまり強くはない。

だが，これらの相関は非学業的自己概念をも含んだ包括的自己概念と学業成績との相関についてであるため，学業的自己概念のみと学業成績との相関はもっと高くなることが考えられよう。ハンスフォードとハティ（Hansford & Hattie, 1982）は，学業的自己概念と学業成績を扱った研究を分析し，その相関が.42であることを紹介している。これらは，包括的自己概念と学業成績との相関よりもやや強いといえよう。マーシュ（Marsh, 1993）は，科目別の学業成績と，科目別の学業的自己概念の間の相関を検討したが，言語的自己概念と国語の成績の間に.39，数学の自己概念と数学の成績の間に.33という相関関係を見出している。

科目別の学業成績と学業的自己概念との間の相関は，年齢が上がるにつれて高くなると考えられるが，マーシュとオニール（Marsh & O'Neill, 1984）によると，高校生における言語的自己概念と英語（彼らにとっては国語）の成績の間の相関は.42，数学の自己概念と数学の成績の間の相関は.58となっており，やや強い相関がみられる。これは，科目別の学業的自己概念がより分化して，形成されることにより，個別の科目との相関が高くなっていることのあらわれともいえるだろう。以上の研究をまとめると，自己概念の各領域の面からみると，学業成績は（1）一般的自己概念と中程度に関連し，（2）学業的自己概念と十分に関連し，（3）同じ教科の自己概念との関連において，最も高い相関関係を示すといえる（Byrne, 1984；Marsh, 1986）。

自己概念と学業成績との相関に関して性別による違いはあるのだろうか。ブ

レッドソー（Bledsoe, 1964）の研究によると，男子のみが自己概念と学業成績との間に有意な正の相関関係を示していた。この性差については，女子よりも男子のほうが学業成績や知能を自分にとって重要なものだとみなしていることにより，それらの要因が自己概念により影響を与えるという可能性を示唆している。

多くの研究から学業的自己概念と学業成績の間に正の相関がみられたが，それはどちらが原因でどちらが結果になるのだろうか。たとえば高い学業的自己概念が高い成績と相関関係にあるとすれば，それは高い学業的自己概念をもつことによって成績が上がったことを意味するのか，もしくはよい成績を取ることによって学業的自己概念を向上した結果なのだろうか。これは，一見紛らわしい問題に思えるが，この2つの見方について，キャルシンとケニーは自己高揚モデルとスキル発達モデルという用語を用いて検討している（Calsyn & Kenny, 1977）。自己高揚モデルは（self-enhancement model）は，学業的自己概念が学業成績の第一の決定因とみなすモデルであり，自己概念の因果的優位性を示す。このモデルを用いると，学業的自己概念を高めることが，成績を上げることにつながり，自己概念を高揚させることの重要性が高くなる。対照的に，スキル発達モデル（skill development model）は，自己概念は学業成績の結果として形成されるとするモデルであり，学業成績の因果的優位性を示す。なぜスキル発達という言葉を使うかというと，このモデルにおいては，自己概念を高めるためには，「学業スキルを発達」させて，学業成績を向上させる必要があるからである。

キャルシンらは，7年生から12年生までの縦断的データを分析し，学業成績がその後の学業的自己概念に与える影響が，学業的自己概念が学業成績に与える影響よりも強いことを示している（Calsyn & Kenny, 1977）。つまり，学業成績の因果的な優位を示す，スキル発達モデルを支持する結果となっている。またウエストら（West, Fish, & Stevens, 1980）は1970年代の諸研究をレビューしたうえで，学業成績が学業的自己概念を形成する決定因になると指摘している。

一方で，自己高揚モデルを支持する研究もある。シャベルソンとボーラス（Shavelson & Bolus, 1982）は，7年生と8年生を対象に2回にわたって自己

概念と学業成績のデータを収集し，学業的自己概念が学力に影響を与えるという自己高揚モデルを支持する結果を得ている。ソンとハティ（Song & Hattie, 1984）も学業成績に対して学業的自己概念が強い影響を与えることを示している。ベイリー（Bailey, 1971）は，成績優秀（high achieving）な生徒と成績不振（underachieving）の生徒の自己概念について調べた。彼は，成績優秀な生徒は，成績不振の生徒よりも，より高い動機づけをもち，自身の自己知覚をより現実的におこなっているという仮説を立てた。結果は，仮説を支持するものとなり，自己概念はパーソナリティのすべての領域に影響を及ぼし，その人のもっている潜在性を良しにつけ，悪しきにつけ際立たせることができることが示された。つまり，成績優秀な生徒にとって，彼のコンピテンスに関する自己概念は彼の学業的側面における成績を予測する決定因となりうる。一方，成績不振の生徒は，両親やクラスメート，学校でのGPA（評定平均）などのフィードバックから，自分の学業的コンピテンスに対して否定的な自己概念をもち，その否定的な自己観が，実際の成績不振を生みだしていると主張した。これは，自己概念の学業成績に対する因果的優位を示す自己高揚モデルを支持する研究のもう一つの例といえる。

　バーン（Byrne, 1984）は，学業的自己概念と学業成績の因果関係について，諸研究をレビューしたところ，23の研究のうち，学業的自己概念が学業成績に影響を与えるという自己高揚モデルが11，その逆の学業成績が学業的自己概念に影響を与えるというスキル発達モデルを示す研究が11と同数となり，残りの1つの研究は因果の方向性を見出していなかった。因果の方向性を見出していない例としては，シャイラーとクラウト（Scheirer & Kraut, 1979）のレビューがある。彼らは自己概念と学力の変化に介入プログラムの与える影響について，既存の研究をレビューしたうえで，自己概念と学業成績の間の因果的な関係には根拠がみられないとしている。さらに，スカルヴィックとハグヴェット（Skaalvik & Hagtvet, 1990）は，あるデータでは，学業成績が自己概念に対して因果的に優位であり，別のデータでは，自己概念が学業成績に対して因果的に有意であることを示している。このことにより，学業的自己概念と学業成績の因果関係については一貫した結果にはなっておらず，まだ未解決の問題といえるだろう。むしろ，現実には，どちらか一方が優位というよりは，双方向

に因果関係が形成されていると考えるほうが自然であるといえる。

（2）内的・外的比較による学業的自己概念の形成

自己概念の形成過程において，他者との比較（社会的比較）の影響を無視することはできない。社会的比較とは，フェスティンガー（Festinger, 1954）によって提唱された社会的比較過程理論で，人は自分自身の能力を正しく理解したいという動機があり，自己を評価するときに，自身の所属する準拠集団の中の他者を一つの基準として用いるというものである。幼児期や児童期前半までは，子どもは自分を評価する際に，他の子どもとの比較という相対的な基準ではなく，「自分で自分をどう思うか」といういわば主観的な基準を用いている。ニコルズ（Nicholls, 1978）は小学校高学年になると，自分の能力の自己評価と，教師による評価との間に有意な相関がみられることを示した。このことにより，児童期後期くらいから他者による評価と自分の評価が一致してきて，社会的比較によって自己の能力を規定するようになることがわかる。

このような自己概念の形成過程において，特に学業成績がどのように学業的自己概念に影響を与えるのかについて，準拠枠を用いた研究があるのでそれらを概観したい。マーシュら（Marsh, 1986；Marsh, Byrne, & Shavelson, 1988）は，数学の成績と英語の成績の間には強い相関関係があるにもかかわらず，数学的自己概念と言語的自己概念の間にはほとんど相関がないという一見矛盾した事実を解明するためのモデルとしてI/Eモデル（Internal/External Frame of Reference Model）を示した。Iは内的準拠枠のことであり，2章でも扱った自己概念のマークスとウィンの補償モデルにも関連する。自分自身のなかの他の能力や自己概念と比較することで，自己概念を形成するという考えである。Eは外的準拠枠のことをさし，他者との比較によって自己概念を形成するという考えである。

この外的準拠枠を用いた自己概念と学業成績の関係について，マーシュ（Marsh, 1987）は「井の中の蛙効果」（big-fish-little-pond effect；BFLPE）を発見し，それを組織的に研究している。井の中の蛙効果とは，学業的自己概念は，その人の学業成績と正の相関関係にあるが，その人の所属する組織（クラスや学校）の平均成績とは負の相関関係にあるとする概念である。たとえば，

Aという成績優秀な生徒ばかりを集めたクラスと,Bという中程度の成績の生徒が集まるクラスがあるとする。同じ成績の生徒が2人いたとして,1人はAクラスに,1人はBクラスに所属するとする。すると,Aクラスの生徒は,優秀な生徒たちとの比較のために否定的な学業的自己概念を形成する傾向にあるのに対し,Bクラスの生徒は,自分よりもレベルの低い生徒たちとの比較のために,肯定的な学業的自己概念を形成することになるということである。バックマンとオマーリー(Bachman & O'Malley, 1986)は,この井の中の蛙効果を支持する結果を得ている。つまり,学校の学力レベルと個人の学業的自己概念の間に小さい負の相関関係があることが示されたのである。

井の中の蛙効果は,能力別クラス編成を実践する学校においても検討されている。バーン(Byrne, 1988)は,能力別に分けられた上級クラスと下級クラスの一般的自己概念,学業的自己概念,英語と数学の自己概念について,その差異を分析した。結果は,学業的自己概念および英語と数学の自己概念については,上級クラスの学生が有意に高い値を示したが,一般的自己概念に関しては,上級クラスと下級クラスとの間に有意な差はみられなかった。このことは,下級クラスの学生の一般的自己概念は,低い学業成績の影響をあまり受けていないことを示している。つまり,彼らにとって,低い学業成績と低い学業的自己概念があったとしても,それは自分自身についての包括的な自己概念を左右するほどの重要な位置づけにはないのかもしれないという可能性を示唆している。つまり,学業成績や学力の低い学生は,学業的コンピテンスよりもむしろ他の領域の自己概念,たとえば身体的自己概念や社会的自己概念により重点をおいて自己を知覚しているとも考えられる。

マーシュ(Marsh, 1987)は,この井の中の蛙効果は,高校生などよりも小学生において顕著になりやすいと述べている。その理由として,高校生になると,クラス内,また学校内での社会的比較だけでなく,全国レベルでの学力テストなどより広い準拠枠の枠組みによって自分の能力を比較することが可能になるのに対し,小学生の段階では,同じクラスの級友との比較が主となり,所属集団という準拠枠の比較が自身の自己概念に与える影響が大きくなるからである。

3　人間関係や環境

（1）家庭環境

　子どもは就学すると，一日の大半の時間を学校で過ごすようになり，学校における友人との関係や教師との関係，学業成績などが自己概念の形成に影響を与える要因になってくるであろうことは，いわば当然のことといえる。しかし，出生から就学前までの時期を過ごす場所である家庭環境，そして両親や兄弟といった家族成員との関係も，自己概念の形成に欠くことのできない重要な要素といえる。ここでは，家庭環境が自己概念に与える影響についてみていきたい。

　フェイリンとタスカ（Feiring & Taska, 1996）は，家族自己概念（family self-concept）を以下の4つの特徴にまとめている。1点目は，家族自己概念は自分にとっての他者，つまり家族との人間関係から形成される自己の側面であるため，社会的自己としての性質をもつ。2点目は，家族は一つの社会的なシステムであり，家族自己概念はその家族というシステムの中で発達する。3点目は，家族は一つのシステムであるが，それはより大きな社会システムやネットワークの中の一システムに含まれており，家族自己概念とその自己概念を形成する家族内の人間関係は，そのより大きなネットワークの影響を受ける。4点目は，家族自己概念は家族の成員の成長・発達に伴って変化するものである。家族自己概念の形式や自己知覚のあり方は，家族内の人間関係が時とともに変化するのと同じく，発達とともに変化する。このように，家族という概念を一つのシステムととらえることで，包括的に家族とそのなかの人間関係を経て形成される家族自己概念を検討することによって，より詳細に自己概念をとらえることが可能になるといえる。

　家族の影響について，ローとマジョリバンクス（Raw & Marjoribanks, 1991）は，家族や学校環境についての知覚が自己概念や創造性に与える影響について，オーストラリアの16歳の青年を対象に調査をおこなった。結果は，青年の自己概念と道徳性は彼らの家庭環境の知覚と適度に関連し，学校環境の知覚と少し関連していた。

　出生順や，家族の人数，両親の不在など家族の構造は自己概念に影響するのだろうか。ワイリー（Wylie, 1974）は，家族と自己概念との先行研究をレビュー

して，出生順は自己概念に有意な影響を及ぼさないこと，また父親の不在は，低い自己概念の原因とはならないこと，さらに男の子の兄弟のみの家族の子どもの自己概念は高くなる傾向があることを指摘した。しかしながら，韓国でおこなわれたソンら (Song, 1982 ; Song & Hattie, 1984) の研究では，ワイリーとは異なる結果が見出された。まず，出生順に関して，第一子は第二子や第三子に比べて学業的自己概念や家族自己概念が高かった。次に，子どもの性別にかかわらず，自己概念には有意な差はなかった。これは，男子のみの子どもの家族でも，女子のみの子どもの家族でも，自己概念に差はみられなかったということである。これらの結果から，家族構造と自己概念との間の相互作用は，文化を超えて一般化することは難しい。むしろ，家族構造の影響は，文化社会的な資源や文脈に左右されると考えられるのではないだろうか。

　家庭内のさまざまな変化，たとえば，別居，転居などによって子どもたちの生活で変化が起こると，それらは子どもの自尊感情にも影響を与える可能性が考えられる。レヴァント (Levant, 1984) は，家族の構造や機能は子どもの心理的適応や社会的・情緒的発達に関連すると指摘している。つまり，家族間の相互作用は，子どもの適応や自我の発達に影響を及ぼす可能性があるということである。たとえば，新しい居住地に転居しなければならない場合，子どもたちは転校することによって今までの友人関係とはまた違った人間関係のなかに飛び込まねばならず，それも新たなストレスとなるであろう。また，思いがけなく親が失業した場合や，家庭の生活水準を下げなければならなかったとき，本人の感情的な外傷だけでなく，家族成員の間に一時的な感情の激変がみられることがあり，貧困など社会的に不利な条件が重なると子どもたちの意欲を低下させ，肯定的な自尊感情を育むことが難しくなる。

　また，離婚や再婚，死別など，家族の成員がいなくなったり，入れ替わったりといった家族構造の変化が，子どもの心身に影響を与える可能性も無視できない。夫婦関係や親子関係が変化することにより，子どもはその新しい人的・物理的環境に適応することを要求される (Hetherington & Clingempeel, 1992 ; Johnston, 1990)。この新しい環境への適応はストレスとなって子どもの心理的機能に影響を及ぼすことも考えられる。そこで，離婚家庭の子どもに着目した研究をいくつか紹介したい。

パリッシュ（Parrish, 1987）は，3年生から8年生の子どもに対して，その所属家庭を，①離婚も再婚もしていない家庭　②離婚家庭（その後，再婚していない）　③離婚家庭（その後，再婚した）の3つに分けて比較分析をおこなった。結果は，①の離婚も再婚もしていない家庭の子どもは，②や③の子どもたちよりも，自己概念が高かった。ビアー（Beer, 1989）は，5年生と6年生の児童に対して，離婚している家庭としていない家庭の子どもの自己概念を調べた。結果は，離婚家庭の児童は，2つの自己概念尺度において，離婚していない家庭の児童よりも自己概念が低いことがわかった。

ウォラースタインとブレークスリー（Wallerstein & Blakeslee, 1989）は，親の離婚と子どもの自尊感情との関連について検討している。それによると，両親の離婚成立時に6歳以上だった子どもは，離婚によって自分を責める傾向が強く，あまり望ましくない自己イメージを発達させてしまい，自尊感情が低くなることが示された。ガーバー（Garber, 1991）は，両親の離婚が子どもに与える長期的な影響について考察した。それによると，離婚自体が自己概念に及ぼす影響は明確ではなかったが，両親の間の葛藤（conflict）を直接目にしたことが子どもの精神的健康に悪影響を及ぼし，結果として自己概念が低くなる傾向がみられた。これらの研究から，離婚が子どもの自己概念に悪影響を及ぼすことが示唆された。

次に，家族内の成員にアルコール依存症などの問題がある場合や，虐待が子どもの自尊感情に及ぼす影響について概観する。アルコール依存症患者のいる子どもは，幼児期や青年期において，自尊感情が低いといわれている（Bennett, Wolin, & Reiss, 1988；Sher, Walitzer, Wood, & Brent, 1991）。この結果は，家庭内での自己の表象が，その家族成員らの表象の影響を受けていると考えると，自然なことといえよう。アレンとタルノフスキー（Allen & Tarnowski, 1989）は，家庭内での児童虐待と自己概念について，7～13歳の児童を対象に，身体的虐待を受けたグループと，虐待を受けていないグループに分けて自己概念を調べた。結果は，虐待を受けた児童は，虐待を受けていない児童よりも自己概念が低かった。これは，ジョンソンとイーストバーグ（Johnson & Eastburg, 1992）の5～13歳児を対象にした研究でも同じく，身体的虐待を受けた子どもは虐待を受けていない子どもよりも自己概念が低いという結果になっ

た。ウォルフとセント＝ピエール（Wolfe & St. Pierre, 1989）は，児童虐待の心理的後遺症に関する先行研究をおこない，虐待を受けた子どもは自尊感情が低くなる傾向にあることを見出している。その理由として，虐待を受けた子どもは，しばしばその虐待の理由が自分自身にあるとして，自己非難に陥る傾向があることが指摘されている。これは，前述の離婚家庭の子どもが，その理由を自分に帰属することによって，自分を責め，自己非難の傾向に向かうという心理的特性が自尊感情の低下を起こす原因となる点と類似している。

　このように，家庭内での問題が，子どもの自己概念に影響を与える例もあるが，家庭における養育のあり方に着目した研究もある。アンダーソンら（Anderson, Linder, & Bennion, 1992）は，家庭内で思いやりやかかわり合い，支援や監督などがおこなわれる，いわゆる「威厳のある養育」をしている家庭の子どもは，家庭内の離婚・再婚の有無にかかわらず，一貫して高い社会的コンピテンスや学業的コンピテンスをもつ傾向があることを示した。フェイリンとタスカ（Feiring & Taska, 1996）は，どの家庭にも養育や人間関係におけるパラダイム（規範）が存在することを前提としたうえで，成員間に共有された家族の構成概念を統制と協調，終結という3つの機能によって説明している。統制とは，どれだけその家族が自己統制感をもって物事を処理できると感じているかについての機能である。協調は，家族全体が組織としてどれだけ団結できるか，力を合わせることができるかについての機能である。終結は，家族が現在の問題を解決しようとするとき，どれだけ過去を志向し，今までの伝統を重視するかという問題である。そして，個人の自己概念はこの統制，協調，終結といった家族の機能とかかわっているといえる。

（2）親子関係
●親の養育態度の影響
　親の養育態度や子育ての状況が子どもの自尊感情に及ぼす影響については，長年にわたり多くの先行研究がみられる（Bowlby, 1951；Rosenberg, 1965；Coopersmith, 1967）。どのような家庭環境で子どもが育てられたかが，自己概念の発達に大きな影響を及ぼすであろうことは想像に難くない。たとえば，両親の自己概念と子どもの自己概念はどのように関連しているのだろうか。ま

た,両親の養育態度はどのように子どもの自己概念に影響するのだろうか。クーパースミス（Coopersmith, 1967）は家庭内の心理的作用と自己概念の間の関連について考察した。彼は，8～10歳の子どもの自己概念と家庭環境，及び学校での成績について調べた。結果は，両親の自己概念と子どもの自己概念の間の関連性を示唆するものとなった。まず,高い自己概念をもつ子どもの母親は，低い自己概念の子どもの母親よりも，親自身が高い自己概念をもち，なおかつ精神的に安定していた。次に，高い自己概念をもつ子どもの父親は，より思慮深く，自分の子ども（特に息子）に自信を与えようと努める傾向があった。これらの結果をふまえて，クーパースミスは，高い自己概念をもつ子どもの両親は，子どものいる世界を彼らにふさわしい適切なものへと構築するように努め，そのなかでの子どもの自由をできるだけ尊重するようにしていると述べている。また自己概念の高い両親は，自立的で，熱心であり，子育てに関する態度や行動に柔軟性があり，こうしたやり方が子どもの自己概念形成に影響を及ぼすと考えられる。また，ソンとハティ（Song & Hattie, 1984）の研究では,両親の子どもへの評価，興味，期待が自己概念の形成に影響を与えるという観点も指摘されており，両親の生育態度や性格は重要な要素といえよう。

　先行研究によると，一定以上の頻度で子どもにかかわることも，自己概念を維持するのに必要である。もし両親が子どもに対して無関心であったり，両親の不在が長期間にわたると，低い自尊感情を生む原因となる（Coopersmith, 1967；Rosenberg, 1965）。さらに，この両親の無関心や不在による自己概念の低下の傾向は女子よりも男子に顕著にみられる（Miller, 1984）。

　子育てにかける時間や頻度だけでなく,子育ての質も重要な問題である。クーパースミス（Coopersmith, 1967）は，両親の温かさ，思いやり，そして子どもを受け入れることが自尊感情の発達にとってきわめて重要であることを示している。ここでの「受容（acceptance）」とは，子どもの長所や短所に目を向け，彼らの潜在性，興味，コンピテンスをできるだけ伸ばそうと励まし，自信をつけさせる両親の意欲に特徴づけられる。両親のかかわりの特徴として，子どもを尊重した丁重な扱いは自尊感情の向上に影響を与える。たとえば，子育ての方針として，民主的なアプローチは，権威主義的であったり，放任主義的なアプローチよりも子どもの自己概念に良い影響を与える。

子どもに対する両親の働きかけのパターンとして，一貫性のあるしつけが自尊感情の発達にとって重要であるといわれている（Rogers, 1961）。もし，両親が子どもへの働きかけに関する基本的な態度に一貫性がなかったら，子どもは混乱し，親のどの部分を信じて，どう応えればよいかがわからなくなり，精神的にも不安定になる傾向がある。そうした状況は低い自己概念にもつながる。したがって，両親は，子どもに対する受容や許容の基準，善悪の判断基準については断固とした態度をもち，一貫性をもってかつ民主的に接することが必要であるとしている。

　家族自己概念は社会的自己を含むが，生まれたばかりの幼児にとって，最初に出会う最も近しく自身にとって重要な社会システムは家族である。それは，自分を産んだ母親をはじめとして，父親やきょうだいなどから形成され，幼児は彼らとのやりとりから，自己と他者との区別や関係性を学んでいく。また，新しい環境に自己を徐々に適応させていくことを学ぶようになる。(Cochran & Brassard, 1979；Lewis & Feiring, 1978)。家族内での人間関係や，それを基盤にした精神的・社会的発達は，後に，家族以外の他者，たとえば友人や教師などとの人間関係にまで影響を与える。

● **母親との愛着関係**

　家族関係のなかでも，子どもに大きな影響を与えるのは，主に母親との愛着関係である。愛着理論で有名なボウルビィは，母親との相互作用のパターンが，愛着関係における自己と他者との内的作業モデルの原型となることを示している（Bowlby, 1969, 1973, 1980）。この内的作業モデルを通して，人は愛着関係のなかで自分の行動を決定したり計画するだけでなく，他者の行動を理解し予測することが可能になる。この母親との相互作用の内的表象の発達が，ひいては幼児の世界観や他者に対してのふるまいの基盤を形成するといえる。

　ウォーターズら（Waters, Wippman, & Sroufe, 1979）は，3歳児の幼児を対象にして愛着の安定性と自我との関係を調べたところ，愛着が安定している子どもは，自我の強さや社会的コンピテンスが不安定な子どもよりも高かった。また，4～5歳児の幼児を対象にした研究では，安定した愛着歴をもつ子どもは，不安定な愛着歴をもつ子どもよりも，自我のレジリエンシーが高いことを

示した（Arend, Gove, & Sroufe, 1979）。レジリエンシー（resiliency）とは，和訳すると「弾力性」であるが，精神的な回復力や，ものごとへの柔軟性や臨機応変さをさし，いわゆる打たれ強さなどを表す語句である。このように安定した母親との愛着関係をもつ子どもは，高い仲間コンピテンスだけでなく，高い自尊感情や自信をもつ傾向にあった（Elicker, Englund, & Sroufe, 1992）。

　これらの研究からわかることは，愛着関係を基盤にした母子関係の質が，肯定的な自己概念や自尊感情形成に大きな影響を与えるということである。親に対する自己のあり方が，この世で最初に形成される他者に対する自己の表象になる。このことから，母親と子どもの関係が安定した愛着関係を基盤にした良好なものであるならば，子どもは自信に満ちた自己の表象を形成することが可能となり，それが結果として自己肯定感と他者に対するよい社交性を発達させていくことにつながる。逆に，母親と子どもとの関係が不安定であるならば，子どもは自己に対する否定的な感覚をもつことになりかねない。

●父親の役割

　今までは主に母子関係を中心にみてきたが，養育において，父親が子どもに与える影響は，どのようなものがあり，またそれは母親の与えるものとどのように異なるのだろうか。西洋文化では，母親が子どもにとって愛着の対象として望ましいとみなされるのに対し，父親は主に子どもにとって遊び相手として好ましいとみなされる傾向にあると指摘されている（Lamb, 1976, 1977；Lytton, 1980）。また，母親と父親の子どもに対するかかわり方に関しても，父親は，遊びのなかでの子どもとの相互作用の時間が母親に比べると長いのに対して，母親の子どもへのかかわり方は主に食事や入浴や着替えなど身の回りの世話をする時間が多い（Bronstein, 1984；Russel & Russel, 1983）。このように，父親は養育において主に遊びを通じて子どもと相互作用の時間をもつ傾向があることが示されたが，遊びの質も父親と母親で異なる。父親の遊びは，母親と比べると，身体を使って，より荒々しくダイナミックなものが多いが（Belsky, Gilstrap, & Rovine, 1984；Radin & Russel, 1983），母親の遊びは，あまり騒ぎたてず，より言語的な方法をとる傾向がある（Clarke-Stewart, 1978；MacDonald & Parke, 1984）。パークら　（Parke, MacDonald, Beitel, & Bhavnagri, 1988）

は，こうした身体を使った感情を強く刺激するような父親との遊びは，子どもの感情伝達に関する情緒的なスキルを発達させるのに重要であると示唆している。マクドナルドとパークの研究（MacDonald & Parke, 1984）では，父親との運動的な遊びは，社会的特性と関連していることがわかった。このように，父親との遊びの一つの効用として，子どもが就学してからの社会的スキルや社会的コンピテンスの発達という点があることを忘れてはならないであろう。

●親の支援

児童期においても親の支援は自尊感情と強い関係がある。ニッカリとハーター（Nikkari & Harter, 1994）は4歳から7歳の幼児を対象にした研究において，子どもが知覚した親の支援は，自尊感情の行動面を強く予測することがわかり，それは子どもが知覚した仲間の支援よりも強かった。子どもが，自分をどのような人間だと考えるかは，普段から接している親がどのように自分を見ているか，親の権威の知覚された判断に大きく影響される。この場合の「重要な他者」はまぎれもなく両親であるが，発達するにつれて，親の知識に対する依存は減り，仲間の評価が自己概念の形成において重要になってくる（McGuire & McGuire, 1982）。

自尊感情は重要な他者からの支援によって影響を受けるが，支援のタイプによって関連性は異なるのだろうか。ロビンソン（Robinson, 1992）は，さまざまなソーシャル・サポートのタイプを区別するなかで，支援は感情的支援の形式と手段的支援の形式の2つに分けられることを示した。感情的支援とは，人の感情を理解し，共感する支援であり，手段的支援とは，問題の解決について指示をしたり，教えるという形式をとる。結果は，感情的支援のほうが手段式支援よりも自尊感情と強い関連がみられた。また，承認と受容は無条件の肯定的な関心として，高い自尊感情に必要であることが示唆された（Rogers & Dymond, 1954）。ハーターらは，青年期における支援のあり方について，肯定的関心を条件つきと無条件に分けて調べた（Harter, Marold, & Whitesell, 1991）。条件つきの支援とは，青年期の人が，親の求める高い要求基準を満たし，期待に応えて初めて，得ることができると感じられる支援である。対して，無条件の支援とは，言葉通り，たとえ親の期待通りの課題遂行や成果があげられなく

ても，親は子どものすべてを受け入れるという形の支援である。その結果，条件つきの支援の場合は，支援を受ける人にとって現実に「支援」として知覚されず，結果として自尊感情を低める原因にもなりかねないことがわかった。これとは対照的に，無条件の支援は高い自尊感情を促進することが示された。このことから，支援を受ける人にとって，条件つきの支援とは，受容されているというよりも，むしろ条件を満たさなければ受け入れてもらえないという心理的圧迫につながり，それが自尊感情を低める可能性が示唆された。

　青年期においても，家庭内での人間関係が自己の表象の形成や自我同一性の探求に影響を及ぼす例がある。ライアンとリンチ（Ryan & Lynch, 1989）は，母親からの受容と両親からのサポートを認知することが，自尊感情にとって重要であるとしている。ハウザーら（Hauser, Powers, Noam, Jacobson, Weiss, & Folansbee, 1984）は，家族の相互作用が青年期の分離個性化や自我同一性の形成にとって重要であると主張している。フェイリングとタスカ（Feiring & Taska, 1996）は，青年の家族に対する自己の表象の内容を以下の4つの次元を用いて検討している。1点目は，相互依存であり，自分と家族とのかかわりのなかで，どれだけ自分が融通がきき，他者を受け入れる包容力があるかについての次元である。2点目は，浸透性であり，これは家族をどれだけ理解し，また家族からも理解されているかについての目安である。3点目は分離であり，これは自分自身が特定の家族とどれだけ異なっているか，もしくは似ているかについての次元である。4点目の自己主張とは，家族のなかでどれだけ自分の考えを主張し，自分の地位をアピールできるかについての次元である。フェイリングらはこの4つの次元によって家族と自己のかかわり方をさまざまな側面からみることができ，家族という一つのシステムのなかの人間関係の流動性を分析することが可能になるとしている。

　以上，家庭環境や親子関係を中心として，自己概念との関連性を概観してきたが，そのような研究をふまえて，自己概念やコンピテンスを高める親子関係や家庭環境とはどのようなものなのだろうか。ホワイト（White, 1979）は，子どものコンピテンスを高めるには，親が子どもと頻繁に交流をもち，子どもが自分から環境に対し働きかけるように励ますことが必要であると述べている。また，親子関係が親密で支持的であること（Frodi, Bridges, & Grolnick,

1985）や，養育スタイルとして，極端な権威主義や甘やかしでなく，威厳があるものであることが重要である（Baumrind, 1978）という研究にみられるように，親密でなおかつしつけの規範が整った，温かい人間関係の重要性が示唆されている。

　民主的な子育てをすること，子育てに一貫性をもたせること，母親が高い自尊感情をもつことなどが，子どもの自己概念を向上することにつながる。また，権威的な子育てをしたり，無関心であったり，冷淡であったり，母親の自尊感情が低いことは子どもにとって低い自尊感情を生み出す要因となる。多くの研究では，乳幼児期の子どもの自尊感情の発達において，愛着関係の確立という観点もあり，父親よりも母親のほうが大きな影響を与えていると指摘されている。幼児期に確固たる愛着関係を結ぶことは子どもが将来大きくなったときにも，その自己形成に影響を及ぼす。さらに，条件つきの支援ではなく，親が一人の人間として子どもを無条件に受け入れ，支援する姿勢も，子どもの情緒的安定性に必要といえるだろう。

（3）友人関係

　小学校に入ると，子どもの世界は家庭から学校へと大きく広がり，そこで知り合う人々，つまり教師や友人たちと毎日を過ごすようになる。彼らは「重要な他者」として子どもたちの自尊感情の育成に大きな影響を与える要因となりうる。学校では，毎日の生活が同胞と同じような活動（授業など）を通して営まれていくが，もし自分がスポーツの面で劣っていたり，教室での学習についていくのが困難な場合，子どもにとってみれば高い自尊感情を維持するのは難しくなる。このようなとき，子どもの行動に対して友人がどのような態度を取るかや，友人とどのような人間関係を築いているかが子どもの自尊感情や，広くは精神的健康に影響を与えるといえる。ここでは，友人関係と自己概念との関係についてみていきたい。

　2章の社会的自己概念の項でも述べたが，学齢期の子どもの社会的自己概念は，社会的受容や社会的コンピテンスと深く関連している。また，学力とも関係があり，社会的自己概念が高い子どもほど，学業的自己概念も高くなる傾向がある（Berndt & Burgy, 1996）。キーフェとバーント（Keefe & Berndt, 1996）

は，交友関係の肯定的な側面は，全体的な自己価値，社会的受容，学業的コンピテンスなどの自己概念の諸側面と強く関連していることを示している。さらに，自らの社会的コンピテンスを高く評価する子どもは，自分の運動コンピテンスや身体的魅力までも高いとみなす傾向があることがわかった。バーントとバギー（Berndt & Burgy, 1996）は，人気のある子どもや青年は，人気のない子どもや青年よりも，概して運動能力が高く，なおかつ身体的魅力が高いことが多いという研究（Hartup, 1983）をひきながら，この見解には根拠があると指摘している。

友人関係と一言にいっても，同性の友人と異性の友人が存在する。年齢が上がるにつれて，子どもを取り巻く友人関係においても，同性と異性とでは関係性やその質が異なってくる可能性がある。マーシュらのSDQ-Ⅱを用いた研究（Marsh, Parker, & Barnes, 1985）では，下位尺度の中の「同性の友人との関係」と「異性の友人との関係」の間の相関は.21とわずかであった。この相関は，SDQ-Ⅲを用いた調査において高校生女子では.34，大学生では.21であった。このことから，マーシュらは，この2つの友人関係を別々のものとして子どもが認識している可能性が高いと指摘している（Marsh & O'Neill, 1984）。

実際に，子どもが知覚する仲間からの社会的受容と，実際の仲間関係は，どの程度一致しているのだろうか。ここで，2章でも言及した自己知覚や自己概念の正確さの問題が出てくる。ダスとバーント（Das & Berndt, 1992）の就学前の子どもを対象にした研究では，仲間関係の自己知覚と，現実の仲間からの好意の評定の間には，有意な相関は見出されなかった。また，教師からの評価についても，子どもと教師が同一の仲間関係に関する項目を評定したにもかかわらず，子ども自身の評定と教師の評定の間の相関関係は有意ではないという結果になった（Harter & Pike, 1984）。これらの研究から，就学前の子どもは，自身の仲間関係を正確に判断する能力が十分でないことが示されたといえる。また，この自己知覚と他者からの評定の相関関係の男女差について，コーネルら（Cornell, Pelton, Bassin, Landrum, Ramsay, Cooley, Lynch, & Hamrick, 1990）やボーンステッドとフェルソン（Bohrnstedt & Felson, 1983）の研究から，男子のほうが，女子よりも自己知覚と現実の社会的受容との相関が高いことがわかった。つまり，仲間からの受容に関する自己知覚は，男子のほうが，より現

実的であるといえるかもしれない。

　パターソンら（Patterson, Kupersmidt, & Griesler, 1990）は，子どもの社会的受容の自己知覚と，ソシオメトリーの結果との照合を試みた。ソシオメトリーとは，友人関係を分析するのによく用いられるテストであり，クラスにおいて，人気のある子どもや，仲間外れの子ども，関心をもたれていない子どもなど，子どもたちをいくつかのカテゴリーに分類することを可能にし，学級内での人間関係を把握するのに効果的といわれている（Moreno, 1951）。このテストにおける社会的選好得点と，仲間から受けた肯定的指名および否定的指名の総数に基づいて，子どものソシオメトリー的地位のカテゴリーは，以下の5つのグループに分類することができる（Coie, Dodge, & Coppotelli, 1982）。その分類とは，①人気者群（社会的選好得点が高く，肯定的指名を多く受けている子ども）②排斥者群（社会的選好得点が低く，否定的指名を多く受けている子ども）③無関心群（社会的選好得点がゼロに近く，肯定的指名も否定的指名もほとんど受けていない子ども）④異論のある群（社会的選好得点がゼロに近いが，肯定的指名も否定的指名も多く受けている子ども）⑤平均群（①～④のどれにもあてはまらない子ども）となっている。比較的大きな標本集団を用いた研究によると，①の人気者群の子どもは，⑤平均群の子どもよりも，ハーターの社会的自己概念尺度において社会的下位尺度の得点が高かった（Boivin & Begin, 1989）。ここで注目すべきなのは，②排斥者群の子どもの社会的自己概念得点は，同じ標本集団のなかのある下位集団においては，⑤平均群の子どもよりも低かったが，別の下位集団においては，⑤の子どもと類似していたという点であり，現実に排斥されているという事実が，あまり本人の自己知覚と相関していないという点である。上述のパターソンらの研究（Patterson et al., 1990）では，③の無関心群の子どもの社会的自己概念得点が，⑤の平均群の子どもよりも低かったが，その他のグループ間には，有意な差はみられなかった。次に，子どもが知覚した社会的受容の得点を調べ，現実の仲間からの社会的選好得点と比較したところ，興味深い事実がわかった。②の排斥群の子どもは，社会的受容の自己知覚の得点が，実際の仲間からの好意の得点よりも有意に高く，①人気者群と⑤の平均群の子どもでは，知覚された受容の得点が，実際の仲間からの好意の得点よりも，有意に低かったのである。これは，②排斥者群の子ど

もたちが，仲間からの受容を実際よりも過大評価して肯定的にとらえており，①人気者群と⑤平均群の子どもたちは，その逆で，仲間からの受容を実際よりも控えめに評価しているということである。

　このように，仲間からの受容の自己知覚と，現実の仲間からの受容との間に不一致があるのはなぜなのだろうか。偶然誤差や測定尺度の信頼性の点から，この両者が完全に一致することは難しいにしても，相関関係がわずかしかなかったり，得点化したときに差が出てくるのはどうしてなのだろうか。ジョンとロビンス（John & Robins, 1994）は，自己知覚の正確さについて，自己愛（ナルシシズム）や自己高揚へのバイアスという観点から考察している。彼らによると，人間には，自己高揚へのバイアスがあり，自分を少しでも肯定的に見たい，認識したいという願望によって，自己知覚が，客観的な指標よりも肯定的な方向へ偏る可能性があるというのである。つまり，「実際にこうである」というよりも，「こうであってほしい」「こうありたい」という願望がそのまま自己知覚につながる傾向があるということである。また，自己高揚へのバイアスは自己愛傾向の高い人で最も大きいと述べている。先ほどのソシオメトリーの結果をみても，たとえば，排斥者群の子どもは，自分が同級生の多くから嫌われていることを認めることができず，実際よりも肯定的な自己評価を示しているのかもしれない。また，他者から排斥されている分，攻撃性や自己愛が強くなっているため，自己高揚バイアスが大きいという解釈もできる。

　また，逆に自己批判や謙遜のバイアスによって，自己知覚が現実よりも否定的な方向に働くこともある。ソシオメトリーでの人気者群や平均群の子どもは，自己批判のバイアスによって，学級集団のなかで実際よりも仲間に好かれていないという評価を出すかもしれない。自己知覚と他者評定の間の不一致には，さまざまな原因が考えられるが，このような，自己高揚・自己批判のバイアスを用いた解釈も可能である。

　今までみてきた研究では，社会的自己概念は学力とも関連し，学力が高いほど，社会的自己概念も高くなる傾向があることが示されている。だが，例外として知能指数や天才児を扱った研究があるので，そちらを紹介したい。知能の高い青年女子を対象にした研究では，学力が高い群のなかで，知能指数が高い人ほど，社会的受容の下位尺度の得点が低いという結果になった（Callahan,

Cornell, & Loyd, 1990)。この結果の解釈として，知能指数が高い子どもが必ずしも社交性に富むわけではなく，むしろ平均的な知能指数の仲間たちのなかで苦労することもあるという点をあげている（Schneider, 1987)。同じような結果が，才能のある，いわゆる天才児（gifted children）の期待感を調べた研究でも見られた。ロスとパーカー（Ross & Parker, 1980）は，天才児の社会的側面における成功への期待は，学業的側面におけるそれよりも有意に低い値であることを示した。その理由として，天才児はしばしば仲間関係において自分の居場所を決めるのに迷いや不快感を感じることがあり，その経験が低い社会的自己概念につながるとしている。これらの結果から，学業的側面において成功し，自信をもつことが，他の領域における自信や高い自己概念につながるという今までの仮説は支持されず，望ましい特性をもっていればいるほど，社会的自己概念が高くなるわけでは必ずしもないという可能性も示された。

　今まで，友人関係や，社会的自己概念における研究を概観してきたが，ボーンステッドとフェルソン（Bohrnstedt & Felson, 1983）は，社会的受容の自己知覚は，総合して考えると，自分自身が他者との関係をどのように肯定的に，または否定的にみるかによってある程度は決まると指摘している。つまり，その人のもつ世界観が自己概念に影響を及ぼすということである。この点から，友人関係や社会的受容の問題をみるときに，現実に本人が仲間から受け入れられているかということだけでなく，「自分と他者」「自分と社会」の関係をどのように解釈しているかという点にも考慮すべきであると考えられる。

（4）学校での人間関係

　子どもは，児童期になると一日の大半の時間を学校で過ごす。そこで，さまざまな活動を通して，学業的な側面だけではなく，社会的にも精神的にも子どもは総合的に発達していく。クラスメートや教師との人間関係も，自己概念の形成に大きな影響を及ぼすといえるし，よりよい学校環境は，望ましい子どもの発達に欠かせないといえる。ここでは，学校生活におけるさまざまな要因が自己概念に与える影響についてみていきたい。

　一般的に，協力的で相互交流のある学級環境は，自己概念の発達にプラスの影響を与える。ハーテルら（Haertel, Walberg, & Haertel, 1981）は，学習場面

における主要な環境の効果を，集団凝集性，成員の満足，仕事の困難さ，目標指向の4つに分けた。ジョンソンら（Johnson, Maruyama, Johnson, Nelson, & Skon, 1981）は，学習スタイルと成績との関連性を調べた。彼らは，生徒の成績や生産性に関して，協同的な活動，競争的な活動，個人的な活動のどれが最も効果をあげるかを検討したところ，協同的な活動が最も効果的であることを見出した。この研究では，協力的な学級の雰囲気が生徒の学力や自己概念を促進させるのではないかと示されている。これは，ノレン＝ヘバイゼンとジョンソン（Norem-Hebeisen & Johnson, 1981）の中高生の自己概念と彼らの学習スタイルを検討した研究結果とも一致している。彼らは，生徒の自己概念を向上させる要因として，基本的な自己受容，条件的な自己受容，自己評価，理想と現実の一致の4つをあげ，これらと3つの学習スタイル（協同的，競争的，個人的）との関連を検討した。結果は，協同的な学習は基本的な自己受容と肯定的な自己評価に関連していた。一方，競争的な学習スタイルは，条件つきの自己受容が重視された。競争的な状況では，生徒は勝ち組と負け組に分けられるからであろう。さらに，個人的な学習は否定的な自己受容の影響を受けていた。このことから，協同的な学習スタイルは，生徒間で同じ目標を共有したり，相互交流を通した支援などによって，自己受容の促進や肯定的な自己評価によい影響を及ぼすことがわかった。

　ヘンダーソン（Henderson, 1984）の研究では，いくつかの種類の学級構造と生徒の自己概念との関係が検討されている。ピアーズ・ハリス児童用自己概念尺度を用いて検討したところ，異年齢クラス（異なる学年にまたがったクラス）と単学年クラスでは，異年齢クラスの子どもの方が，幸福度と満足度が高いという結果になった。その理由として，異年齢クラスの方が，子ども同士が協同的に活動する場面があり，年上や年下の子との交流を通して，社会性や協調性を育む機会に恵まれている点があげられた。また，オープンエデュケーションの研究において，オープンなクラスは伝統的な標準化された学級よりも，自己概念を向上させる傾向があることが指摘されている（Horwitz, 1976；Traub, Weiss, Fisher, & Musella, 1972）。以上の研究から，協力的・協同的な学級環境や，より「開かれた」雰囲気が，子どもの自己概念を向上させる可能性が示唆されている。

子どもの自己概念の発達には，学級環境はもちろん，教師との人間関係も同じく重要であるといえる。ブロフィーとグッド（Brophy & Good, 1974）は，教師の無意識の期待が，生徒の自己概念の形成に影響を及ぼすと指摘している。すなわち，教師の高い期待は，子どもの成績を向上させ，肯定的な自己概念を促進する。これに対して，教師の低い期待は，逆の結果，つまり，成績の低下や否定的な自己概念につながるとした。ブロフィーらによると教師は，子どもたちを無意識的に成績優秀者と成績不振者に分けており，彼らに対する行動が，子どもの自己概念に影響するとしている。これは，自己概念形成における「重要な他者」としての教師の影響の大きさを示す例といえよう。

4　その他の臨床的要因

ここでは，いくつかの臨床的な問題と，自己概念との関連をみていきたい。自己概念と精神病理学を扱った過去の研究によると，自己概念や自尊感情の変化は個人の社会的・心理的機能を把握するうえでの手がかりの一つとして有用であり，いわゆるメンタルヘルスをはかる変数の一つとして自己概念が用いられてきた（Prout & Prout, 1996）。米国精神医学会の『精神疾患の診断・統計マニュアル（第4版）(the fourth edition of the Diagnostic and Statistical Manual of Mental Disorders)』によると，自己概念や自尊感情が多くの障害において，その原因や結果として重要な役割を示していることが指摘されている（American Psychiatric Association, 1994）。たとえば，自尊感情の低下は，小児及び青年の学習障害，行為障害などと関連するとされている。また，結果として自尊感情の低下がみられる疾患として，気分変調性障害などがあげられている。このように，精神疾患と自己概念とは深く関連しているといえる。

(1) 抑うつ・孤独感・攻撃性

自尊感情は抑うつの強力な媒介要因であるとみられている。抑うつや不安に関するいくつかの研究では，自己概念とうつ病の間に負の相関関係がみられた（Teri, 1982；Beck, Steer, Epstein, & Brown, 1990；Byrne & Shavelson, 1996）。つまり，低い自己概念が抑うつ症状に関連しているといえる。自己概

念と抑うつなどの精神疾患との関連に関する研究の論点の一つとして，自己概念が抑うつの原因なのか，それとも抑うつによって自己概念が低下するのか，という原因と結果の問題がある。ローゼンバーグ（Rosenberg, 1965）は，自尊感情と不安の関連性, 特にその因果的優位性について言及している。つまり，低い自尊感情をもつことによって，不安が高まるのか，それとも，不安によって自尊感情が低くなるのかという問題である。プロウトとプロウト（Prout & Prout, 1996）は，自己概念の臨床的妥当性について，一次的・二次的自己概念という言葉を用いて論じている。まず第一に，一次的な自己概念の問題は，障害の発達に先行して現れる。つまり，自己概念が抑うつなどの原因になりうるということである。第二に，障害や周りの環境に対する反応として，自己概念の低下が現れることがあり，これを二次的な自己概念とよぶ。自己概念の状態や問題をより詳細に理解するために，このような原因・結果のとらえ方は重要といえる。

　自尊感情と抑うつの関連について，カーニスら（Kernis, Granneman, & Mathis, 1991）は，自尊感情の安定性の問題に言及した。抑うつ症状との関連について調べたところ，自尊感情の安定性の高い人のほうが，低い人よりも抑うつ症状との関係が強くなることがわかった。ここで，自尊感情が高いか低いかという水準だけでなく，自尊感情自体が安定しているかという安定性の問題も考慮すべきであるという観点が示唆されたといえる。

　孤独感と自己概念の関係については，孤独感と社会的自己概念のなかの社会的受容の自己知覚の類似性の問題があげられる。つまり，孤独を感じている人は，社会において，自分が受け入れられていると感じていないということであり，これは不自然なことではない。カッフェルとアカマツ（Cuffel & Akamatsu, 1989）は，UCLA孤独感尺度（Russell, Peplau, & Ferguson, 1978）とTSBI（Texas Social Behavior Inventory; Helmreich & Stapp, 1974）などを用いて，それらの尺度の関連性を調べたところ，孤独感と社会的自尊感情とは，同じ構成概念をはかっている可能性が高いことを見出した。ハーター（Harter, 1993）も，低い自尊感情，抑うつ及び絶望の感情との関連性について分析した結果，これらの構成概念の間の相関が非常に高いゆえに，別々のものであると区別することができないとしている。このように，孤独感や抑うつと社会的自己概念の構成

概念の間には類似性が高く,弁別妥当性に欠ける可能性が示唆された。つまり,これらの構成概念は,ある部分は重なりあって,複雑に関連し合っているといえ,どちらが原因でどちらが結果であるというような区別は困難であるということである。

攻撃性は自己概念とどのように関連しているのだろうか。バードとジェンセン (Burde & Jensen, 1983) は3～6年生の男女を対象に自己概念と攻撃性の行動との関連を調べた。結果は,総合してみれば自己概念と攻撃性の得点の間に相関はなかった。しかし,自己概念の低い子どもの攻撃性は,自己概念が中くらいもしくは高い子どもの攻撃性よりも有意に高い得点を示した。このことから,自己概念の低い子どもは攻撃性が高くなる傾向が示唆された。また,バーントら (Berndt & Burgy, 1996) は,攻撃的で破壊的な子どもは,社会的に不適切だとみなされることが多く,概して子どもたちから排斥されることによって,社会的自己概念が低くなると指摘している。

(2) 学習障害

学習障害とは,全般的な知的発達に遅れはないが,読み書き,話す,計算する,などといった学習に必要とされる基本的な能力の内のどれかに問題がある症状をさす。先行研究では,学習障害の子どもは,学業面での失敗経験が自己知覚に影響を及ぼすため,否定的な自己概念をもつ傾向にあると主張されてきた (Gordon, 1970；Russell, 1974)。学習障害児は,学習場面における成功経験が欠如している場合が多いため,このような見解になるのであろう。しかし,実際の学習障害児の自己概念をみてみると,その結果は一貫していない。チャップマンの研究では,学習障害児のほとんどが,全体的自己価値の尺度では,標準の範囲内の得点を示した (Chapman, 1988)。また,ウィンらの研究 (Winne, Woodlands, & Wong, 1982) では,4年生から7年生の学習障害児の一般的自己概念は,学習障害でない児童生徒,またさらに普通児で知能の高い子どもと比較しても違いがみられないことが示された。ピッカーとトンの調査 (Pickar & Ton, 1986) では,11年生と12年生に関しては学習障害のある青年と学習障害のない青年の全体的自己概念は同じであると指摘されている。また,学習障害児の自己概念と仲間からの受容,及び成績を検討した研究によれば,学習障

害児の自己知覚は，学業的・社会的困難や，「学習障害児」とラベリングされ，識別されることによる否定的な影響を受けていないと指摘されている（Vaughn, Haager, Hogan, & Kouzekanani, 1992）。

　一方で，学習障害児の自己概念が低いことを示す研究もある。キャロルら（Carroll, Friedrich, & Hund, 1984）は，学習障害児とIQが50～69の軽い精神発達遅滞の子どもの自己概念を，障害のない7～11歳の子どもと比較した。結果は，障害のない子どもよりも，学習障害児と精神発達遅滞の子どもたちのほうが自己概念は低かった。そして，学習障害児は，精神発達遅延の子どもよりも，わずかに高い自己概念を示していた。さらに，デ＝フランセスコとテイラー（DeFrancesco & Taylor, 1985）と，ホールとリッチモンド（Hall & Richmond, 1985）の小学生と中学生を対象とした研究では，いずれも学習障害のある児童生徒が，学習障害のない児童生徒よりも自己概念が低いという結果になっている。

　学習障害児の自己概念が低くなる理由として，ストーン（Stone, 1984）は家庭での両親の態度がカギになるのではないかとの見解を示している。ストーンは，7～13歳の学習障害児の自己概念，社会経済的地位，両親の期待について調べた。結果は，自己概念に影響を及ぼすものとして，学習障害自体よりも，両親の期待と家族の態度のほうが子どもにとって大きな要因となっていることを見出した。

　このように，いくつかの研究をみてきたが，学習障害をもつ子どもが「普通の学力」の子どもよりも有意に低い自己概念をもつという仮説への絶対的な支持は得られていない。また，学習障害児を抱える家族のかかわり方が，自己概念形成に影響を及ぼす可能性が示唆された。だが，この場合の自己概念とは全体的自己概念であることがほとんどであるので，教科別に分かれたより細かい学業的自己概念にも着目する必要があるといえる。

4 児童期の自己概念

　この章では，筆者のおこなった2つの調査についてふれる。1回目の調査では，欧米や豪州で広く使用されている自己概念理論モデルや尺度を，日本の小学生に応用して，その尺度の妥当性や因子構造を検討した。さらに，下位尺度得点を求めることにより，自己概念の性差・学年差にも言及した。結果として，日本でもシャベルソンらの自己概念理論モデルや尺度が適用可能なことが示された。

　2回目の調査は，1回目の調査を基盤にして，さらに研究のフィールドを日本だけでなくアメリカにも広げ，日米比較を試みた研究である。1回目の調査で使用された尺度をさらに改訂して実施し，小学生の自己概念の日米比較をおこなった。多母集団同時分析を用いた尺度の妥当性の検討をおこなったうえで，日米の下位尺度得点を比較した。ここでは，国・性別・学年の効果や，両国を通じて共通した自己概念の傾向性などについて言及している。

1　SDQ尺度の日本語版作成の試み

(1) 調査概要

　この調査に至る経緯として，日本における自己概念に関する研究を概観したい。日本では，中年期（若本・無藤，2004）や高齢者（鳴海・星野・奥山，2005）の自己概念を扱った研究や，自然活動を通しての自己成長という観点から自己概念の変化を扱ったもの（山田・粥川・山谷・正武家，2006）や対人恐怖傾向や自己愛傾向の共通構造として自己概念の不安定性を扱った研究（川崎・小玉，2007）などがあり，各発達段階やある状況下における心理的変化を分析するうえで自己概念が一つの背景要因，また分析のツールとして使用されてい

る。また，理想自己や自己の変化を質的にとらえようとする研究（水間，2004）もあるが，自己概念に限定していえば，日本語の尺度や量的研究もあまりみられない。

　自己形成は，おのずから人を取り巻く社会や文化の影響を受けているが，どの文脈で，どのような方法を用いて自己をとらえていくのかについては再考の余地があるといえる。既存の研究には，日本国内の文脈において日本人研究者の開発した尺度によって自己を論じたものが多く，海外，特に欧米の理論や尺度がどれだけ日本の子どもに適用できるのかを検証しようとした研究は多くない。欧米の理論や尺度を用いることの利点は，その妥当性を分析することにより，単にスコアの高さを比較するだけではなく，アジアと欧米の自己形成の傾向性の違いや自己概念の構造の類似性・相違性にも目を向けることができ，国や文化を越えた共通性・相違性の検証が可能になることがあげられる。さらに，欧米の尺度を基礎にしたうえで，日本独自の文化的・社会的背景をふまえた尺度の開発も可能になる。

　以上の点から，グローバル化の進む現代においては，国内のみに照準を合わせるのではなく，欧米やアジア諸国でも広く使用されている尺度を用いることにより，国際的なレベルで自己をとらえて，子どもの自己概念をより大きな視野で検証することが必要であると考えた。さらに，その結果を子どもの社会的・情緒的発達，また日々の学習活動などに生かしていくことが必要なのではないかと考え，本研究に至った。

●研究目的

　本研究の目的は，（1）日本の小学生の自己概念の構成要素・性差・学年差の分析，（2）自己概念尺度の信頼性・妥当性の分析，（3）教師の評価と児童の回答との関連の分析，（4）オーストラリア・マレーシアの同じ尺度を用いた結果との比較検討，となっている。

●研究対象

　首都圏の小学校7校（公立6校，私立1校）の4，5，6年生の男女で，全回答数は677であったが，欠損値などの処理をおこない，有効回答数は630名（男

性312名，女性318名）であった。

●研究方法

本研究では，1999年に量的な方法（質問紙調査）と質的な方法（インタビュー）を組み合わせて調査をおこなった。質問紙調査は児童に対して実施し，クーパースミス（Coopersmith, 1967）の開発した自尊感情目録（Self-Esteem Inventory, 以下 SEI と記す）とマーシュ（Marsh, 1988）の自己記述質問票（The Self-Description Questionnaire, SDQ-I，以下 SDQ と記す）の2種類の尺度を使用した。SEI は既に日本語に翻訳されているものを用いたが（遠藤・井上・蘭，1992），SDQ に関しては日本語版がないため，翻訳をして実施した。翻訳については，2名の日英のバイリンガルとともに，英語を日本語に翻訳し，訳した日本語を今度はまた英語に訳しなおすというバックトランスレーションをおこなった。この過程を経ることにより，言葉の細かいニュアンスの違いなどもふまえたうえでの，できる限りの正確な翻訳をおこなうことができた。また，事前にパイロット調査をおこない，尺度の項目の言語表現などについて不適切な部分を削除し，質問内容を精査した。

SEI は主に非学業的な一般的自己概念の測定と，さらに自尊感情の一つの特徴である，自分自身に対する満足度の測定に適している。この尺度は欧米だけでなく日本でも広く使われており（井上，1986；遠藤・井上・蘭，1992），全58項目である。全58項目中の8問は，ライ・スケール（Lie Scale）であり，残りの50問は，（1）両親（8項目），（2）友人（8項目），（3）学業（8項目），（4）一般（26項目），で構成され，記述的な質問に対し2択式（Yes/No）で回答するようになっている。

SDQ は，シャベルソンら（Shavelson, Hubner, & Stanton, 1976）の提唱した階層的・多面的自己概念モデルの検証のための尺度として開発された。このモデルでは，自己概念が一般的自己概念を頂点に，学業的自己概念（academic self-concept）と非学業的な自己概念（nonacademic self-concept）に分割されている。学業的な自己概念は，国語・算数・歴史などの教科に関する自己概念をさし，非学業的な自己概念は，社会的・感情的・身体的の3つの自己概念に区分されている。これは，分化された因子ごとに自己概念を分析していくため，

厳密性の高い調査を期待できる有用なモデルといえる。質問内容は学業的・非学業的自己概念とあわせて，計8つの領域に分かれており，全72項目である。非学業的自己概念は（1）身体的能力，（2）身体的外見，（3）友人との関係，（4）両親との関係，（5）一般的自己，の5因子に分けられ，学業的自己概念は（6）国語，（7）算数，（8）教科全般，の3因子である。児童はこれらの各質問に対し，「とてもあてはまる」，「ややあてはまる」，「どちらともいえない」，「あまりあてはまらない」，「まったくあてはまらない」の5択式で回答する。

　この尺度はマーシュ（Marsh, 1988）によって80年代に開発され，90年代にはこの尺度をアジアの教育現場に応用する研究もなされた。2章でも言及したが，ワトキンスらがフィリピン（Watkins & Gutierrez, 1989；1990）やネパール（Watkins, Kai, & Regmi, 1991），マレーシア（Watkins, Kan, & Ismail, 1996）でおこなった研究では，SDQを用いた自己概念理論モデルの妥当性の検証がなされ，アジアの風土で欧米の自己概念尺度の有用性が証明されている。また，SDQ尺度の利点として因子構造の安定性や高い妥当性だけでなく，学業的・非学業的側面から自己の諸相を細かく具体的に検証することが可能であるため，本研究で使用することとした。

　さらに，質的な方法として，上記の2種類の児童への質問紙調査をふまえたうえで，その担任をしている教員計20名（男性9名，女性11名）に自己概念について聞き取り調査を行った。質問内容は，子どもの自己概念尺度の回答との関連に関するものであり，各児童の学業成績，また社会的スキルを三段階で評価してもらった。（聞き取り調査におけるその他の設問の回答については，第7章で詳しく述べる。）

● 調査の手順・方式

　質問紙の趣旨・内容に関して事前に各小学校の校長，教員に説明をおこなったうえで，実施・回収を依頼した。調査結果は直接回収か郵送の形を取った。

（2）日本の小学生の自己概念（性差・学年差）

　SEI・SDQにおける下位尺度得点の性別・年齢別平均・標準偏差を表4-1

に示した。さらに，自己概念の性差・学年差を解析するために，MANOVA（多重分散分析）を行った（表4-2）。各項目別の結果は以下のとおりである。

表4-1 SEI・SDQ の下位尺度得点の性別・学年別平均・標準偏差

学年	（　）内は標準偏差			4年	5年	6年
性別	全体	男子	女子			
人数	n=630	n=312	n=318	n=239	n=168	n=223
SEI						
両親	12.66(1.93)	12.37(1.96)	12.95(1.86)	12.52(1.80)	12.79(1.87)	12.73(1.92)
友人	11.11(1.58)	10.94(1.63)	11.28(1.52)	11.16(1.57)	11.12(1.57)	11.06(1.41)
学業	11.19(1.86)	11.13(1.89)	11.25(1.82)	11.37(1.97)	11.20(1.74)	11.01(1.62)
一般	38.97(4.18)	39.26(4.29)	38.69(4.06)	39.60(4.16)	38.68(3.56)	38.50(3.79)
SDQ						
身体的能力	29.07(8.17)	31.41(8.05)	26.79(7.64)	30.45(7.68)	29.42(7.32)	27.35(8.14)
身体的外見	21.56(7.39)	21.97(7.76)	21.17(7.02)	22.14(7.96)	21.43(6.71)	21.03(6.26)
友人との関係	26.48(7.01)	26.77(7.39)	26.19(6.61)	27.34(7.24)	26.40(6.31)	25.62(6.21)
両親との関係	32.28(7.01)	31.54(7.29)	32.98(6.67)	33.43(6.77)	32.95(5.89)	30.52(6.92)
一般的自己	17.91(4.51)	18.13(4.86)	17.70(4.13)	18.49(4.86)	17.84(4.16)	17.35(3.84)
国語	29.27(10.30)	27.83(10.77)	30.66(9.64)	30.52(10.00)	29.85(9.37)	27.52(9.89)
算数	29.08(11.16)	31.24(11.81)	26.98(10.06)	30.95(10.72)	28.51(10.34)	27.53(10.89)
教科全般	27.68(7.94)	27.86(8.33)	27.50(7.55)	29.87(7.81)	26.71(6.42)	26.06(7.67)

学年	4年		5年		6年		
性別	男子	女子	男子	女子	男子	女子	
人数	n=134	n=105	n=86	n=82	n=92	n=131	最高(最低)値
SEI							
両親	12.25(1.84)	12.86(1.70)	12.71(1.93)	12.87(1.82)	12.32.(1.92)	13.02(1.88)	16.0(8.0)
友人	11.05(1.64)	11.30(1.47)	10.88(1.51)	11.36(1.60)	10.88(1.50)	11.18(1.34)	16.0(8.0)
学業	11.27(2.03)	11.49(1.89)	11.33(1.71)	11.07(1.76)	10.76(1.52)	11.18(1.67)	16.0(8.0)
一般	39.54(4.35)	39.68(3.92)	39.25(3.74)	38.09(3.29)	38.72(3.60)	38.34(3.93)	50.0(25.0)
SDQ							
身体的能力	31.93(8.21)	28.57(6.52)	31.60(7.07)	27.13(6.90)	29.87(7.55)	25.57(8.10)	45.0(9.0)
身体的外見	22.13(8.50)	22.16(7.25)	22.10(6.24)	20.73(7.14)	21.47(6.61)	20.72(6.00)	45.0(9.0)
友人との関係	27.35(7.59)	27.33(6.80)	26.83(6.27)	25.96(6.35)	25.80(6.96)	25.49(5.65)	45.0(9.0)
両親との関係	32.39(7.23)	34.76(5.91)	32.68(5.47)	33.24(6.32)	29.45(7.30)	31.28(6.57)	45.0(9.0)
一般的自己	18.42(5.24)	18.57(4.34)	18.24(4.10)	17.42(4.20)	17.55(4.34)	17.21(3.46)	30.0(6.0)
国語	29.26(10.47)	32.12(9.17)	30.45(9.75)	29.23(8.97)	23.77(9.29)	30.16(9.47)	50.0(10.0)
算数	33.44(11.25)	27.78(9.10)	30.86(10.72)	26.04(9.36)	27.89(11.54)	27.28(10.45)	50.0(10.0)
教科全般	29.48(8.39)	30.38(7.00)	28.03(6.26)	25.32(6.33)	25.30(7.97)	26.59(7.43)	50.0(10.0)

表4-2 SEI・SDQの各項目の多重分散分析の結果（性差・学年差・交互作用）

学年	性差	学年差	交互作用
SEI	F値	F値	F値
両親	7.81**女＞男	0.91	1.1
友人	7.82**女＞男	0.24	0.48
学業	0.319	2.81	1.25
一般	2.6	3.35*	1.25
学年	性差	学年差	交互作用
SDQ	F値	F値	F値
身体的能力	45.77***男＞女	8.748***	0.62
身体的外見	1.17	1.12	1.12
友人との関係	0.57	3.08*	0.44
両親との関係	10.99***女＞男	15.45***	1.37
一般的自己	1.66	4.03*	1.04
国語	10.78***女＞男	10.94***	4.88**
算数	21.59***男＞女	4.00*	3.33*
教科全般	0.256	19.94***	5.14**

*$p<.05$, **$p<.01$, ***$p<.001$

● S E I

1．両　　親

性別による有意な差がみられた。4，5，6年と全学年において（$F=7.81$, $p<.01$），女子のほうが男子よりも高い値を示した。学年による有意な差はみられなかった。性別と学年の間の交互作用はみられなかった。

2．友　　人

性別による有意な差がみられた。4，5，6年と全学年において（$F=7.82$, $p<.01$），女子のほうが男子よりも高い値を示した。学年による有意な差はみられなかった。性別と学年の間の交互作用はみられなかった。

SEI

(1) 両親

[図: 4年 男子12.24 女子12.87、5年 男子12.71 女子12.87、6年 男子12.31 女子13.01]

図4-1　SEI（1）両親

SEI

(2) 友人

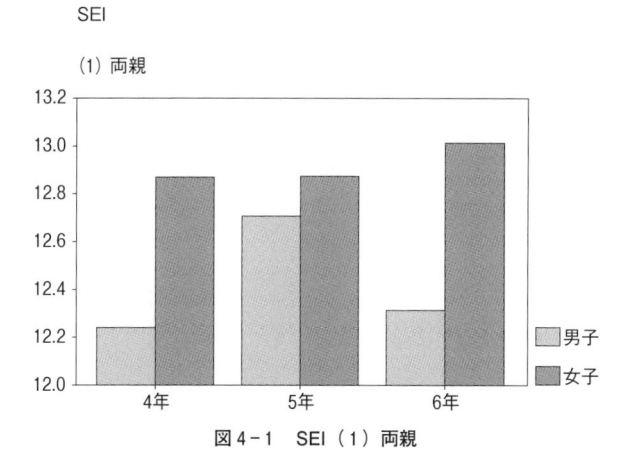

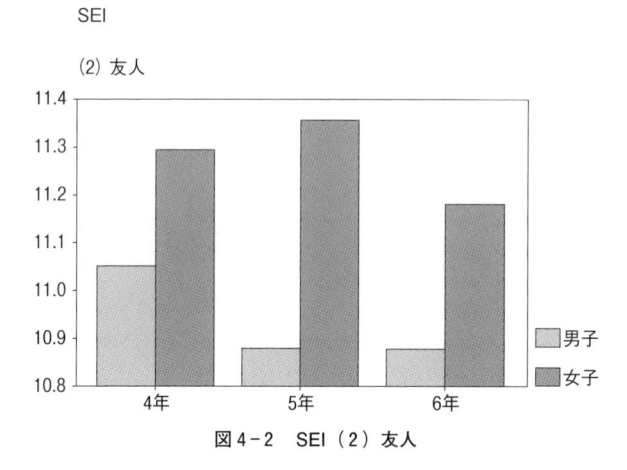

[図: 4年 男子11.05 女子11.30、5年 男子10.88 女子11.36、6年 男子10.88 女子11.18]

図4-2　SEI（2）友人

3．学　　業

　性別及び学年による統計的に有意な差はみられなかった。性別と学年の間の交互作用はみられなかった。

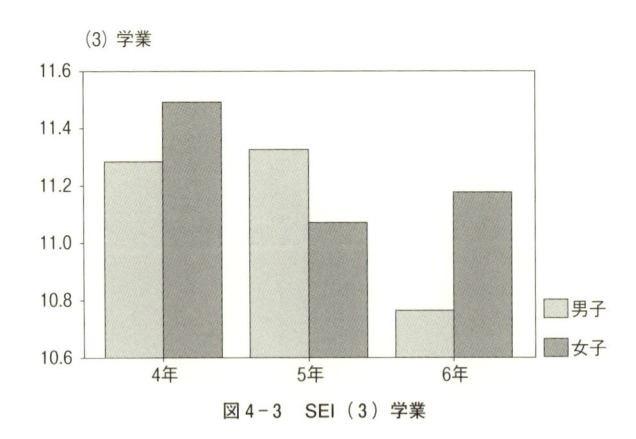

106　第4章　児童期の自己概念

(3) 学業

図4-3　SEI (3) 学業

4．一　　般

　性別による有意な差はみられなかった。学年による有意な差がみられた（$F=3.35; p<.05$）。ターキーの HSD 法による多重比較をおこなうと，4年生と5年生の間（$t=2.33; p<.05$），及び4年生と6年生の間（$t=2.98; p<.01$）に有意な差が認められた。5年生と6年生の間に有意な差はみられなかった。性別と学年の間の交互作用はみられなかった。

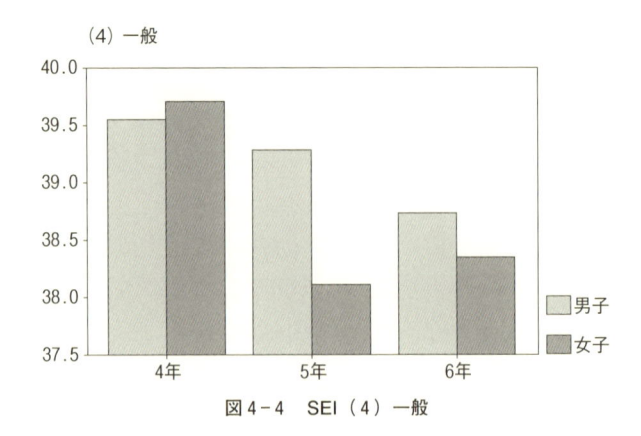

(4) 一般

図4-4　SEI (4) 一般

●SDQ
1. 身体的能力

性別（$F=45.77 ; p<.01$）と学年（$F=8.75 ; p<.001$）による有意な差がみられた。全学年において，男子が女子よりも高い値を示した。各学年ごとの差を詳しくみるために，HSD法による多重比較をおこなうと，4年生と6年生（$t=4.22 ; p<.01$），5年生と6年生（$t=2.60 ; p<.05$）の間に有意な差がみられたが，4年生と5年生の間には有意な差はみられなかった。性別と学年の間の交互作用はみられなかった。

2. 身体的外見

性別及び学年による統計的に有意な差はみられなかった。性別と学年の間の交互作用はみられなかった。

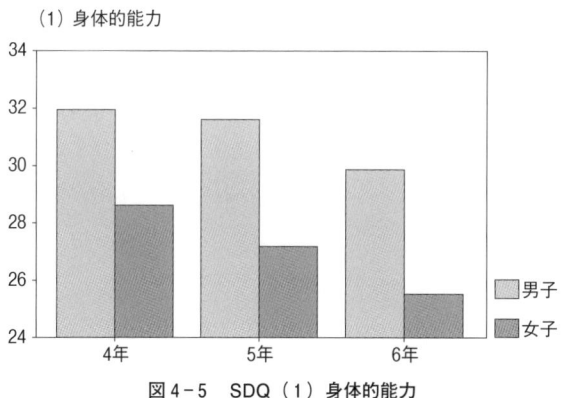

図4-5　SDQ（1）身体的能力

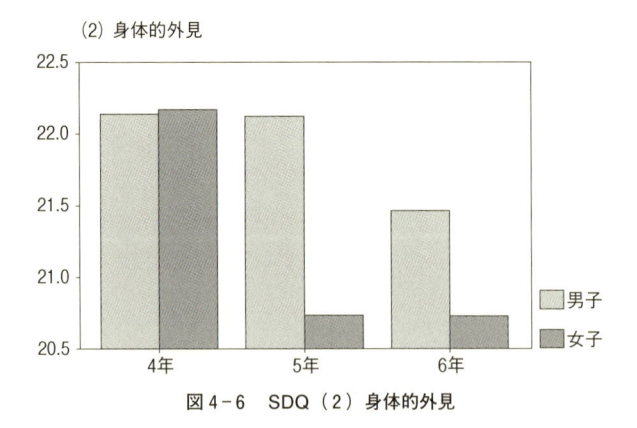

(2) 身体的外見

図4-6　SDQ（2）身体的外見

3．友人との関係

　性別による有意な差はみられなかった。学年による有意な差がみられた（$F=3.08 ; p<.05$）。男女ともに全般的に学年が上がるにつれて，値は低下していた。ターキーのHSD法による多重比較をおこなうと4年生と6年生の間（$t=2.75 ; p<.01$）に有意な差が認められたが，4年生と5年生の間，及び5年生と6年生の間に有意な差はみられなかった。性別と学年の間の交互作用はみられなかった。

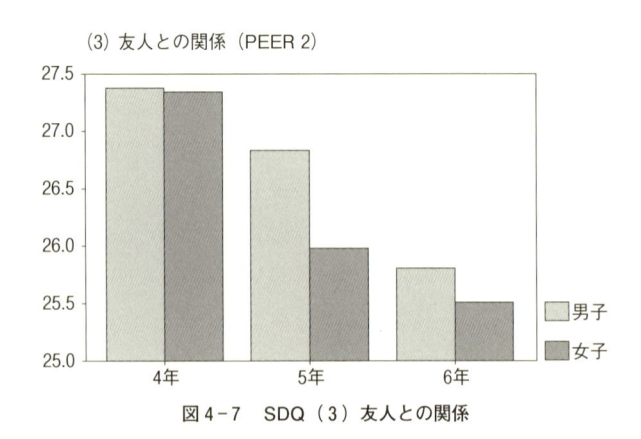

(3) 友人との関係（PEER 2）

図4-7　SDQ（3）友人との関係

4．両親との関係

性別（$F=10.99$；$p<.001$）と学年（$F=15.45$；$p<.001$）による有意な差がみられた。全学年において，女子が男子よりも高い値を示した。全般的に学年が上がるにつれて，値は低下していた。各学年ごとの差を詳しくみるために，HSD法による多重比較をおこなうと，4年生と6年生（$t=4.56$；$p<.01$），5年生と6年生（$t=3.66$；$p<.01$）の間に有意な差がみられたが，4年生と5年生の間には有意な差はみられなかった。性別と学年の間の交互作用はみられなかった。

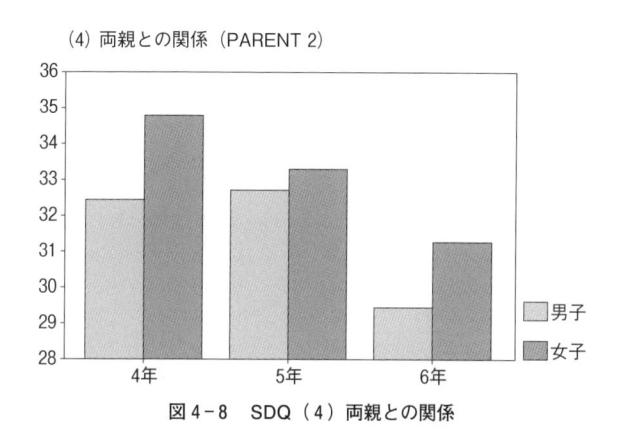

(4) 両親との関係（PARENT 2）

図4-8　SDQ（4）両親との関係

5．一般的自己

性別による有意な差はみられなかった。学年による有意な差がみられた（$F=4.03$；$p<.05$）。男女ともに全般的に学年が上がるにつれて，値は低下していた。ターキーのHSD法による多重比較をおこなうと4年生と6年生の間（$t=2.77$；$p<.01$）に有意な差が認められたが，4年生と5年生の間，及び5年生と6年生の間に有意な差はみられなかった。また性別と学年の間の交互作用はみられなかった。

(5) 一般的自己（GENERAL 2）

図4-9　SDQ（5）一般的自己

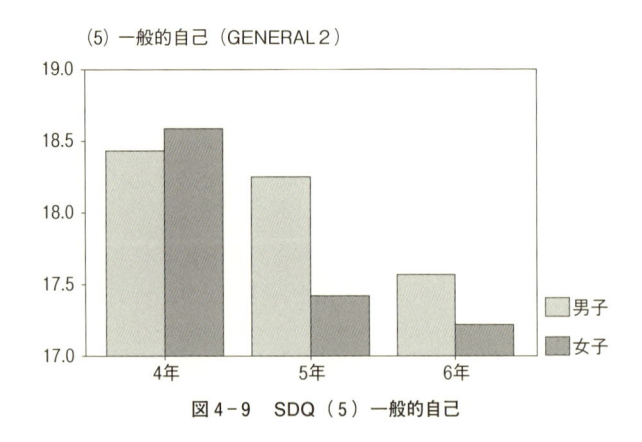

6．国　語

性別（$F=10.78$；$p<.001$）による有意な差がみられた。トータルスコアとして，女子が男子よりも高い値を示した。グラフをみると，6年生男子の値が目立って低くなっている。

学年（$F=10.94$；$p<.001$）による有意な差がみられた。全般的に学年が上がるにつれて，値は低下していた。各学年ごとの差を詳しくみるために，HSD法による多重比較をおこなうと，4年生と6年生（$t=3.24$；$p<.001$），5年

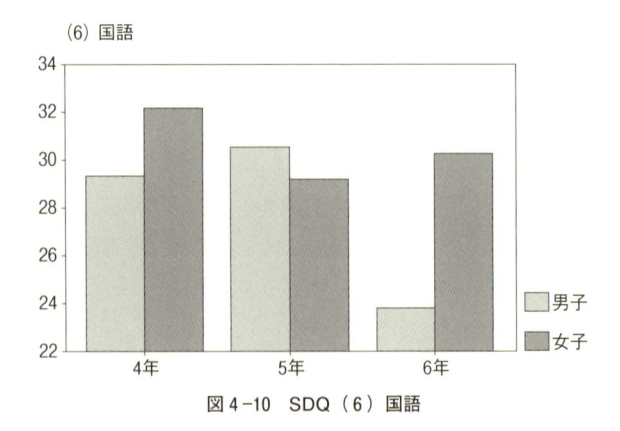

(6) 国語

図4-10　SDQ（6）国語

生と6年生（$t=2.36$；$p<.001$）の間に有意な差がみられたが，4年生と5年生の間には有意な差はみられなかった。性別と学年の間の交互作用がみられた（$F=4.88$；$p<.01$）。4年生と6年生は女子が高く，5年生は男子が高くなる傾向にあることがわかった。

7．算　数

性別（$F=21.59$；$p<.001$）と学年（$F=4.00$；$p=.019$）による有意な差がみられた。全学年において，男子が女子よりも高い値を示した。全般的に学年が上がるにつれて，値は低下していた。各学年ごとの差を詳しくみるために，HSD法による多重比較をおこなうと，4年生と6年生（$t=3.40$；$p<.001$），4年生と5年生（$t=2.23$；$p<.05$）の間に有意な差がみられたが，5年生と6年生の間には有意な差はみられなかった。わずかではあるが，性別と学年の間の交互作用がみられた（$F=3.33$；$p<.05$）。

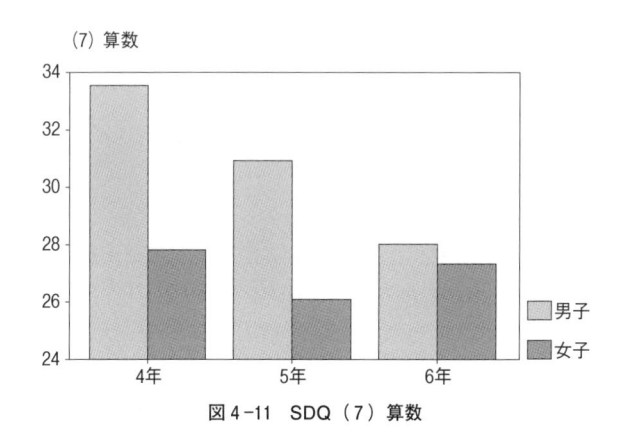

図 4-11　SDQ（7）算数

8．教科全般

性別による有意な差はみられなかった。学年による有意な差がみられた（$F=19.94$；$p<.001$）。全般的に学年が上がるにつれて，値は低下していた。ターキーのHSD法による多重比較をおこなうと4年生と6年生の間（$t=5.29$；$p<.01$），4年生と5年生の間（$t=4.32$；$p<.01$）に有意な差が認められたが，

(8) 教科全般 (SCHOOL 2)

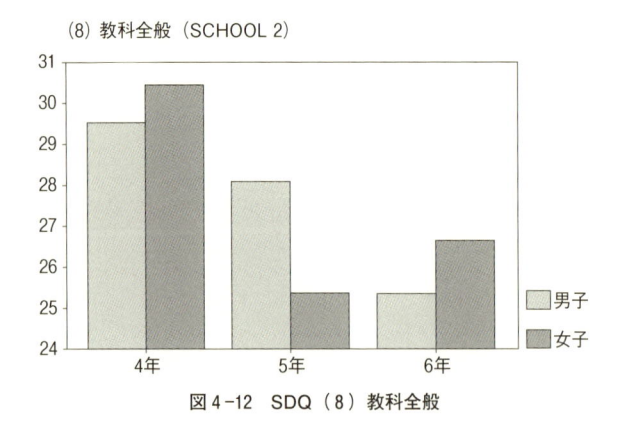

図 4-12　SDQ（8）教科全般

　5年生と6年生の間に有意な差はみられなかった。性別と学年の間の交互作用がみられた（$F=5.14 ; p<.01$）。4年生と6年生は女子が高く，5年生は男子が高くなる傾向にあることがわかった。

　以上の結果をまとめると，男子と女子では高くなる自己概念の因子が異なるという結果が出た。男子はSDQの「身体的能力」（$F=45.77, p<.001$）や「算数」（$F=21.59, p<.001$）の因子が有意に高く，女子はSDQの「国語」（$F=10.76, p<.001$）やSEIの「友人」（$F=7.82, p<.01$），「両親」（$F=7.81, p<.01$）に関する因子が有意に高い。特に女子の算数に関する自己概念の低さが目立ち，反対に男子は運動能力・スポーツに関する項目で高い値を示した。他の因子に関しては，男女差はあるものの有意とはいえなかった。

　学年による差に関しては，SEIの「一般」の因子が有意な学年の差を示した。SDQに関しては，「身体的外見」の因子を除いてすべての因子が有意な学年の差，つまり学年が上がるにつれての自己概念の低下を示した。先行研究でも，高学年くらいから友人との比較によって自分自身を厳しく評価する自己卑下傾向があることが示されている（高田，1999）。性別と学年の交互作用は，SDQの「国語」「教科全般」に関してみられた。つまり，5年生は男子が高い自己概念を示し，6年になると女子が高い自己概念を示すことを表している。

（3）信頼性・妥当性
●信 頼 性

　クロンバックα係数を用いて内部整合性（Internal Consistency）の分析をおこなった（表4-3）。結果は，信頼係数は特にSDQにおいて高い値を示し，ほとんどがα=.85を上回った（「一般的自己」のみα=.72であった）。対して，SEIの「友人との関係」（α=.47）や「教科全般」（α=.54）に関しては予想よりも低く，尺度としてはSDQの方がSEIよりも安定しているのではないかということがいえる。特にSDQの学業的自己概念因子に関しては「国語」（α=.94）「算数」（α=.94）「教科全般」（α=.89）などすべてにおいて非常に高い信頼係数が得られた。これも，学業的自己概念因子のほうが非学業的自己概念因子よりも安定し，信頼性が高いことを示しているといえる。全般的にみて2つの尺度において高い安定性をみることができ，日本における自己概念尺度の適用性を示すものとなった。

表4-3　SEI・SDQの信頼性

SEI	信頼係数（α）
両親	.61
友人	.47
学業	.54
一般	.71

SDQ	信頼係数（α）
身体的能力	.86
身体的外見	.89
友人との関係	.87
両親との関係	.84
一般的自己	.72
国語	.94
算数	.94
教科全般	.89

● **2つの尺度の構造概念上の妥当性**

各尺度における因子同士の相関を調べた（表4-4，表4-5）。尺度内の相関に関してSDQでは「一般的自己」の因子が「身体的外見」「友人との関係」の因子との相関が高いことがわかり，非学業的自己概念を形成する要素の重なりが予想された。同じことが学業的自己概念の「教科全般」の因子と「国語」「算数」の因子間の高い相関係数にも表れている。

さらに，2つの尺度における類似する（同じ特性をはかっているのではないかと推測される）因子間の相関を調べた（表4-6）。SEIとSDQともに含んでいる因子としては，「両親との関係」「友人との関係」「一般的自己」「教科全般」の4組，8因子があげられる。相関分析をおこなうと，類似した名前の因子間に正の相関がみられた。たとえば，SEIの「両親」とSDQの「両親との関係」の相関は$r=.57$，SEIの「友人」とSDQの「友人との関係」の相関は$r=.48$であり，他の2組においてもそれぞれ有意に高い正の相関がみられた。これは，2尺度間の収束妥当性（convergent validity）を示しているといえる。

表4-4 SEIにおける各項目ごとの相関

	友人	学業	一般
両親	.23**	.38**	.41**
友人	1.00	.33**	.39**
学業		1.00	.52**
一般			1.00

$**p<.01$

表4-5 SDQにおける各項目ごとの相関

	身体的外見	友人との関係	両親との関係	一般的自己	国語	算数	教科全般
身体的能力	.37**	.43**	.20**	.41**	.20**	.18**	.33**
身体的外見	1.00	.62**	.29**	.67**	.36**	.28**	.48**
友人との関係		1.00	.35**	.65**	.33**	.26**	.43**
両親との関係			1.00	.36**	.32**	.13**	.31**
一般的自己				1.00	.44**	.38**	.55**
国語					1.00	.26**	.62**
算数						1.00	.63**
教科全般							1.00

$**p<.01$

表4-6 SEI・SDQの類似する因子同士の相関

		SDQ			
		両親との関係	友人との関係	一般	教科全般
SEI	両親	**.57****	.22**	.27**	.22**
	友人	.24**	**.48****	.39**	.24**
	一般	.34**	.48**	**.56****	.44**
	学業	.31**	.34**	.42**	**.48****

**$p<.01$

（4）因子分析

　SEIの全58項目に関して因子分析（重みづけのない最小二乗法，プロマックス回転）をおこなった。因子数は，既存の尺度の通り4とした。第一因子が「友人」，第二因子が「両親」となったが，第三因子と第四因子がなかなか判別しにくかった。これは，「一般」の因子の一部が「学校」の構成因子と重なり，第三因子に流れ，形成しているものと考えられる。第一因子，第二因子に関しては，負荷が.50以上を超えるものも多かったが，第三因子になると.50を超える高い負荷を示す変数はほとんどなかった。これに関しては，日本人の自尊感情を測定する尺度として，SEIは「一般」と「学校」の因子が重なって形成されているため，当初の欧米で開発された4つの因子を適切に表しているとはいい難い。だが，「友人」と「両親」の2つの因子に関しては有意な因子負荷量を示し，予想した変数を測定しているといえた（表4-7参照）。

　SDQの因子分析に関しては，マーシュ（Marsh, 1988）のSDQマニュアルに準じた。8つの因子は，「身体的能力」「身体的外観」「友人との関係」「両親との関係」は各9問，「国語」「算数」「教科全般」は各10問，「一般的自己」は6問となっているので，3分割して，9問ある項目は3問ずつ，10問の項目は3問，3問，4問と分け，6問の項目は2問ずつ分け，それぞれの項目で新しく3つの変数を作った。

　バリマックス回転をかけるとそれぞれ8つの項目がもともと測定予定であったそのうちの7つの変数に分かれ，有意な因子負荷量を示した。ほとんどの因子が測定予定の変数に対しては.80以上を示し（その他は.50以上），それ以外の変数に対しては.30以下の低い値をみせた（表4-8）。第一因子は「国語」

表4-7 SEIの因子分析結果

	I	II	III	IV		I	II	III	IV
友人					**一般**				
SEI 4	.57			−.12	SEI 1	.20	.12		**−.38**
SEI 11	.40	.20			SEI 2	.41			**.31**
SEI 18	.57				SEI 3			−.10	**.64**
SEI 25	.26		−.13		SEI 8				**.58**
SEI 32	.33				SEI 9			−.16	**−.11**
SEI 39					SEI 10	.34	−.17	.31	
SEI 46	−.36				SEI 15	.10	.30	.18	
SEI 53	.39				SEI 16			.57	**−.17**
両親					SEI 17		.11	.27	**.24**
SEI 5	.14	.32		−.12	SEI 22		.18	.31	
SEI 12	−.14	.39	.30	.15	SEI 23	.33		.16	**−.15**
SEI 19		.68	−.16		SEI 24	.21	.56		**−.10**
SEI 26	−.31	.18	.20		SEI 29	.10	.16		
SEI 33		.59	−.13		SEI 30	.13	.24		**.38**
SEI 40		.45		.39	SEI 31		.33	.36	
SEI 47		.64	−.14		SEI 36	.42	.14	.10	
SEI 54		.24	.19	.14	SEI 37				**.30**
学業					SEI 38	.29			
SEI 7	.11	.15	**.34**	−.20	SEI 43		−.24	.41	**.36**
SEI 14	.22		.36		SEI 44	.48	−.14	−.12	**.25**
SEI 21	.46				SEI 45	.41			
SEI 28	.42		**.20**		SEI 50	.27	−.34	.22	**.12**
SEI 35		.24	**.17**		SEI 51		.13	.50	
SEI 42		.26	**.21**	.25	SEI 52		.28	.38	
SEI 49	.18	.22		.15	SEI 57		−.12	.58	
SEI 56		.23	**.15**	.19	SEI 58	.28	.37		

に関する因子，第二因子は「算数」，第三因子は「外見」その後は，「身体的能力」「両親との関係」「友人との関係」と続く．特に，国語や算数に関する，因子負荷は高く，他の項目との際立った差がみられた．つまり，この尺度からみると，日本人は非学業的自己概念よりも，学業的自己概念を基本的な軸として自己概念を形成していると考えられる．

　学業的自己概念においては，「国語」「算数」「教科全般」の3つの因子があったが，実際の因子負荷においては，「教科全般」が残りの2つに吸収されるかたちとなり，「国語」「算数」の2つの変数が見出された．これは，お互いの因子が少しずつ重なり合っていることを示している（次に，8つの変数という設定で因子分析をおこなうと，「教科全般」を示すもう一つの変数が現れた）．この結果は，SDQにおける7つの因子がそれぞれ測定予測された変数を測っていることの証明となり，日本における自己概念尺度の妥当性，多面的・階層的自己概念モデルの構造を示す一つの布石となる．また，この結果は，（1）学

表4-8 SDQ の因子分析結果

	I	II	III	IV	V	VI	VII
身体的能力1	**.87**	.14	.13	.18	.25	.27	.18
身体的能力2	**.88**	.12	.17	.45	.19	.13	.19
身体的能力3	**.81**	.24	.14	.30	.12	.12	.16
身体的外観1	.15	**.85**	.18	.15	.15	.21	.12
身体的外観2	.20	**.83**	.15	.28	.11	.18	.16
身体的外観3	.26	**.79**	.19	.13	.21	.15	.15
友人との関係1	.19	.13	**.86**	12	.19	.16	.16
友人との関係2	.20	.56	**.59**	.17	.12	.16	.18
友人との関係3	.21	.54	**.60**	.21	.17	.11	.17
両親との関係1	.26	.26	.37	**.83**	.13	.14	.10
両親との関係2	.35	.16	.38	**.84**	.16	.15	.18
両親との関係3	.26	.18	.13	**.84**	.14	.15	.19
一般的自己1	.19	.29	.13	.20	**.58**	.28	.25
一般的自己2	.21	.49	.23	.14	**.49**	.23	.18
一般的自己3	.21	.27	.21	.18	**.79**	.14	.19
国語1	.24	.20	.14	.12	.27	**.88**	.13
国語2	.20	.11	.13	.13	.10	**.91**	.17
国語3	.13	.17	.47	.12	.17	**.88**	.11
算数1	.16	.15	.13	.21	.24	.27	**.91**
算数2	.15	.31	.10	.23	.34	.13	**.91**
算数3	.36	.36	.29	.17	.24	.38	**.92**
教科全般1	.19	.18	.29	.17	.11	54	**.54**
教科全般2	.11	.11	.14	.14	.17	**.58**	**.58**
教科全般3	.14	.14	13	.14	.15	**.55**	**.60**

業的自己概念因子同士の相関はすべての相関の平均よりも高い，(2) 4つの非学業的自己概念因子間の相関も高くなる傾向にある，(3) 学業的自己概念因子と非学業的自己概念因子間の相関は低い傾向にある，という先行研究（Marsh, 1986 ; Marsh, 1987）とも一致していた。

(5) 教師の評価との関連性

　児童への質問紙調査の後，担任の先生に各児童の学力面・生活面について，3段階（高い・普通・低い）で評価をしてもらった。評価と一口にいっても，簡単に3段階にすることは難しいと思われたので，以下の簡単な指標をこちらから提示して，それをもとに評価をしてもらった。

表4-9 教師の評価と SEI・SDQ の各項目との相関

教師の評価と SEI・SDQ の各項目との相関		
	教師の評価	
SEI	学力面	生活面
両親	.13**	.18**
友人	0.03	.12**
学業	.22**	.21**
一般	.10**	.21**
SDQ		
身体的能力	0.05	.17**
身体的外観	0.02	.13**
友人との関係	0.03	.21**
両親との関係	0.04	.20**
一般的自己	.11**	.20**
国語	.25**	.25**
算数	.25**	.18**
教科全般	.30**	.28**

**$p<.01$

・学力面——勉強面における成績・意欲・態度
・生活面——勉強以外の面，友人関係，協調性，生活習慣，性格全般

ここでは，その評価と児童の自己概念スコアの回答との関係をみていく。

結果としては，学力面についての教師の評価と，「国語」「算数」「教科全般」の因子では，それぞれにおいて.25から.28の有意な正の相関がみられた。また，教師の生活面についての評価は，友人との関係や一般的自己などの非学業的自己概念との間に.20以下とわずかではあるが，有意な正の相関を示した。これは，児童の回答と教師の評価が関連し合っていることを示し，児童の回答の客観性を高めるものと考えられる。さらに，教師の生活面の評価は，非学業的自己概念の因子だけでなく，「国語」「算数」などの学業的自己概念の因子とも有意な正の相関を示した（表4-9参照）。

（6）オーストラリア・マレーシアの結果との国際比較

ここでは，ワトキンスら（Watkins, Kan, & Ismail, 1996）のマレーシアの子

どもの自己概念を検討した結果と比較して，日本の子どもの自己概念が他の国と比べてどのような状態にあるかを検討したい。ワトキンスらはマレーシアの300人の14歳と15歳の子どもに，翻訳したSDQを実施し，オーストラリアの研究結果との比較検討をおこなった。その結果をもとに，日本，オーストラリア，マレーシアの3か国のSDQの下位尺度得点を比較することで，各国の傾向や3か国の共通点・相違点を検討したい（表4-10）。

表4-10 日本，オーストラリア，マレーシアのSDQ尺度の平均・標準偏差

SDQ	国	男子（平均）	男子（SD）	女子（平均）	女子（SD）	合計（M）
身体的能力	日本	31.23	7.75	26.96	7.4	29.095
	オーストラリア	33.39	5.92	27.65	7.03	30.52
	マレーシア	27.91	5.89	23.07	6.57	25.49
身体的外見	日本	21.93	7.38	21.2	6.75	21.565
	オーストラリア	28.26	7.61	23.92	7.78	26.09
	マレーシア	25.69	7.21	22.79	6.4	24.24
友人との関係	日本	26.75	7.07	26.22	6.26	26.485
	オーストラリア	30.59	6.69	28.97	6.07	29.78
	マレーシア	29.93	5.08	29.17	4.9	29.55
両親との関係	日本	31.6	6.93	32.93	6.45	32.265
	オーストラリア	34.29	6.03	33.94	5.89	34.115
	マレーシア	32.75	5.41	33.02	5.54	32.885
国語	日本	27.97	10.28	30.57	9.29	29.27
	オーストラリア	29.26	7.21	30.28	7.8	29.77
	マレーシア	29.73	7.15	31.09	6.16	30.41
算数	日本	31.09	11.4	27.12	9.74	29.105
	オーストラリア	27.82	8.77	24.73	8.06	26.275
	マレーシア	26.83	7.79	27.45	7.14	27.14
教科全般	日本	27.85	7.9	27.51	7.3	27.68
	オーストラリア	27.43	7.1	26.73	6.22	27.08
	マレーシア	27.2	6.3	27.03	5.53	27.115
合計	日本	198.42		192.51		195.465
	オーストラリア	211.04		196.22		203.63
	マレーシア	200.04		193.62		196.83
サンプルの数	日本	男子＝312	女子＝318			
	オーストラリア	男子＝266	女子＝231			
	マレーシア	男子＝137	女子＝163			

1. 身体的能力

国別に統計的に有意な差はみられなかったが，オーストラリア（30.52）が一番高く，次いで日本（29.10），マレーシア（25.49）の順であった。

2. 身体的外見

国別に統計的に有意な差はみられなかったが，オーストラリア（26.09）が一番高く，次いでマレーシア（24.24），日本（21.57）の順であった。

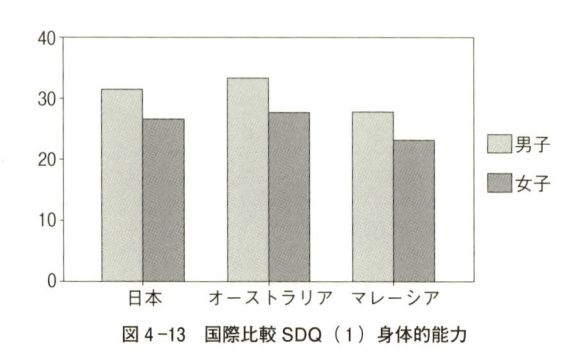

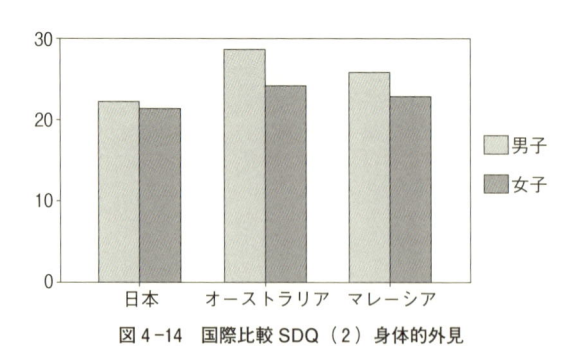

図4-13　国際比較SDQ（1）身体的能力

図4-14　国際比較SDQ（2）身体的外見

3．友人との関係

国の主効果がみられた（$F=11.66 ; p<.05$）。オーストラリア（29.78）が最も高く，次いでマレーシア（29.55），日本（26.49）が続いた。HSDの多重比較をおこなうと，日本はオーストラリアよりも有意に低いが（$t=26.652 ; p<.05$），マレーシアとは有意な差はなかった（$t=6.05 ; p=.052$）。オーストラリアとマレーシアの間には有意な差はみられなかった（$t=.535 ; p=.344$）。

4．両親との関係

国別に統計的に有意な差はみられなかったが，オーストラリア（34.12）が一番高く，次いでマレーシア（32.86），日本（32.27）の順であった。

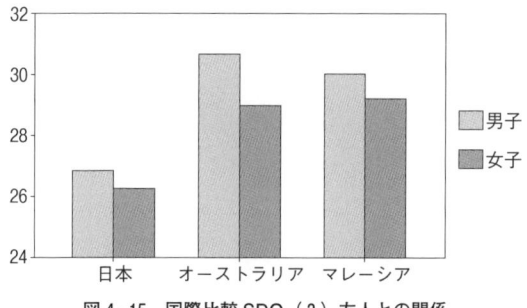

図4-15　国際比較 SDQ（3）友人との関係

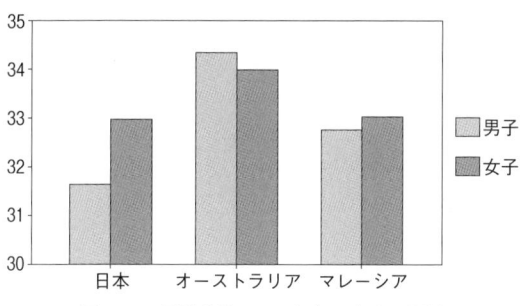

図4-16　国際比較 SDQ（4）両親との関係

5. 国　語

　国別に統計的に有意な差はみられなかったが，マレーシア（30.41）が一番高く，次いでオーストラリア（29.77），日本（29.27）の順であった。

6. 算　数

　国別に統計的に有意な差はみられなかったが，日本（29.11）が一番高く，次いでマレーシア（27.14），オーストラリア（26.28）の順であった。

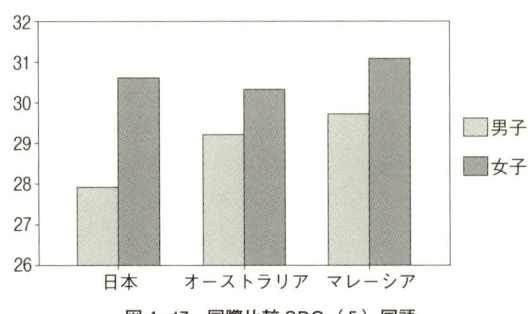

図4-17　国際比較SDQ（5）国語

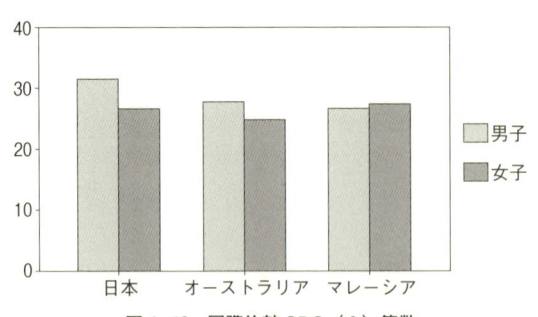

図4-18　国際比較SDQ（6）算数

7. 教科全般

国別に統計的に有意な差はみられなかったが，日本（27.68）が一番高く，次いでマレーシア（27.12），オーストラリア（27.08）の順であった。

8. 合計（全体的自己概念）

国別に統計的に有意な差はみられなかったが，オーストラリア（203.63）が一番高く，次いでマレーシア（196.83），日本（195.47）の順であった。

3か国の違いに着目すると，統計的に国別で有意な差があったのは「友人との関係」のみであった。日本とオーストラリアとの間に有意な差がみられ，日本の値が他の2か国に比べて低かった。このことから，日本の子どもは友人関係において他の2国に比べると，低い自己概念をもつことが示唆された。

この結果は，マーシュ（Marsh, 1988）のオーストラリアの子どもは，身体

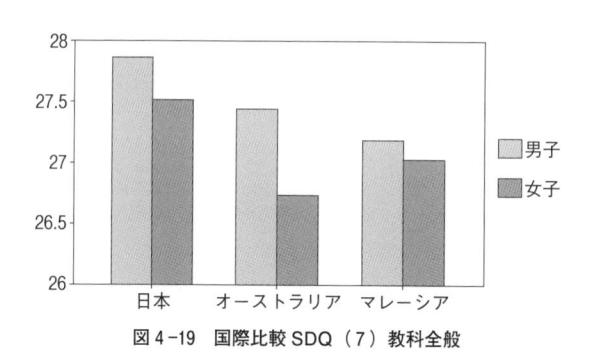

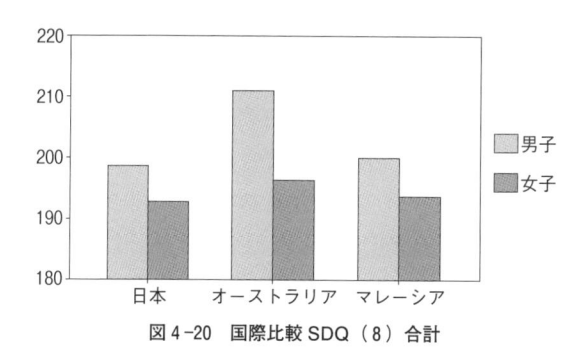

図4-19　国際比較SDQ（7）教科全般

図4-20　国際比較SDQ（8）合計

的自己概念が高くなる傾向があるという主張とも一致している。また，男女差についても，統計的に有意ではなかったが，3か国とも学業的自己概念において国語は女子，算数は男子が高くなる傾向にあった。こちらも，先行研究にみられる，自己概念の性差の傾向を支持する結果となった。

(7) 考　察

以上の結果をまとめると，次のことが明らかになった。

（1）自己概念には，性別による有意な差がみられ，高い自己概念の因子に男女で相違がみられた。男子は，「身体的能力」「算数」に関する因子が高く，女子は「友人との関係」「両親との関係」「国語」の因子が高かった。この男女差の傾向性は，オーストラリア・マレーシアにおける先行研究(Watkins, Kan, Ismail, 1996) やメキシコ系アメリカ人を対象にした研究 (Kaminski, Shafer, Neumann, & Ramos, 2005) とも一致した。つまり，欧米・アジアを問わず，男女の自己概念の発達の相似性を示しており，国や文化を越えても，男女の社会化のパターンにある種の共通性があることを示唆しているといえる。

（2）自己概念の学年差に関しては，学年が上がるごとに全体的に自己概念の値は低下する傾向にあり，特にSDQに関してはほぼすべての項目において有意な学年の差がみられた。これは年齢が上がるにつれ自己概念スコアが低下する傾向があるという先行研究と合致する。

（3）2つの尺度間の同じ因子同士における関係は有意な正の相関を示し，高い収束妥当性を示した。

（4）SEI，SDQはともに尺度の内部整合性に関して高い信頼性の係数を示した。

本研究を通して，日本でもオーストラリア・カナダなど欧米で使用されている自己概念尺度が適用できることが証明され，日本人の小学生の自己概念の傾向性についてあらたな知見を得ることができた。この結果をふまえて，今日の日本の学校文化の問題を自己の発達という観点から論じるとともに，こうしたSDQのような自己に関する尺度を今後学校現場で使用するにあたっての有用性について，考察を加えていきたい。

●年齢による自己概念の低下

　今回の調査結果でみられた年齢とともに自己概念のスコアが低下する傾向を裏づけるものとして，日本の小学校教育において，子どもが高学年になるにしたがって親や教師から勉強へのプレッシャーを感じることが多くなり，また他者との社会的比較の場面が増えるなかで，肯定的な自己概念を形成する機会を逸しているのではないかという点が考えられる。日常生活においては，自らを認められたり，受け入れられたりするという経験が積み重なって自信や自己概念が形成されていく（梶田，1985）。しかし，現代の知識偏重，詰め込み型の教育においては，そのように児童が感じる機会が少なくなってきているのではないか。岸（1997）は肯定的自己概念を測定する尺度を開発し，日米の小学生，中学生，高校生，大学生に対して調査をおこなった。結果は，日本の子どもには小学3年生から高校生に進むにつれて自己概念が低下し，大学生で向上するいわゆる「鍋底型」の現象がみられるのに対し，アメリカ人の子どもには同様の傾向性がみられなかった。ここで彼は，自己概念の鍋底型現象の起こる原因について，親の養育態度と学校文化の違いについて言及している。つまり，学校生活において勉強に対する厳しい指導体制が，教師の意図する子どものやる気や学業に対する前向きな姿勢を育むものではなく，否定的な自己イメージを増長し，特に成績の悪い子にとっては学校が楽しい場所ではなくなっているのではないかということである。

　これまでの学業重視で知識偏重に陥りがちのわが国では，知識を一方的に教え込む教育に陥りがちで，自ら学び，自ら考える力や豊かな人間性を育む教育がおろそかになってはいないだろうか。このような現状が子どもの自尊心や自我の確立，また豊かな情操の育成の妨げになっているといえよう。では，どのようにしたら子どもの精神面での発達や人間性の育成の問題を自己概念という観点から伸ばしていけるのだろうか。自己概念を向上させる方途については第7章でも述べるが，基本的なこととして，子どもにとって適切な目標を設定し，肯定的なフィードバックを返すこと，教師と児童生徒の間に信頼関係を築くことなど，地道な取り組みが大切になってくると思われる。

● **他者との比較**

　日本の小学生の自己概念は，国際比較でみると，学業的自己概念に比べて非学業的自己概念が低いという結果が出ている（Inoue, 2001）。文化と自己形成の問題については第6章でふれるが，マーカスと北山（Markus & Kitayama, 1991）は，個人の自己認識に文化的自己観が反映されると説いている。西洋とりわけ北米中産階級では相互独立性自己観，つまり，自己を他者から分離した独自な個体として認識する傾向があり，日本を含むアジア文化では，自己を他者と結びついた存在として認識する相互協調的自己観が優勢である。また，文化心理学的にみた日本的特徴として高田（1993）は，「自己概念の他者規定性」について論じており，それによると，日本文化における自己の特質として，日本人は常に他者との関係性のなかで自己を形成しようとする。高田（1999）は児童期には，相互協調性が相互独立性をしのぐ時期としており，このような相互協調的自己観は，個人の自己スキーマにも影響を与え，自己概念の形成にも何らかの影響を与えるといえよう。確かに本研究で用いた尺度では「友人との関係」「両親との関係」など，他者との関係性について問う質問項目が多く，社会的比較を通じて自己概念を規定しがちな日本人の特性がより浮き彫りにされることとなった。他者規定性が大きい文化的背景をもつ学校文化のなかでは，いかに対人関係のスキルや社会性，協調性を育成していくかが児童生徒にとって大きな課題となる。社会的スキルやコミュニケーション能力をどのように学校教育，また家庭や地域社会において育んでいくかについての方途や，加えて他者との比較を通した自己のとらえ方の変容に関する研究が今後必要になってくるであろう。

2　日米の小学生の自己概念研究

　前項での調査では，日本の小学生にもシャベルソンの自己概念モデルが適用できることが示された。この結果をふまえて，今度は日本とアメリカの自己概念を比較検討する調査をおこなった。調査に至る経緯と先行研究について概観する。

　自己概念の国際比較に関しては，日本とアメリカを比較したものはあまりみ

ることができない。日本・香港・アメリカの大学生に対して自己概念と文化の影響を分析したボンドとチュン（Bond & Cheung, 1983）の研究もあるが，これは自由記述式の20答法（Twenty Statement Test）を使用したものである。20答法を用いた研究には日米の女性を対象にした研究もあるが（Kanagawa, Cross, & Markus, 2001），あくまでも質的なデータの分析である。また，従来の諸研究ではマーシュ（Marsh, 1988）のSDQ尺度を用いての日米比較をおこなった研究はみられない。アメリカの自己概念については，ワストランドら（Wastlund, Norlander, & Archer, 2001）が，アジア（フィリピン，ネパール，マレーシア）とアフリカ（ケニア，ナイジェリア，ジンバブエ）のサンプルを比較したSDQ-Iのメタ分析研究があるが，日本はそのなかに入っていない。そこで，本調査では自己形成のうえで，他者との社会的比較が始まる児童期中期である小学校中学年から高学年の年齢層を対象にし，先進国であることや国の教育制度の面である程度の共通性が見出され，なおかつ西洋文化・東洋文化の観点からなんらかのあらたな知見を生み出すと考えられる日本とアメリカの小学校を調査対象として選択した。同じ尺度を用いて構造比較することは，日本とアメリカの自己概念の特徴を共通性・相違性を通して分析したうえで，2国間の文化と自己形成の問題を検討できるという点で価値があるといえる。

(1) 調査概要

　本研究は，同じ自己概念尺度（自己記述質問票—SDQ-I）を用いて，日本とアメリカの自己概念の尺度の因子構造・信頼性・妥当性を検討することを目的とする。確認的因子分析をおこない，尺度の因子構造や日米のデータの等質性を検証したうえで，国別の性差・学年差などをみることにより，その相違性や類似点などを検証する。さらに，日米の自己概念の下位尺度得点を比較検討することにより，国際比較をおこなう。

●調査対象

　2003年9月より2004年9月にかけて，日本では首都圏及び北海道の公立小学校8校で，アメリカではシカゴ・ロサンゼルス地域の私立3校・公立2校の小学校にて質問紙調査をおこなった。調査対象は小学校3，4，5年生の児童，

有効回答数は合計1,357名であり，うち，日本1,049名（男子558名，女子491名），アメリカ308名（男子150名，女子158名）であった。学年別人数は，日本は3年生389名（男子194名，女子195名），4年生350名（男子195名，女子155名），5年生310名（男子169名，女子141名）となり，アメリカは3年生118名（男子61名，女子57名），4年生103名（男子57名，女子46名），5年生87名（男子32名，女子55名）で，平均年齢は9.47歳（$SD=0.97$歳）であった。

● **使用尺度**

マーシュ（Marsh, 1988）のSDQ-Iを用いた。SDQ は，前述したシャベルソンら（Shavelson, Hubner, & Stanton, 1976）の提唱した階層的・多次元的自己概念モデルの検証のための尺度として開発され，SDQ-Iは小学生用となっている。質問内容は学業的・非学業的自己概念とあわせて計8つの領域に分かれている。前回の調査では全72項目を使用したが，今回は類似問題，また極端に否定的な設問を削除し，40項目に改訂して実施した。この尺度は5択式（1が「まったくあてはまらない」2―「あまりあてはまらない」3―「どちらともいえない」4―「ややあてはまる」5―「とてもあてはまる」）で，項目は「国語」「算数」「教科全般」の達成度に関する学業的な自己概念（Academic Self-Concept）と，「身体的能力」「身体的外見」「友人との関係」「両親との関係」「一般的自己」に関する非学業的な自己概念（Non Academic Self-Concept）とに分かれている。この尺度の日本語版は，井上が翻訳をして実施し（Inoue, 2001；井上，2009），小学校高学年（4，5，6年）の児童に対しては妥当性・信頼性が確認されている。今回は，アメリカの同学年の児童にも同じ尺度を実施し，その因子構造や自己概念得点を比較するのを目的とする。

● **調査の手順・方式**

質問紙の趣旨・内容に関して事前に各小学校の校長，教員に説明をおこなったうえで，実施・回収を依頼した。調査結果は直接回収か郵送の形を取った。

（2）因子構造の検討・尺度の信頼性

まず，SDQ尺度の日本とアメリカのサンプルにおけるデータの等質性を検

証するため確認的因子分析をおこなった。最初に個別分析をおこない，8因子モデル（「身体的能力」「身体的外見」「友人との関係」「両親との関係」「一般的自己」「国語」「算数」「教科全般」）のモデル適合度をみると，日本の場合はGFI＝.962，AGFI＝.928，CFI＝.967，RMSEA＝.079となり，アメリカの場合はGFI＝.969，AGFI＝.941，CFI＝.990，RMSEA＝.037となって，日本がやや適合度が低いものの，日米ともあてはまりのよいモデルであることが示された。これによって，SDQ尺度の概念通りの因子負荷といえる8因子構造が十分許容できると判断できた。

　次に，因子的不変性を検討するため，日本とアメリカの2集団を対象として多母集団同時分析による確認的因子分析をおこなった。モデル1を配置不変モデル（等値制約なし），モデル2を因子負荷量を等価とするモデル，モデル3を因子負荷量と因子間のパスを等価とするモデルと仮定し，それぞれ分析した。適合度指標を表4-12に示したが，いずれのモデルにおいても適合度は良好となったため，さらに，情報量基準の1つとして有効であるAICの値を検討した。すると，モデル1は264.04，モデル2は350.27，モデル3は359.06となり，モデル1の配置不変モデルがよりデータとのあてはまりがよいことがわかった。これにより，因子負荷量や因子間のパスに等値制約を置いたモデルにおいても，配置不変モデルほどではないものの，良好な適合度が見出され，日本とアメリカにおけるデータの等質性が確保できたといえる。SDQ全40項目の因子負荷を表4-11に，因子間相関の結果を表4-12に示す。

● **尺度の信頼性（内的整合性の検討）**

　上記の因子分析をおこなったうえで，各因子ごとの合計得点を下位尺度得点，全項目の合計得点を平均化してSDQ尺度得点とした。各下位尺度の内的整合性をみるために国ごとに信頼性係数（クロンバックのα係数）を求めた（表4-13）。日本の場合は一般的自己（α＝.65）がやや低いが，その他の項目が.70以上となり，特に，国語（α＝.91），算数（α＝.92）などの学業的自己概念に関しては，α係数が.90を超えるなど，おおむね高い信頼係数が得られた。アメリカの場合は，学業的自己概念をはじめとし，身体的外見（α＝.81），友人との関係（α＝.84）など高い信頼係数を得ることができた。両親との関

表 4-11　SDQ の確認的因子分析結果（日米）

問題番号		日本	アメリカ
	〈身体的能力〉		
3	わたしは速く走ることができます	.69	.50
10	わたしはスポーツや試合を楽しむのが好きです	.71	.72.
17	わたしは力持ちです	.44	.53
24	わたしはスポーツが得意です	.90	.86
32	わたしはボールを投げるのが上手です	.67	.51
	〈身体的外見〉		
1	わたしは（かっこいい，またはかわいい）と思います	.68	.84
8	わたしは自分の顔つきがすきです	.74	.70
15	わたしは感じのよい顔をしています	.79	.78
30	わたしの鼻，目，髪の毛はかたちがよい方です	.71	.50
39	他の友だちはわたしを（かっこいい，またはかわいい）と思っています	.64	.63
	〈友人との関係〉		
7	わたしは友だちがたくさんいます	.60	.68
14	わたしは友だちがかんたんにできます	.65	.71
21	わたしは人に好かれる方だと思います	.59	.65
28	他の友だちはわたしに友だちになってほしいと思っています	.56	.74
37	たいていの友だちはわたしのことが好きです	.68	.77
	〈両親との関係〉		
5	お父さん，お母さんはわたしをわかってくれています	.71	.40
12	お父さん，お母さんはわたしのことを好きだと思います	.69	.42
19	わたしはお父さん，お母さんといっしょにたくさんの時間をすごします	.57	.76
26	お父さん，お母さんは話しやすいひとです	.58	.54
34	お父さん，お母さんとよくいっしょに遊びます	.54	.70
	〈一般的自己〉		
22	わたしは自分であることが好きです	.54	.66
29	わたしは人の役に立つようなことをよくしていると思います	.71	.53
36	わたしは他の人と同じくらいよいところがあると思います	.62	.60
38	わたしはたくさんじまんできるものを持っています（例：よい友だちがいる，計算が速い）	.57	.67
40	わたしは自分のしたいと思うことが他の人と同じようにじょうずにできます	.67	.61
	〈国語〉		
4	わたしは国語でよい成績をとります	.73	.67
11	わたしは国語が好きです	.78	.63
18	わたしは国語が得意です	.90	.70
25	国語はわたしにとって簡単な科目です	.84	.81
33	わたしは国語ののみこみが早いです	.84	.77
	〈算数〉		
6	算数の問題を解くことは，わたしにはかんたんなことです	.83	.81
13	わたしは算数でよい成績をとることができます	.85	.70
20	わたしは算数ののみこみが早い方です	.82	.75
27	わたしは算数が好きです	.79	.75
35	わたしは算数が得意です	.90	.88
	〈教科全般〉		
2	わたしは学校の科目はぜんぶ得意です	.76	.71
9	わたしは学校の科目ぜんぶが好きです	.62	.53
16	わたしの学校の科目はぜんぶよい成績です	.77	.76
23	わたしは学校の科目ぜんぶののみこみが早い方だと思います（例：覚えが早い）	.78	.79
31	学校の科目ぜんぶを勉強することは，わたしにとってかんたんです	.78	.81

表4-12 SDQの因子間相関および日米のモデル比較結果

因子間相関

日本

	I	II	III	IV	V	VI	VII	VIII
身体的能力	—							
身体的外見	.35	—						
友人との関係	.47	.62	—					
両親との関係	.27	.43	.47	—				
一般的自己	.50	.67	.69	.51	—			
国語	.27	.42	.45	.35	.47	—		
算数	.35	.31	.36	.28	.43	.33	—	
教科全般	.44	.49	.53	.37	.60	.69	.65	—

因子間相関

アメリカ

	I	II	III	IV	V	VI	VII	VIII
身体的能力	—							
身体的外見	.39	—						
友人との関係	.38	.57	—					
両親との関係	.34	.31	.46	—				
一般的自己	.47	.59	.67	.43	—			
国語	.16	.21	.33	.19	.26	—		
算数	.35	.30	.39	.24	.39	.35	—	
教科全般	.37	.43	.52	.31	.50	.39	.73	—

日米間のモデル比較結果

	GFI	AGFI	CFI	RMSEA	AIC
モデル1（等値制約なし）	.994	.989	.995	.043	264.04
モデル2（因子負荷量）	.992	.987	.993	.061	350.27
モデル3（因子負荷量・因子間パス）	.991	.986	.992	.068	359.06

係（$\alpha = .65$）と一般的自己（$\alpha = .62$）がやや低かったが，その他は.75以上を示した。よって日米とも尺度として内的整合性があり，十分な信頼性があると認められた。

表 4-13　SDQ における信頼性（日米）

	日本 α	アメリカ α
身体的能力	.81	.75
身体的外見	.83	.81
友人との関係	.75	.84
両親との関係	.76	.65
一般的自己	.66	.62
国語	.91	.82
算数	.92	.88
教科全般	.81	.80
全体	.79	.84

（3）日本の小学生の自己概念（性差・学年差）

　上記で信頼性，妥当性が確認されたSDQの40項目8因子の下位尺度得点について，日本とアメリカに分けて詳しくみていきたい。

　日本の小学校においては，公立小学校8校よりデータを収集した。うち，1校が北海道，1校が神奈川県にあり，ほか6校は東京都内にあった。性別は男子558名，女子491名となった。学年は，3年が389名，4年が350名，5年が310名で，合計1,049名であった。

　日本の性別・学年別の平均値・標準偏差を含む基礎統計量を表4-14に示した。性別と学年の主効果と交互作用をみるために，2×3の2要因分散分析をおこなった結果を表4-15に示した。

　各項目の結果は以下のとおりである。

表 4-14 SDQ 下位尺度得点の性別・年齢別平均・標準偏差（日本）

SDQ の下位尺度得点の性別・年齢別平均・標準偏差（日本）						
学年 性別 人数	（ ）内は標準偏差 全体 n=1049	男子 n=558	女子 n=491	3年 n=389	4年 n=350	5年 n=310
身体的能力	16.80(5.02)	18.15(4.91)	15.30(4.71)	17.66(4.96)	16.48(5.03)	16.04(4.94)
身体的外見	12.01(4.48)	11.70(4.40)	12.33(4.57)	12.86(4.67)	11.50(4.28)	11.51(4.30)
友人との関係	15.95(4.04)	15.86(4.09)	16.05(4.00)	16.78(4.01)	15.28(3.92)	15.67(4.05)
両親との関係	18.25(4.42)	17.91(4.50)	18.58(4.32)	19.01(4.73)	18.12(4.59)	17.43(4.44)
一般的自己	12.45(3.53)	12.46(3.48)	12.44(3.58)	13.06(3.50)	11.92(3.41)	12.30(3.59)
国語	14.27(5.49)	13.55(5.66)	15.08(5.21)	14.75(5.52)	14.18(5.59)	13.75(5.32)
算数	16.65(5.87)	17.74(5.90)	15.53(5.62)	17.01(5.83)	17.03(5.87)	15.77(3.86)
教科全般	13.48(4.63)	13.65(4.77)	13.34(4.45)	14.11(4.72)	13.40(4.57)	12.76(4.67)

学年 性別 人数	3年		4年		5年		
	男子 n=194	女子 n=195	男子 n=195	女子 n=155	男子 n=169	女子 n=141	最高(最低)値
身体的能力	19.01(4.99)	16.25(4.65)	18.19(4.75)	14.56(4.76)	17.04(4.94)	14.97(4.65)	25.0(5.0)
身体的外見	12.41(4.73)	13.22(4.61)	11.40(4.11)	11.69(4.55)	11.21(4.43)	11.68(4.00)	25.0(5.0)
友人との関係	16.08(4.03)	16.92(3.81)	15.54(3.88)	15.19(3.99)	15.34(4.39)	15.95(3.72)	25.0(5.0)
両親との関係	17.96(4.19)	19.77(3.77)	18.35(4.63)	17.74(4.65)	17.21(4.42)	17.38(4.42)	25.0(5.0)
一般的自己	13.05(3.41)	13.07(3.60)	12.09(3.36)	11.71(3.47)	12.22(3.63)	12.39(3.55)	25.0(5.0)
国語	13.82(5.88)	15.74(4.97)	14.02(5.75)	14.35(5.36)	12.35(5.12)	14.75(5.27)	25.0(5.0)
算数	18.45(5.95)	15.75(5.33)	18.54(5.67)	15.48(5.83)	16.43(5.85)	14.76(5.74)	25.0(5.0)
教科全般	14.25(4.76)	14.03(4.39)	14.28(4.51)	12.78(4.44)	12.25(4.87)	13.05(4.59)	25.0(5.0)

表 4-15 日本の SDQ 各項目の多重分散分析の結果（性差・学年差・交互作用）

日本の SDQ 各項目の多重分散分析の結果（性差・学年差・交互作用）					
日本	性別 F		学年 F	多重比較	交互作用 F
身体的能力	77.18***	男＞女	9.24***	3年＞4年, 3年＞5年	1.35
身体的外見	1.28		8.67***	3年＞4年, 3年＞5年	1.09
友人との関係	.34		10.66***	3年＞4年, 3年＞5年	.908
両親との関係	2.84		10.16***	3年＞4年, 3年＞5年	5.56**
一般的自己	.28		8.72***	3年＞4年, 3年＞5年	.79
国語	14.07***	女＞男	3.32*	3年＞5年	3.37*
算数	38.52***	男＞女	5.71**	3年＞5年, 4年＞5年	1.40
教科全般	.90		6.44**	3年＞4年, 3年＞5年	3.64*

*p＜.05, **p＜.01, ***p＜.001

1. 身体的能力

　男女間において，有意な差がみられた（$F(1,890)=77.18, p<.001$）。3，4，5年生とすべての学年において，男子の値が女子の値よりも高かった。8項目中，最も男女の平均値の差が大きかった（男子=18.15；女子=15.30）。学年差においては，3年（17.66），4年（16.48），5年（16.04）と学年が上がるにつれて，自己概念の値は低下していた。HSD法による多重比較をおこなうと，3年生と4年生の間（$t=3.16; p<.01$），また3年生と5年生の間（$t=4.19; p<.001$）に有意な差がみられたが，4年生と5年生の間には有意差はなかった。学年と性別の間に交互作用はなかった。

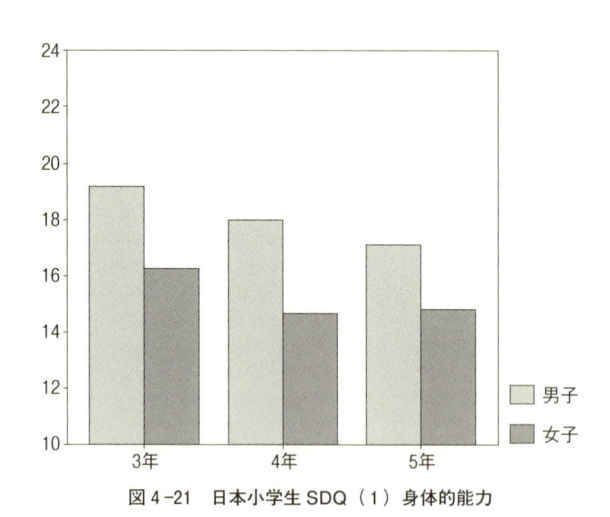

図4-21　日本小学生 SDQ（1）身体的能力

2. 身体的外見

　他の項目に比べると，平均値が大幅に低い。男女の有意な差はなかった。3，4，5年生すべての学年において，女子の値が男子の値よりも高かった。学年差においては，3年（12.86），4年（11.50），5年（11.51）となっており，学年が上がるにつれて，自己概念の値は低下した。3年と4年の間（$t=4.07; p<.001$），また3年と5年の間（$t=3.84; p<.001$）に有意な差がみられたが，4年生と5年生の間には有意差はなかった。学年と性別の間に交互作用はなかった。

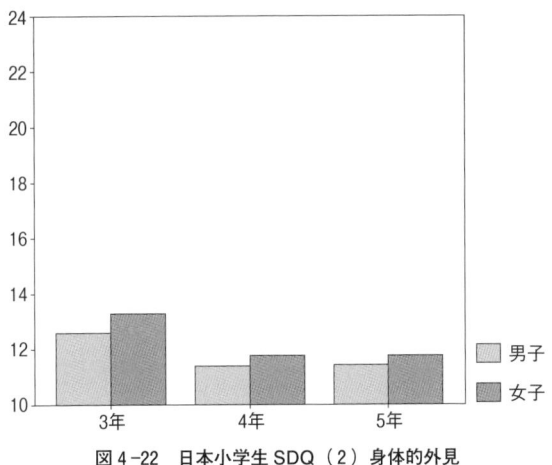

図4-22　日本小学生 SDQ（2）身体的外見

3．友人との関係

　男女の有意な差はなかった。3年生と5年生は女子の値が高く，4年生は男子が高いが，その差はそれぞれわずかである。学年による有意な差がみられた。学年差においては，3年（16.78），4年（15.28），5年（15.67）となっており，3年と4年の間（$t=5.05$；$p<.001$），また3年と5年の間（$t=3.54$：$p<.001$）に有意差がみられたが，4年生と5年生の間には有意差はなかっ

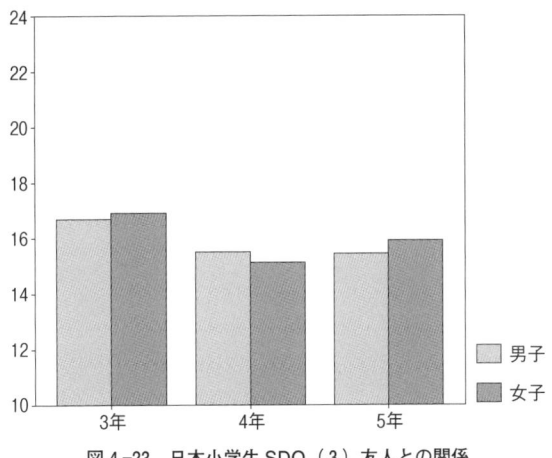

図4-23　日本小学生 SDQ（3）友人との関係

4．両親との関係

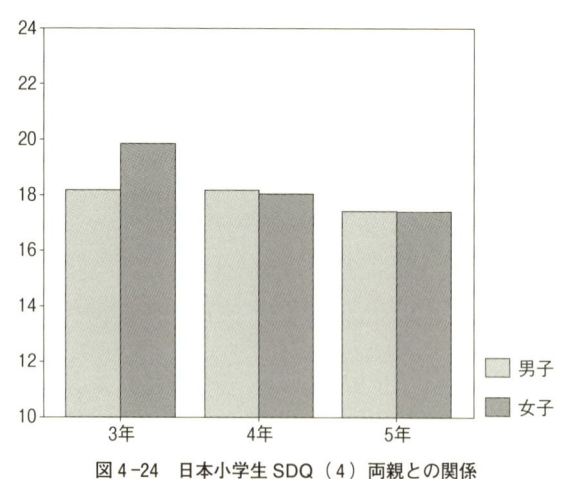

　男女の有意な差はなかった。3年生は女子の値が高いが，4，5年と男女ほぼ同じ値である。学年による有意な差がみられた。学年差においては，3年（19.01），4年（18.12），5年（17.43）となっており，3年と4年の間（$t=2.72；p<.01$），また3年と5年の間（$t=4.69；p<.001$）に有意な差がみられたが，4年生と5年生の間には有意差はなかった。全体として，ゆるやかに平均値が学年が上がるごとに低下しているが，全体として有意な差はなかった。学年と性別の間に交互作用がみられた（$F(2, 890)=5.56, p<.01$）。これは，3年生は女子が高いが4，5年生になるとほぼ同じ値になることを示している。

図4-24　日本小学生SDQ（4）両親との関係

5．一般的自己

　男女の有意な差はなかった。4年生は女子の値が低く，3年と5年は男女ほぼ同じような値である。学年による有意な差がみられた。学年差においては，3年（16.53），4年（15.14），5年（15.69）となっており，4年が一番低かった。3年と4年の間（$t=4.37；p<.001$），また3年と5年の間（$t=2.59；p$

<.01)に有意な差がみられたが，4年生と5年生の間には有意差はなかった。学年と性別の間に交互作用はなかった。

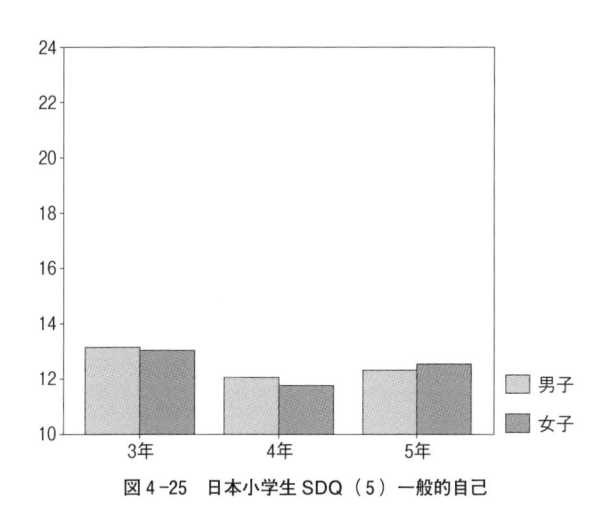

図 4-25　日本小学生 SDQ（5）一般的自己

6．国　語

男女間において，有意な差がみられた（$F(1, 890) = 14.07$, $p < .001$）。3，4，5年生とすべての学年において，女子の値が男子の値よりも高かった。学

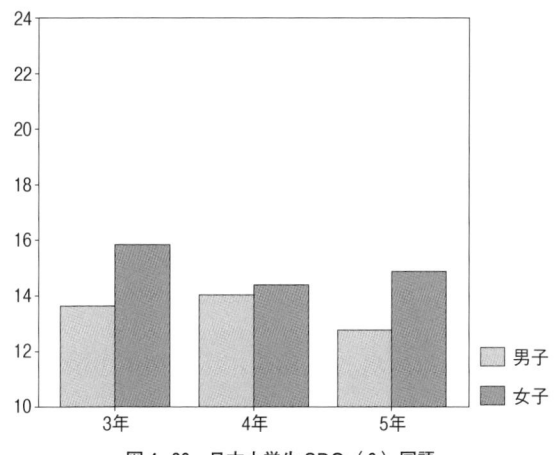

図 4-26　日本小学生 SDQ（6）国語

年による有意な差がみられた。学年差においては，3年（14.75），4年（14.18），5年（13.75）と学年が上がるにつれて，自己概念の値は低下していた。3年生と5年生の間（$t=2.14 ; p<.01$）に有意な差がみられたが，3年生と4年生の間及び4年生と5年生の間には有意差はなかった。学年と性別の間に交互作用がみられた（$F(2,890)=3.37, p<.05$）。

7. 算　数

男女間において，有意な差がみられた（$F(1,890)=38.52, p<.001$）。8項目中，「身体的能力」に次いで，男女の平均値の差が大きかった（男子＝17.74；女子＝15.53）。3，4，5年生とすべての学年において，男子の値が女子の値よりも高かった。学年差に関しては，3年（17.01），4年（17.03），5年（15.77）となり，5年生が一番低い値を示した。4年生と5年生の間（$t=2.73 ; p<.01$），3年生と5年生の間（$t=2.75 ; p<.01$）に有意な差がみられたが，3年生と4年生の間には有意差はなかった。学年と性別の間に交互作用はなかった。

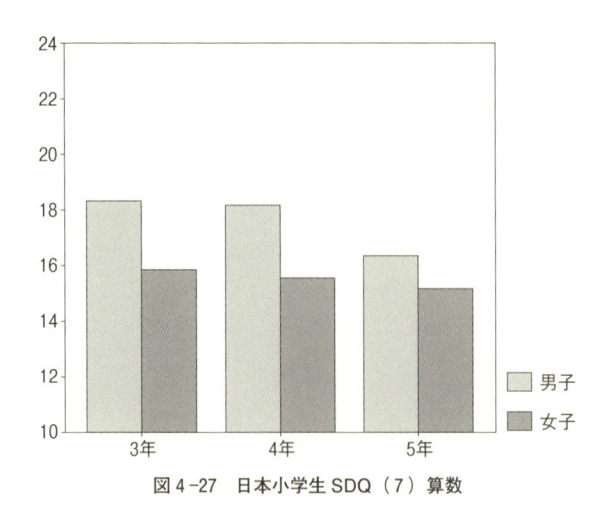

図4-27　日本小学生SDQ（7）算数

8．教科全般

男女の有意な差はなかった。3年生と4年生は男子の値が高く，5年生は女子が高いが，その差はそれぞれわずかである。学年による有意な差がみられた。学年差においては，3年（14.11），4年（13.40），5年（12.76）となっており，3年と4年の間（$t=2.08；p<.05$），また3年と5年の間（$t=2.75：p<.01$）に有意な差がみられたが，4年生と5年生の間には有意差はなかった。学年と性別の間に交互作用がみられた（$F(2,890)=3.64, p<.05$）。これは，自己概念の値の動きが学年によってわずかに下降してはいるものの，性別による差(特に女子)が出ていることを示す。特に，3，4年生は男子が高いのに，5年生になると女子が高くなる。

以上の結果をまとめると，性別の主効果は身体的能力（$F(1,890)=77.18, p<.001$），と算数（$F(1,890)=38.52, p<.001$），国語（$F(1,890)=14.07, p<.001$）においてみられ，身体的能力と算数は男子の値が女子よりも高く，国語においては，女子が高い得点を示した。

学年の主効果はすべての項目にみられた。国語（$F(2,890)=3.32, p<.05$）が0.5％水準で学年による有意な差があり，それ以外の7項目（身体的能力，身体的外見，友人との関係，両親との関係，一般的自己，算数，教科全般）に関しては，0.1％水準で学年の主効果がみられた。下位尺度得点をみると，3，

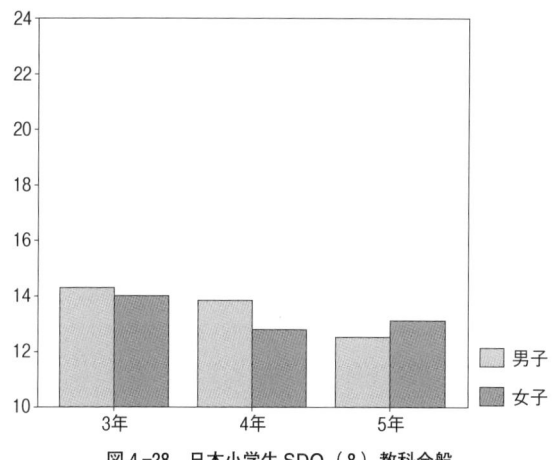

図4-28　日本小学生 SDQ（8）教科全般

4，5年と学年が上がるにつれて低下する傾向にあった。TukeyのHSD法による多重比較をおこなうと，3年と4年の間で学業的自己概念（国語，算数，教科全般）以外の5項目で有意な差がみられ，3年と5年との間ではすべての項目において有意な差がみられた。4年と5年の間では，算数に有意な差がみられた。このことから，算数は3・4年と5年の間に差があるが，他の7項目は，4年と5年の間の差は有意ではなく，3年と4・5年の値の間に有意な差があると考えられる。

性別と学年の交互作用に関しては，両親との関係（$F(2, 890) = 5.56$, $p<.01$）と国語（$F(2, 890) = 3.37$, $p<.05$），教科全般（$F(2, 890) = 3.64$, $p<.05$）においてみられた。両親との関係は，3年は女子が高く，4年は男子が高くなり，5年はほぼ同じくらいの値であった。国語は，全学年を通して女子の値が高いなかで，4年は女子の値が低く，男子の値が高くなっており，3年—4年という学年と性別の間に関連がみられたといえる。教科全般に関しては，3，4年は男子の値が高く，5年になると女子の値が高くなっており，4年の女子の値が男子に比べて有意に低いのが目立った。値をみると，4年—5年という学年と性別の間に関連がみられたと考えられる。

（4）アメリカの小学生の自己概念（性差・学年差・人種の差）

アメリカの小学校においては，私立3校，公立2校の合計5校よりデータを収集した。そのうち，私立3校中2校はシカゴ地域にあるカトリック系の小学校，1校はロサンゼルス地域にある大学付属の小学校であった。公立の小学校2校はロサンゼルス郊外にあった。性別は男子150名，女158名，計308名となった。学年は，3年生が118名，4年が103名，5年が87名であった。

また，人種別の内訳は以下のとおりであった。白人が42.7％で，メキシコ系アメリカ人やラテン系アメリカ人が29.6％，アジア系アメリカ人が9.6％，アフリカ系アメリカ人が3.8％となっていた。だがこれは，全体としての割合であり，学校別にみると人種の割合に大きな違いがあった。

無回答を除いた，学校別の人種の内訳は表4-16になった。シカゴ地域の1，2番は白人が87.1％，93.9％と大多数を占める典型的な白人社会の地域の学校であることがわかる。それに対して，3番の学校は，学校の方針によりロサン

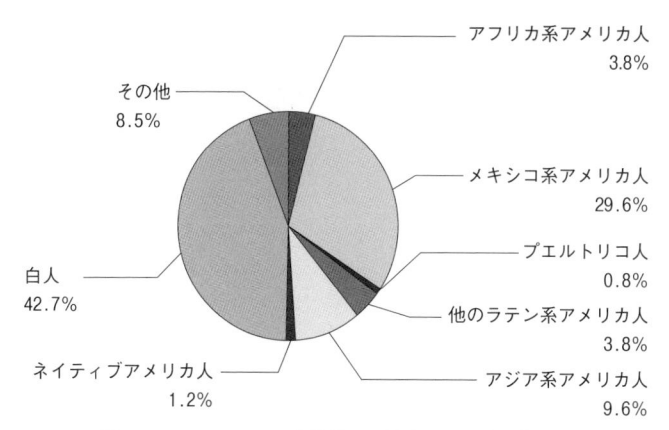

図4-29　アメリカの小学校　人種別の割合（円グラフ）

表4-16　アメリカの小学校　学校別の人種内訳

		学校番号					
		1	2	3	4	5	Total
人種	1．アフリカ系アメリカ人	1 1.4%		3 7.3%	4 4.5%	2 7.4%	10 3.8%
	2．メキシコ系アメリカ人	1 1.4%		6 14.6%	55 61.8%	15 55.6%	77 29.6%
	3．プエルトリコ人				1 1.1%	1 3.7%	2 .8%
	4．他のラテン系アメリカ人			7 17.1%	2 2.2%	1 3.7%	10 3.8%
	5．アジア系アメリカ人	1 1.4%	2 6.1%	5 12.2%	16 18.0%	1 3.7%	25 9.6%
	6．ネイティブアメリカ人	1 1.4%		1 2.4%	1 1.1%		3 1.2%
	7．白人	61 87.1%	31 93.9%	13 31.7%	3 3.4%	3 11.1%	111 42.7%
	9．その他	5 7.1%		6 14.6%	7 7.9%	4 14.8%	22 8.5%
Total		70 100.0%	33 100.0%	41 100.0%	89 100.0%	27 100.0%	260 100.0%

ゼルスの人口統計的な人種割合をそのまま表した人種構成になっており，白人（31.7％）をはじめとし，メキシコ系アメリカ人やラテンアメリカ人，アジア系アメリカ人，アフリカ系アメリカ人がそれぞれ10％前後の割合で少しずつ混

表 4-17 SDQ 下位尺度得点の性別・年齢別平均・標準偏差（アメリカ）

学年	（ ）内は標準偏差			3 年	4 年	5 年
性別	全体	男子	女子			
人数	n=308	n=150	n=158	n=118	n=103	n=87
身体的能力	20.43 (3.92)	21.21 (3.30)	19.66 (4.30)	21.04 (2.94)	19.55 (4.66)	20.58 (4.03)
身体的外見	19.37 (4.13)	19.08 (4.12)	19.61 (4.14)	19.61 (4.11)	19.43 (3.99)	18.99 (4.33)
友人との関係	19.81 (4.45)	19.76 (4.55)	19.87 (4.38)	20.07 (4.50)	19.70 (4.20)	19.59 (4.68)
両親との関係	22.40 (2.80)	22.58 (2.53)	22.21 (3.02)	22.43 (2.95)	22.21 (2.67)	22.57 (2.74)
一般的自己	16.80 (2.59)	16.84 (2.46)	16.77 (2.70)	17.07 (2.36)	16.59 (2.74)	16.70 (2.69)
国語	20.62 (3.80)	20.16 (3.85)	21.01 (3.73)	20.84 (4.16)	19.84 (3.54)	21.19 (3.47)
算数	19.81 (4.92)	20.55 (4.21)	19.09 (5.41)	20.25 (4.75)	19.60 (4.97)	19.46 (5.10)
教科全般	18.29 (4.41)	18.30 (4.16)	18.24 (4.61)	18.80 (4.55)	17.58 (4.29)	18.41 (4.29)

学年	3 年		4 年		5 年		
性別	男子	女子	男子	女子	男子	女子	
人数	n=61	n=57	n=57	n=46	n=32	n=55	最高(最低)値
身体的能力	21.34 (2.73)	20.80 (2.92)	20.97 (3.63)	18.47 (4.92)	22.17 (3.13)	19.60 (4.18)	25.0 (5.0)
身体的外見	18.88 (4.34)	20.87 (3.68)	19.39 (3.72)	20.25 (3.67)	19.71 (4.05)	18.66 (4.64)	25.0 (5.0)
友人との関係	20.10 (4.44)	20.18 (4.57)	20.34 (3.89)	20.44 (3.36)	19.54 (5.12)	19.45 (4.88)	25.0 (5.0)
両親との関係	22.27 (3.07)	22.38 (3.29)	22.42 (2.41)	22.00 (3.11)	23.29 (2.40)	22.13 (2.83)	25.0 (5.0)
一般的自己	16.87 (2.36)	17.26 (2.37)	16.80 (2.56)	16.35 (2.94)	16.86 (2.55)	16.62 (2.79)	25.0 (5.0)
国語	20.17 (4.25)	21.04 (4.29)	19.47 (3.06)	21.03 (3.26)	21.58 (3.76)	21.28 (3.48)	25.0 (5.0)
算数	20.83 (3.96)	20.40 (4.96)	21.32 (3.49)	18.14 (5.58)	20.96 (4.15)	18.94 (5.59)	25.0 (5.0)
教科全般	18.68 (4.67)	19.36 (4.45)	18.21 (3.09)	17.33 (5.13)	19.46 (3.85)	18.21 (4.42)	25.0 (5.0)

表 4-18 アメリカの SDQ 各項目の多重分散分析の結果（性差・学年差・交互作用）

アメリカの SDQ 各項目の多重分散分析の結果（性差・学年差・交互作用）

アメリカ	性別 F		学年 F	多重比較	交互作用 F
身体的能力	15.76***	男＞女	4.15*	3 年＞4 年	2.06
身体的外見	1.01		.54		2.99
友人との関係	.002		.51		.08
両親との関係	2.66		.48		1.36
一般的自己	.05		.33		1.00
国語	2.12		1.58		.67
算数	8.48**	男＞女	1.06		1.89
教科全般	.51		2.65		.89

*$p<.05$, **$p<.01$, ***$p<.001$

在しているような構成になっている。さらに，4，5番の学校はロサンゼルス郊外のメキシコ系アメリカ人が多く住む地域のため，メキシコ系アメリカ人が61.8%，55.6%と半数以上を占めている構成になっている。このように，学校によって，人種割合が大きく異なるのを考慮に入れて，データをみていきたい。

アメリカの性別・学年別の平均値・標準偏差を含む基礎統計量を表4-17に示した。性別と学年の主効果と交互作用をみるために，2×3の2要因分散分析をおこなった結果を表4-18に示した。

各項目の結果は以下のとおりである。

1．身体的能力

男女間において，有意な差がみられた（$F(1, 238) = 15.76$，$p<.001$）。3，4，5年生とすべての学年において，男子の値が女子の値よりも高かった。8項目中，最も男女の平均値の差が大きかった（男子 = 21.21；女子 = 19.66）。学年による有意な差に関しては，3年生と4年生の間（$t=2.79$；$p<.01$）に有意な差がみられたが，4年生と5年生の間，また3年生と5年生の間には有意差はなかった。学年と性別の間に交互作用はなかった。

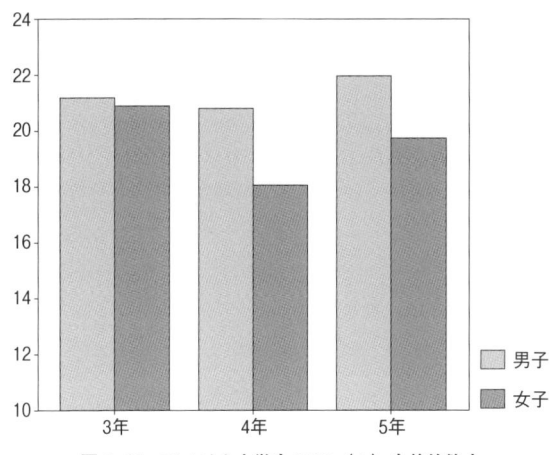

図4-30　アメリカ小学生SDQ（1）身体的能力

2．身体的外見

男女の有意な差はなかった。3，4年は女子の値が高く，5年は男子の値が高かったが，差は有意ではなかった。学年差においては，3年（19.61），4年（19.43），5年（18.99）となり，わずかではあるが年齢とともに下降しているが，学年による有意差はみられなかった。学年と性別の間に交互作用はなかった。

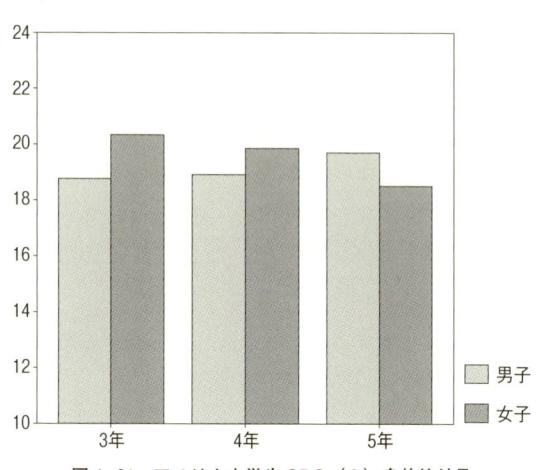

図4-31 アメリカ小学生 SDQ（2）身体的外見

3．友人との関係

男女の有意な差はなかった。グラフをみるとわかるとおり，各学年とも，男女の値はほぼ同じくらいである。学年による有意差はみられなかった。学年と性別の間に交互作用はなかった。

4．両親との関係

男女の有意な差はなかった。グラフをみるとわかるとおり，各学年とも，男女の値はほぼ同じくらいであるが，5年のみ男子がわずかに高い値を示している。学年差においては，3年（22.43），4年（22.21），5年（22.57）となっており，5年生が一番高かったが，学年による有意差はみられなかった。学年と性別の間に交互作用はなかった。

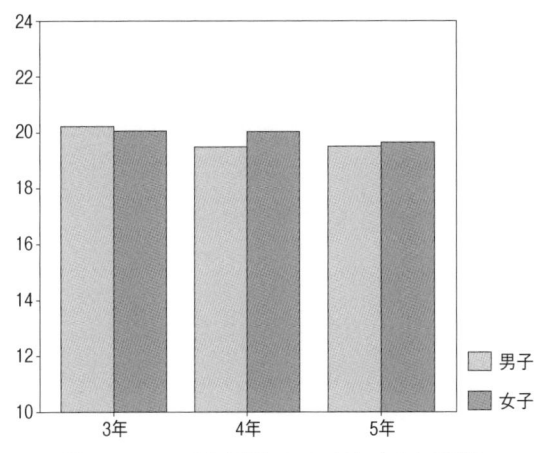

図4-32　アメリカ小学生 SDQ（3）友人との関係

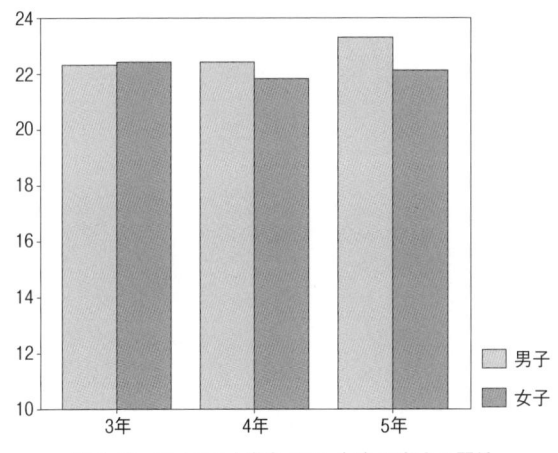

図4-33　アメリカ小学生 SDQ（4）両親との関係

5．一般的自己

　男女の有意な差はなかった。グラフをみるとおり，各学年とも，男女の値はほぼ同じくらいである。学年差においては，3年（17.07），4年（16.59），5年（16.70）となっており，学年による有意差はみられなかった。学年と性別の間に交互作用はなかった。

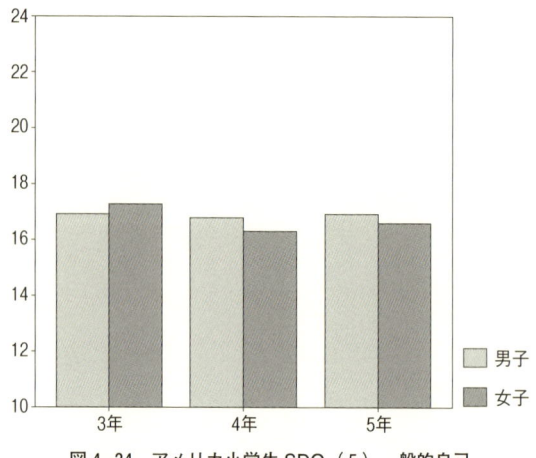

図4-34　アメリカ小学生 SDQ（5）一般的自己

6．国　　語

　男女の有意な差はなかった。3年と4年は女子の値が高いが，5年はほぼ同じで男子がわずかに高いが，統計的に有意な差ではなかった。学年差においては，3年（20.84），4年（19.84），5年（21.19）となっており，学年による有意差はみられなかった。学年と性別の間に交互作用はなかった。

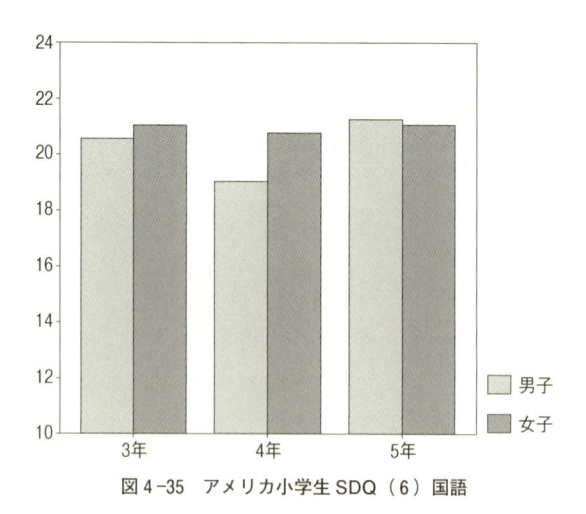

図4-35　アメリカ小学生 SDQ（6）国語

7. 算　数

性別による有意な差がみられた（$F(1,238)=8.48$, $p<.001$）。各学年とも，男子の値が女子の値よりも高い。学年差においては，3年（20.25），4年（19.60），5年（19.46）となっており，学年による有意差はみられなかった。学年と性別の間に交互作用はなかった。

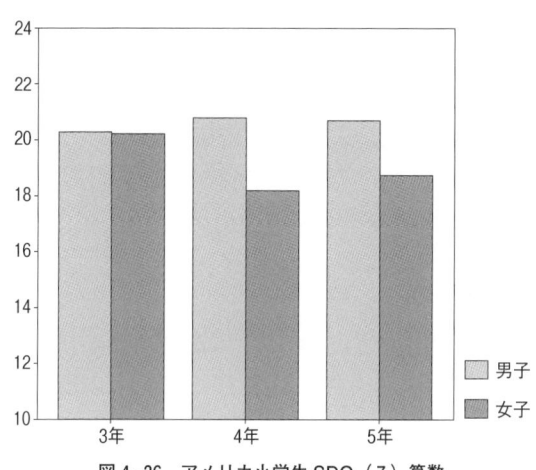

図4-36　アメリカ小学生SDQ（7）算数

8. 教科全般

男女の有意な差はなかった。3年は女子の値が高く，4，5年は男子が高いが，その差はわずかである。学年差においては，3年（18.80），4年（17.58），5年（18.41）となっており，学年による有意差はみられなかった。学年と性別の間に交互作用はなかった。

以上の結果をまとめると，性別の主効果は身体的能力（$F(1,238)=15.76$, $p<.001$）と算数（$F(1,238)=8.48$, $p<.001$）においてみられ，男子の得点が女子よりも有意に高かった。学年の主効果に関しては，身体的能力（$F(2,238)=4.15$, $p<.05$）においてみられた。TukeyのHSD法による多重比較をおこなうと，3年と4年の間で有意な差がみられ，3年生の得点が4年生よりも高かった。

学年と性別の間の交互作用は，8つのどの項目にもみられなかった。

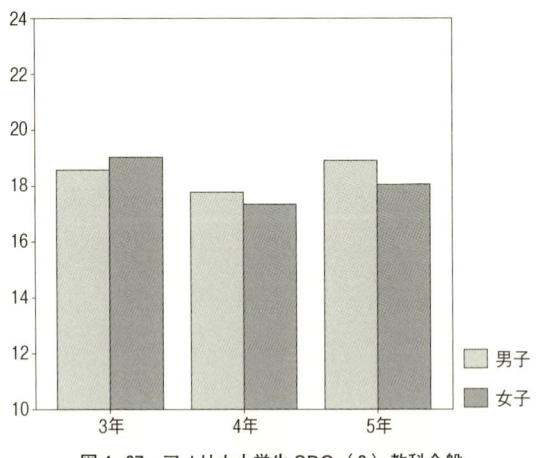

図4-37 アメリカ小学生 SDQ（8）教科全般

● **人種の違いについて**

　今回のアメリカのサンプルの人種は，主な内訳として，白人42.7%，メキシコ系アメリカ人29.6%，アジア系9.6%となっていた。人種の主効果があるかをMANOVAによって分析したところ，人種による有意な差はみられなかった。

　さらに，9つに分けた人種の中から，大人数であったグループをとりあげて比較した。白人とメキシコ系アメリカ人とを比較したところ，「算数」のみメキシコ系アメリカ人が有意に高かった（$t=5.55 ; p<.05$）。白人とアジア系アメリカ人との比較では，「友人との関係」（$t=4.02 ; p<.05$）「国語」（$t=7.96 ; p<.01$）「算数」（$t=4.89 ; p<.05$）の項目において，アジア系アメリカ人が有意に高いスコアを出した。これらの結果は，過去の研究からみられる，白人の方が，アジア系アメリカ人やラテン系アメリカ人よりも高い自己概念をもつ傾向があるという仮説（Hisiki, 1969 ; Evans & Anderson, 1973）を支持するものではなかった。だがこの結果も，白人の人数が多いだけでなく，標準偏差も他の人種に比べて高いことから，（自己概念の高い児童，低い児童など）いろいろな児童がいるというちらばりがみられるので，平均値が割れたと考えると一概にはいえないであろう。また，メキシコ系アメリカ人とアジア系アメリカ人を比較してみると，非学業的自己概念の因子についてはメキシコ系アメリカ人が高く，学業的自己概念の因子については，総じてアジア系アメリカ人の値

が高かったが，統計的に有意な差はどの因子にもみられなかった．

● アメリカ居住年数と自己概念

アメリカに居住している年数によって，自己概念の値に違いがあるのかをみるために，t 検定をおこなった．年数は，1年目から9年目までであった．結果は，居住年数による有意な差があった因子は一つもなく，「アメリカの居住年数が長い者ほど，自己概念が高いのではないか？」という予想に反して，自己概念の値には差がみられなかった．

(5) 国別の比較

国による差異を検討するために，日本とアメリカの8つの下位尺度得点について，国と性別と学年の2×2×3の3要因分散分析をおこなった（表4-19）。

表4-19 日米のSDQ下位尺度の3要因分散分析（国×性別×学年）

	国		性別		学年	多重比較
	F		F		F	
身体的能力	11.40***	アメリカ＞日本	50.14***	男＞女	6.09**	3年＞4年，3年＞5年
身体的外見	25.01***	アメリカ＞日本	1.85		3.70*	3年＞4年，3年＞5年
友人との関係	13.96***	アメリカ＞日本	.05		3.47*	3年＞4年，3年＞5年
両親との関係	15.010***	アメリカ＞日本	.05		1.66	
一般的自己	47.48***	アメリカ＞日本	.51		5.03**	3年＞4年，3年＞5年
国語	18.5***	アメリカ＞日本	7.62**	女＞男	.35	
算数	8.36***	アメリカ＞日本	26.69***	男＞女	2.74	
教科全般	2.25***	アメリカ＞日本	.29		4.48*	3年＞4年，3年＞5年

*$p<.05$, **$p<.01$, ***$p<.001$

	国×性別	国×学年	性別×学年	国×性別×学年
	F	F	F	F
身体的能力	1.82	2.50	1.50	1.28
身体的外見	.09	.82	2.61	1.94
友人との関係	.10	1.74	.02	.49
両親との関係	3.45	3.61*	3.10	.62
一般的自己	.02	.82	.65	.30
国語	.81	2.53	.31	2.00
算数	.54	1.10	1.83	1.00
教科全般	.03	2.17	1.28	1.60

国の主効果が全8項目において現れた。アメリカの方がすべての項目において高い値を出しており、二国間に有意な差がみられた。性別の主効果は、身体的能力 ($F(1,1128) = 50.14$, $p<.001$) と国語 ($F(1,1128) = 7.62$, $p<.01$)、算数 ($F(1,1128) = 26.69$, $p<.001$) にみられた。日米を通して、身体的能力と算数は男子の得点が高く、国語は女子の得点が高い。学年の主効果は身体的能力 ($F(2,1128) = 6.09$, $p<.01$)、身体的外見 ($F(2,1128) = 3.70$, $p<.05$)、友人との関係 ($F(2,1128) = 3.47$, $p<.05$)、一般的自己 ($F(2,1128) = 5.03$, $p<.01$)、教科全般 ($F(2,1128) = 4.48$, $p<.05$) においてみられた。いずれも、3年と4年、3年と5年の間に有意な差がみられ、3年の得点が高く、4年と5年の間には有意な差はなかった。

国と学年の交互作用については、両親との関係 ($F(2,1128) = 3.61$, $p<.05$) のみみられた。日本の得点は、学年が上がるにつれて低下するのに対し、アメリカの得点は学年が上がるにつれて上昇するという逆の傾向がみられ、これが交互作用につながったものと思われる。

国と性別の交互作用、学年と性別の交互作用、また国と学年と性別の交互作用についてはいずれの項目にもみられなかった。

日本とアメリカのSDQ尺度の各項目の値の棒グラフを図4-38〜48に示す。

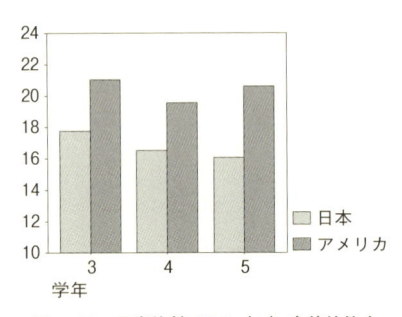

図4-38 日米比較 SDQ (1) 身体的能力

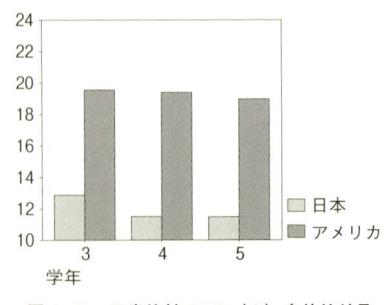

図4-39 日米比較 SDQ (2) 身体的外見

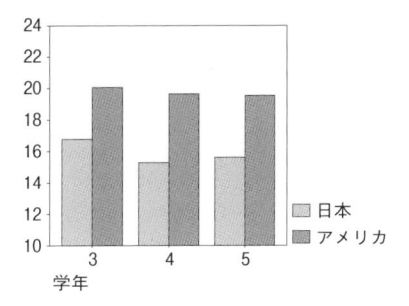

2 日米の小学生の自己概念研究　151

図4-40　日米比較SDQ（3）友人との関係

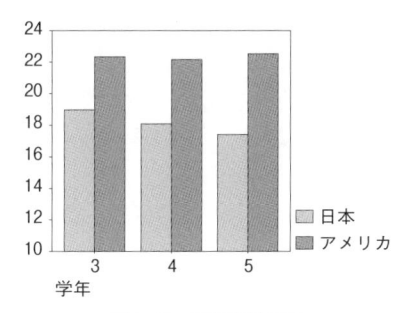

図4-41　日米比較SDQ（4）両親との関係

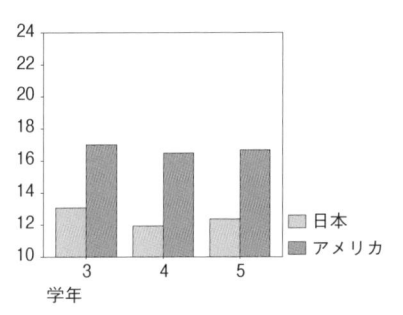

図4-42　日米比較SDQ（5）一般的自己

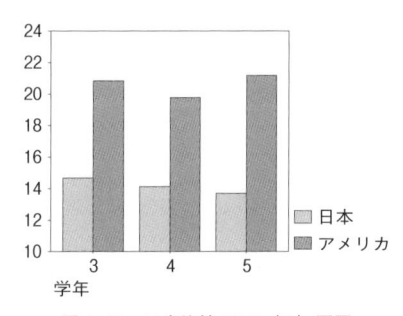

図4-43　日米比較SDQ（6）国語

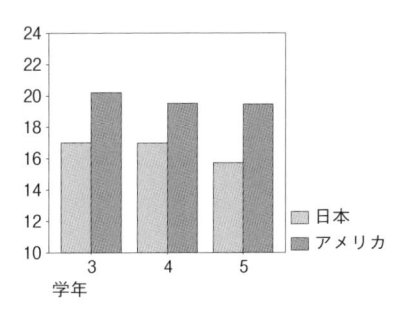

図4-44　日米比較SDQ（7）算数

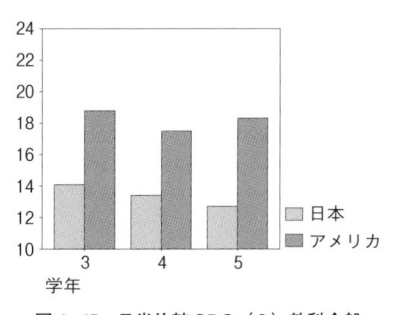

図4-45　日米比較SDQ（8）教科全般

152　第4章　児童期の自己概念

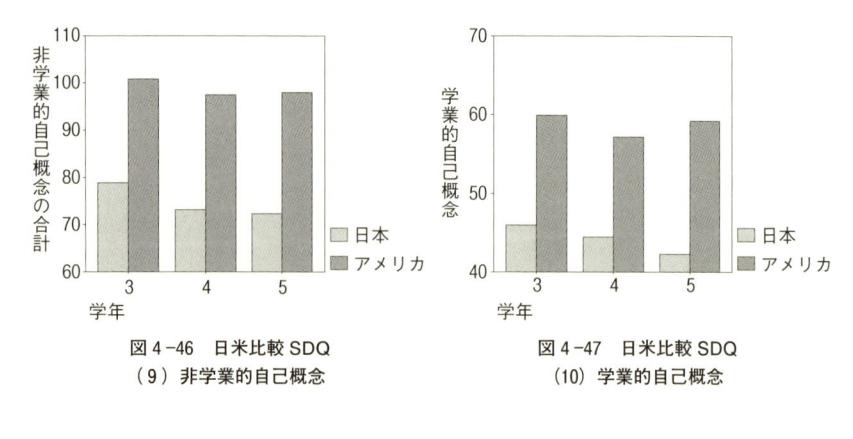

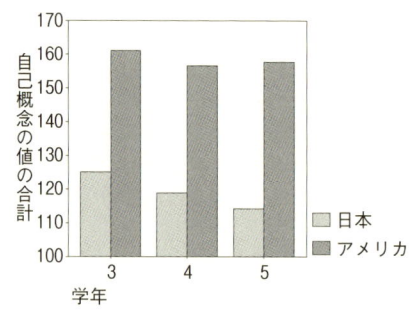

図4-46　日米比較 SDQ（9）非学業的自己概念

図4-47　日米比較 SDQ（10）学業的自己概念

図4-48　日米比較 SDQ（11）合計

（6）考察：日米の自己概念について

　本研究では，確認的因子分析を用いて，自己概念尺度の妥当性・信頼性を検証することを目的とした。結果として，日本・アメリカ両国とも高いモデル適合度を示し，SDQ の8因子構造は，日米の両母集団に共通して許容可能であることがわかった。さらに，多母集団同時分析を用いて，日本とアメリカという異なる母集団間で測定された構成概念同士が同質であることを確認したうえで，各国の下位尺度の比較検討をおこなった。それによって，下位尺度得点の国別の差や日米を通しての性差の傾向性を見出すことができた。多母集団同時分析によって日米の SDQ の等質性を証明したうえでの比較検討のため，より正確な日米比較をおこなうことができ，自己概念の尺度構成の分野に新しい知見を提供することができたといえる。信頼性についても，一般的自己が日米と

もにやや低かったものの,おおむね高いα係数を得ることができ,尺度の妥当性・信頼性が証明されたといえる。

　日本の自己概念について,身体的能力と算数は男子が高く,国語においては女子が高い得点を示した。また,学年の主効果が全項目においてみられたが,なかでも3年と4・5年の間の差が大きいことがわかり,自己概念形成において,3年生と4年の間が一つの区切りの年齢であると考えられる。これは,社会的比較（Festinger, 1954）の始まるちょうど児童期中期,10歳前後という年齢とも一致するため,自己概念形成において,他者との比較が自己概念に影響を与えることを示唆するものといえ,先行研究とも一致している。
　アメリカの自己概念は,日本と同じように身体的能力と算数において男子が高い得点を示したが,男女差自体は日本よりも少なかった。また先行研究と異なり,学年の主効果は身体的能力以外にみられず,自己概念得点は学年の影響をあまり受けないことがわかった。また,日本と比較した場合に,国と学年の交互作用が両親との関係にみられ,日本が学年が上がるにつれて下位尺度得点が下がるのに対し,アメリカの場合は上がるという傾向がみられた。人種に関して,白人,メキシコ系アメリカ人,アジア系アメリカ人,アフリカ系アメリカ人などの人種によって自己概念の値に差があるかを多重分散分析で検定したところ,有意な差はみられなかった。この結果は,メキシコ系アメリカ人とアングロサクソン系アメリカ人の自己概念を比較した際の研究結果（Larned & Muller, 1979）と一致している。彼らの研究では,学年による自己概念の変動はあるものの,その値には2つのグループ間に差はみられなかった。
　これらの結果をふまえると,自己概念形成において,アメリカの場合は年齢や人種以外にも影響をもつ要因の存在が示唆されると考えられるので,それらについて検討していきたい。第一に,親の学歴や職業,収入などの要因を含む社会経済的地位というものがあり,これはアメリカの方が日本よりも格差が大きいといえるだろう。ハティ（Hattie, 1992）は両親の職業を中心とした高い社会経済的地位が子どもの自己概念に関連すると指摘している。第二に,家庭環境という問題があり,家族構成（出生順,兄弟の有無,両親の有無など）や親子関係の安定性,家庭内でおこなう教育的活動,賞罰のルールなどの要因が

考えられる。ソンとハティの研究（Song & Hattie, 1984）では，両親の子どもへの評価，興味，期待が自己概念の形成に影響を与えるという観点も指摘されており，両親の生育態度や性格は重要な要素といえる。第三に，子どもが多くの時間を過ごす学校という教育環境がある。学校生活が自己概念に与える影響については，教員の児童生徒に対する働きかけや教育態度はもちろん，授業でおこなう課題の種類や難易度，クラス人数，学級の構成（複式学級か単学年学級か），また学級の雰囲気（協力的か競争的か）なども自己概念に影響すると考えられよう。第四に個人の性格上の資質という観点があるが，これについては望ましい側面（desirable aspect）が高い自己概念に関連するといわれている（Hattie, 1992）。具体的には向社会的な傾向や協力的・積極的な態度，自立的な姿勢があげられ，子どもの能力という観点からみると高いコミュニケーション能力やスタディスキルと自己概念との間に正の相関が示されている（Watkins & Hattie, 1985, 1990）。上記のさまざまな要因にも着目することで，それらがどのように自己概念の形成に関連しているのかを検討することも今後の課題として必要といえよう。

　日本・アメリカ両国を通じての傾向性としては，身体的能力・数学などの項目では男子が高く，国語に関しては女子が高いという傾向が見出された。この傾向は，オーストラリア（Marsh, 1989a, 1989b）やカナダ（Byrne, 1988）など豪州北米諸国だけでなく，香港（Dai, 2001）や日本（Inoue, 2001）などアジア諸国でもみられ，国や文化を越えて，男女の発達と自己概念にある種のパターンが見出されることが確認された。

　また，今回国際比較ということで日本とアメリカのSDQの下位尺度得点を比較したが，すべての因子においてアメリカが有意に高いことが示された。この結果の考察については，第6章の文化と自己形成の項で詳しくおこなう。

5 青年期の自己概念

　この章では，日米の大学生の自己概念についての調査結果についてみていきたい。調査方法として，質問紙調査と聞き取り調査（インタビュー）という量的・質的な方法を用いた。まず，質問紙調査の結果を検討したうえで，次に，大学生に自己概念や自己イメージについてインタビューした結果について考察する。

1　日米の大学生の自己概念研究

（1）調査概要

　まず，研究に至る経緯について述べたい。4章では，主に小学生を対象に自己概念尺度を実施したが，筆者は，発達段階として，自我同一性の形成など自己形成において重要なエポックを経験する青年期の自己にも興味があった。そこで，妥当性・信頼性が確認されたマーシュのSDQ尺度の青年用であるSDQ-Ⅲを用いて，日本とアメリカの大学生の自己概念について調査することとした。

●目　的

　本研究の目的は，同じ自己概念尺度（自己記述質問票―SDQ-Ⅲ）を用いて，日本とアメリカの大学生の自己概念の構成要素を分析することであり，各国の性差・学年差などをみることにより，その相違性や類似点などを考察し，最終的には日米の自己概念の構造比較をめざすものとする。

●研究対象

　日本は首都圏（東京・神奈川・千葉）の私立7大学（うち，4年制の共学大

学4校，4年制女子大学1校，短期大学1校，女子短期大学1校，）の学生計624名。アメリカは州立大学3校（うち，シカゴ地域1校，ロサンゼルス地域2校）の学生計370名よりデータを収集した。日米合わせると，回答者は994名となった。

●方　法

本研究では，2003年から2004年にかけて，日本とアメリカにおいて，マーシュら（Marsh & O'Neill, 1984）の自己記述質問票（Self-Description Questionnaire Ⅲ；SDQ-Ⅲ）を実施した。原本は130問以上のため，類似問題や極端に否定的な設問を削除し，78問に改訂して実施した。この尺度は5択式（1が「まったくあてはまらない」から5「とてもあてはまる」まで）で，合計13の下位尺度に分けて細かく自己概念の構成要素を分析することを可能にするものである。項目は，身体的能力や外見に関する身体的自己概念，同性／異性の友人や両親との関係に関する社会的自己概念，精神的な価値観や宗教，精神的安定などに関する情緒的自己概念，言語能力，数学，問題解決能力に関する学業的自己概念と大きく4つに分かれている。SDQ-Ⅲ（自己記述質問票）の全13項目は以下のとおりである。
（【　】内は，平均値や性差などの表で使う項目名）

- 非学業的自己概念（Non-academic Self-concept）
    - ☆　身体的自己概念（Physical Self-concept）
        1．身体的能力（Physical Ability）【身体的能力】
        2．身体的外見（Physical Appearance）【身体的外見】
    - ☆　社会的自己概念（Social Self-concept）
        3．同性の友人との関係（Same Sex Peer Relations）【同性友人】
        4．異性の友人との関係（Opposite Sex Peer Relations）【異性友人】
        5．両親との関係（Parental Relations）【両親】
        6．一般的な自尊心（General Esteem）【一般的自己】
    - ☆　情緒的自己概念（Emotional Self-concept）
        7．精神的価値・宗教（Spiritual Values/Religion）【宗教】

8．正直さ・信頼性（Honesty/Trustworthiness）【正直さ】
9．情緒的安定（Emotional Stability）【情緒的安定】

● 学業的自己概念
10．国語・言語能力（Verbal）【国語】
11．数学（Maths）【数学】
12．学業全般（Academic）【学業全般】
13．問題解決能力（Problem Solving）【問題解決】

●調査の手順・方式

　質問紙の趣旨・内容に関して事前に各学生に説明をおこなったうえで，担当教員に授業内で実施・回収を依頼した。また，アメリカの大学においては，学生寮でも協力者を募って，質問紙調査を実施した。調査結果は直接回収か郵送の形を取った。

（2）日本の大学生の自己概念（性差・学年差）

　日本の大学においては，首都圏（東京・神奈川・千葉）の私立7大学（うち，4年制大学4校，短期大学1校，女子短期大学1校，女子大学1校）よりデータを収集した。性別は男子266名，女子358名となり，学年は，1年が335名，2年が188名，3年が84名，4年が17名で，合計624名であった。

　SDQにおける下位尺度得点の性別・年齢別平均・標準偏差を表5-1に示した。さらに，自己概念の性差・学年差を解析するために，MANOVA（多重分散分析）をおこなった（表5-2）。

表5-1 日本の大学生 SDQの下位尺度得点の性別・学年別平均・標準偏差

学年	（　）内は標準偏差			1年	2年	3年	4年
性別	全体	男子	女子				
人数	n=624	n=266	n=358	n=335	n=188	n=84	n=17
SDQ							
身体的能力	22.80(4.82)	23.85(4.09)	22.04(5.16)	23.02(4.74)	22.34(4.82)	22.95(5.15)	22.76(4.75)
身体的外見	18.17(3.18)	18.42(3.23)	17.98(3.14)	18.23(2.96)	18.37(3.43)	17.60(3.43)	17.33(3.37)
同性友人	22.54(3.50)	22.06(3.49)	22.89(3.47)	22.64(3.54)	22.64(3.53)	21.90(2.99)	22.71(4.46)
異性友人	19.00(3.61)	18.96(3.44)	19.03(3.74)	18.86(3.71)	19.15(3.53)	19.10(3.47)	19.71(3.74)
両親	23.77(4.10)	22.82(4.05)	24.45(4.00)	23.89(4.20)	23.05(4.13)	23.63(3.61)	23.00(4.36)
一般的自己	19.88(3.84)	20.36(4.03)	19.54(3.66)	19.48(3.68)	20.31(4.02)	20.47(4.20)	20.24(2.05)
宗教	23.16(4.74)	22.77(4.75)	23.43(4.72)	23.21(4.54)	22.15(5.24)	25.12(3.84)	23.59(3.74)
正直さ	20.05(2.99)	19.67(3.24)	20.33(2.77)	19.91(2.93)	20.24(2.99)	20.30(2.84)	19.53(4.50)
情緒的安定	19.36(3.39)	18.87(3.67)	18.99(3.14)	19.40(3.50)	19.37(3.33)	19.02(3.28)	19.88(2.64)
国語	17.79(3.24)	17.99(3.50)	17.64(3.04)	17.58(3.26)	17.81(3.02)	18.48(3.37)	18.18(4.28)
数学	18.86(4.64)	19.50(4.69)	18.40(4.55)	18.83(4.69)	18.81(4.58)	18.67(4.71)	20.76(3.77)
学業全般	19.84(3.19)	19.78(3.27)	19.88(3.15)	19.59(3.12)	20.07(3.23)	19.99(3.31)	21.53(3.22)
問題解決	21.27(3.17)	21.82(3.33)	20.85(3.00)	21.27(3.20)	21.10(3.05)	21.17(3.24)	22.82(3.63)

1年		2年		3年		4年		
男子	女子	男子	女子	男子	女子	男子	女子	
n=133	n=202	n=82	n=106	n=39	n=45	n=12	n=5	最高(最低)値
23.98(4.11)	22.43(5.10)	23.34(3.95)	21.55(5.46)	24.97(4.46)	21.07(5.17)	22.92(4.93)	22.40(4.83)	30.0(6.0)
18.57(2.98)	18.06(2.96)	18.30(3.43)	18.26(3.52)	18.27(3.67)	17.14(3.28)	17.20(3.97)	17.60(2.07)	30.0(6.0)
22.13(3.67)	23.01(3.43)	22.00(3.41)	23.06(3.59)	21.61(2.97)	22.05(3.03)	23.50(4.43)	21.60(5.03)	30.0(6.0)
18.89(3.56)	18.84(3.90)	18.97(3.47)	19.08(3.61)	19.06(3.62)	19.43(3.37)	19.80(2.74)	20.00(6.16)	30.0(6.0)
22.28(4.03)	24.47(4.18)	22.51(4.39)	24.62(3.72)	23.64(3.84)	23.83(3.47)	23.00(4.22)	22.40(5.86)	30.0(6.0)
19.85(3.87)	19.34(3.57)	21.06(4.26)	19.94(3.75)	21.21(4.25)	19.94(3.75)	20.14(2.06)	20.80(2.17)	30.0(6.0)
23.16(4.24)	23.35(4.65)	21.27(5.25)	22.77(5.16)	25.13(4.32)	25.33(3.26)	23.67(3.00)	23.40(5.60)	30.0(6.0)
19.90(3.23)	20.09(2.70)	19.45(3.22)	20.73(2.68)	20.31(2.74)	20.35(2.84)	17.92(4.14)	23.40(2.70)	30.0(6.0)
20.26(3.71)	18.94(3.30)	19.67(3.92)	19.10(2.85)	19.22(3.57)	18.86(3.04)	19.50(2.75)	20.80(2.39)	30.0(6.0)
17.66(3.65)	17.57(3.02)	18.14(2.96)	17.65(3.06)	18.97(3.62)	18.05(3.35)	18.00(4.69)	18.60(3.51)	30.0(6.0)
19.19(4.48)	18.54(4.83)	19.55(4.75)	18.04(4.29)	18.81(4.87)	18.47(4.42)	21.42(3.90)	19.20(3.27)	30.0(6.0)
19.08(3.01)	19.83(3.14)	20.44(3.38)	19.67(3.06)	20.12(3.55)	20.00(3.19)	21.17(3.35)	22.40(3.05)	30.0(6.0)
21.74(3.18)	21.04(3.19)	21.92(3.46)	20.52(2.53)	21.50(3.30)	20.63(3.16)	22.75(3.86)	23.00(3.39)	30.0(6.0)

表 5-2 日本の大学生 SDQ の各項目の多重分散分析の
　　　　結果（性差・学年差・交互作用）

学年 SDQ	性差 t 値		学年差 F 値	交互作用 F 値
身体的能力	4.62***	男＞女	.83	1.43
身体的外見	1.67		1.47	.58
同性友人	2.87**	女＞男	1.04	.82
異性友人	.20		.51	.07
両親	4.93***	女＞男	.34	1.25
一般的自己	2.57*	男＞女	2.65*	.71
宗教	1.71		7.75***	.82
正直さ	2.67**	女＞男	.85	4.94**
情緒的安定	3.15**	男＞女	.41	1.15
国語	1.29		1.77	.47
数学	2.87**	男＞女	1.01	.51
学業全般	.36		2.65*	2.27
問題解決	3.74***	男＞女	1.55	.61

*$p<.05$, **$p<.01$, ***$p<.001$

各項目の結果は以下のとおりである。

1．身体的能力

　男女間において，有意な差がみられた（$t=4.62$；$p<.001$）。1 年から 4 年まで，すべての学年において，男子の値が女子の値よりも高かったが，4 年は男女ほぼ同じ値であった。3 年の男子が高い値なのが目立つ。学年による有意な差はなかった。学年と性別の間に交互作用はなかった。

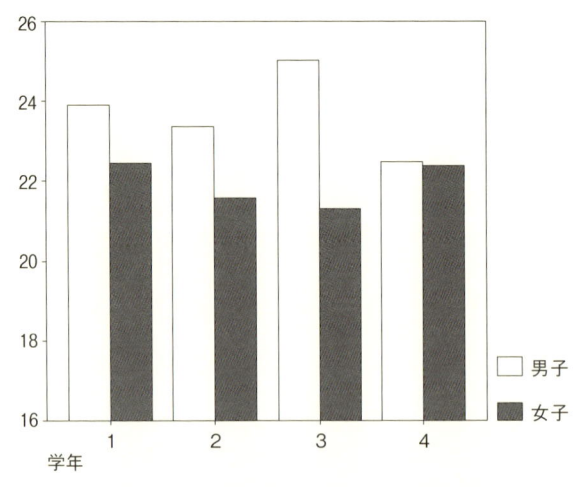

図5-1　日本大学生　SDQ（1）身体的能力

2. 身体的外見

　男女間において，有意な差はみられなかった。他の項目に比べると，平均値は低い。1年から3年までは男子が高く，4年は女子が高かったが，その差はわずかである。学年による有意な差はなかった。学年と性別の間に交互作用は

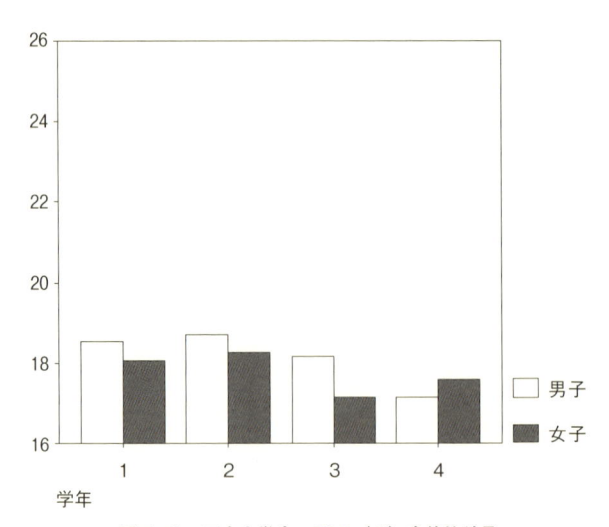

図5-2　日本大学生　SDQ（2）身体的外見

なかった。

3．同性の友人との関係

男女間において，有意な差がみられた（$t=2.87$；$p<.01$）。4年のみ，男子が高い値を示すが，1年から3年までは，女子の値が男子の値よりも高かった。学年による有意な差はなかった。学年と性別の間に交互作用はなかった。

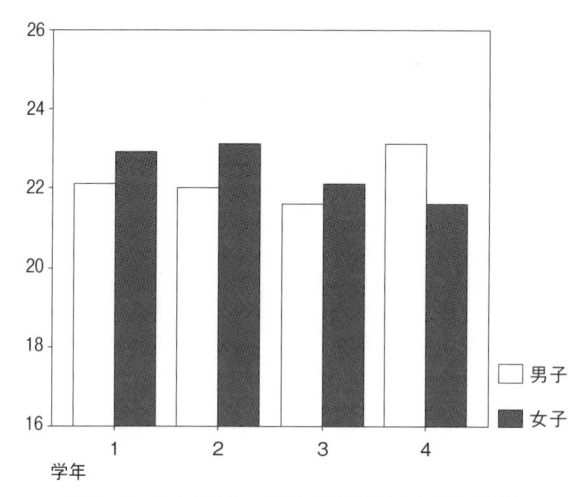

図5-3　日本大学生　SDQ（3）同性の友人との関係

4．異性の友人との関係

男女間において，有意な差はみられなかった。学年が上がるにつれて，わずかながら値は上昇しているが，有意な差はなかった。学年と性別の間に交互作用はなかった。

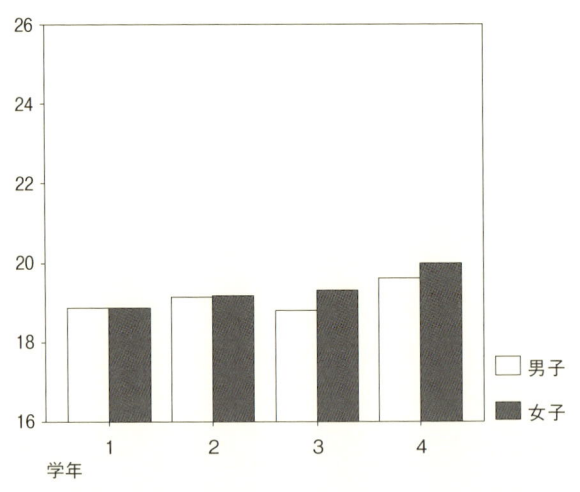

図5-4　日本大学生　SDQ（4）異性の友人との関係

5．両親との関係

男女間において，有意な差がみられた（$t=4.93; p<.001$）。4年のみ，男子が高い値を示すが，1年から3年までは，女子の値が男子の値よりも高く，その差は統計的に有意であった。学年による有意な差はなかった。学年と性別

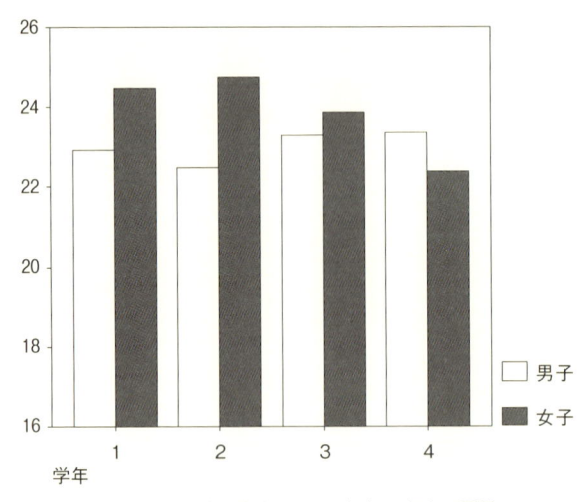

図5-5　日本大学生　SDQ（5）両親との関係

の間に交互作用はなかった。全13項目中，最も高い合計値を示した。

6．一般的自己

男女間において，有意な差がみられた（$t=2.57; p<.05$）。4年のみ，女子が高い値を示すが，1年から3年までは，男子の値が女子の値よりも高く，その差は統計的に有意であった。学年差においては，1年（19.48），2年（20.31），3年（20.47）4年（20.24）となっており，学年による有意な差がみられた（$F=2.65; p<.05$）。多重比較をおこなうと，1年と2年の間（$t=2.35; p<.05$），1年と3年の間（$t=2.11; p<.05$）に有意な差がみられたが，2年から4年の間には有意差はなかった。学年と性別の間に交互作用はなかった。

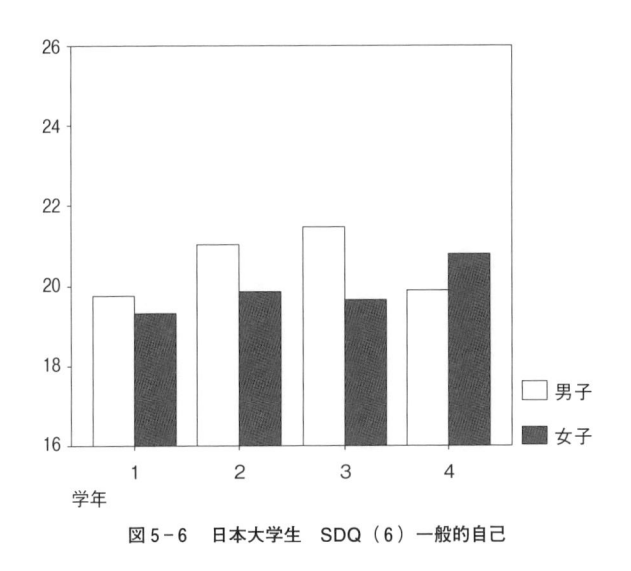

図5-6　日本大学生　SDQ（6）一般的自己

7．精神的価値・宗教

男女間において，有意な差はみられなかった。4年のみ，男子が高い値を示し，1年から3年までは，女子の値が男子の値よりも高かったが，その差は有意ではなかった。学年差に関しては，1年（23.21），2年（22.15），3年（25.12），4年（23.59）となっており，3年が高いのが目立つが，学年によ

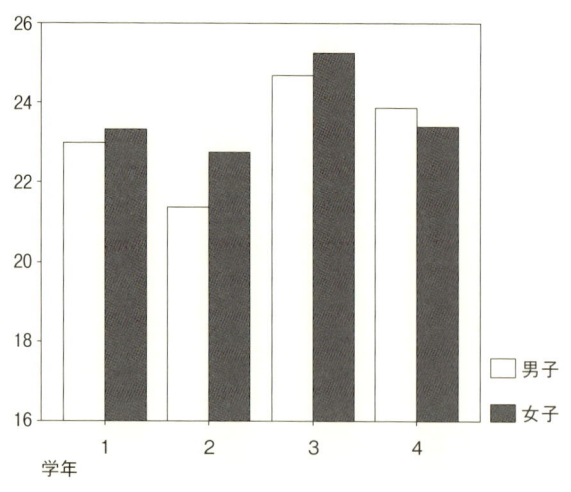

図5-7　日本大学生　SDQ（7）精神的価値・宗教

る有意な差がみられた（$F=7.75 ; p<.001$）多重比較をおこなうと，1年と2年の間（$t=2.40 ; p<.05$），1年と3年の間（$t=3.49 ; p<.001$），また2年と3年の間（$t=4.60 ; p<.001$）に有意な差がみられたが，その他の学年の間には有意差はなかった。学年と性別の間に交互作用はなかった。全13項目中，両親との関係に次いで高い合計値を示した。

8．正直さ・信頼性

　男女間において，有意な差がみられた（$t=2.67 ; p<.01$）。1年から4年まで，すべての学年において，女子の値が男子の値よりも高く，特に，4年の女子の高いのが目立つ。学年による有意な差はなかった。学年と性別の間に交互作用がみられた（$F=4.94 ; p<.01$）。4年の女子が他の学年に比べて大幅に高くなっており，これが交互作用の要因になったものと思われる。

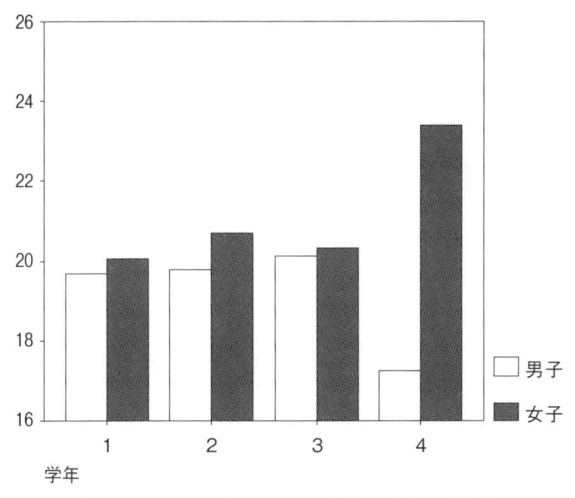

図5-8 日本大学生 SDQ (8) 正直さ・信頼性

9. 情緒的安定

男女間において，有意な差がみられた（$t=3.15$；$p=<.01$）。4年のみ，女子が高い値を示すが，1年から3年までは，男子の値が女子の値よりも高く，その差は統計的に有意であった。学年による有意な差はなかった。学年と性別

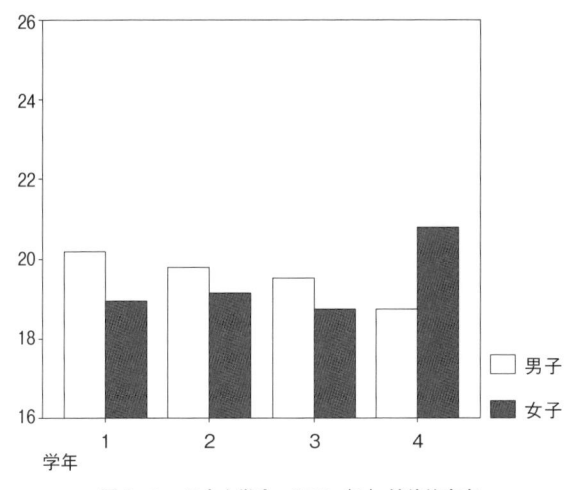

図5-9 日本大学生 SDQ (9) 情緒的安定

の間に交互作用はみられなかった。

10. 国語・言語能力

　男女間において，有意な差はみられなかった。学年が上がるにつれて，わずかながら値は上昇しているが，有意な差はなかった。学年と性別の間に交互作用はみられなかった。

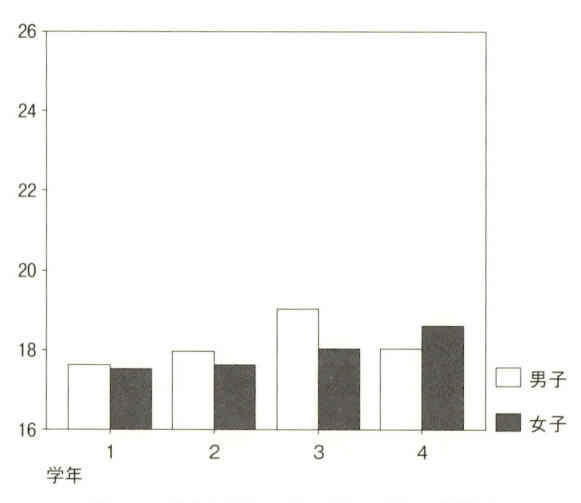

図5-10　日本大学生　SDQ (10) 国語・言語能力

11. 数　学

　男女間において，有意な差がみられた ($t=2.87 ; p<.01$)。各学年とも，男子が女子よりも高い値を示し，その差は有意であった。学年による有意な差はなかった。学年と性別の間に交互作用はなかった。

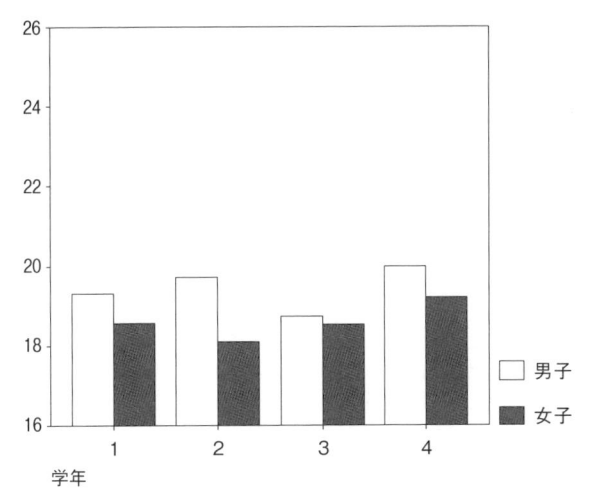

図 5-11　日本大学生　SDQ (11) 数学

12. 学業全般

　男女間において，有意な差はみられなかった。4年の女子の高い値が目立つ。学年差に関しては，1年 (19.59)，2年 (20.07)，3年 (19.99)，4年 (21.53) となっており，4年が高いのが目立つが，学年による有意な差がみられた（F

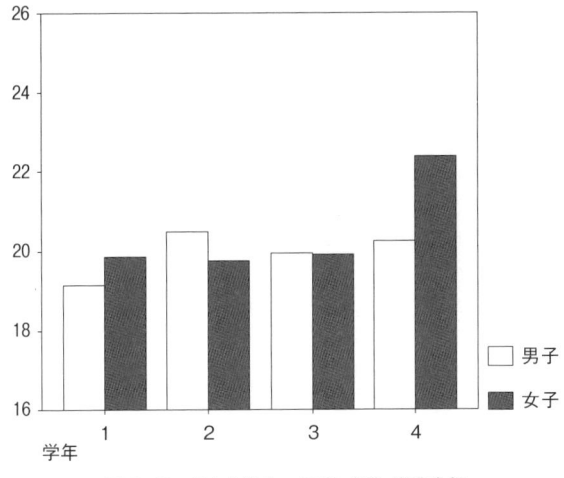

図 5-12　日本大学生　SDQ (12) 学業全般

$=2.65 ; p<.05)$。多重比較をおこなうと,1年と4年の間 ($t=2.50 ; p<.05$) に有意な差がみられたが,その他の学年の間には有意差はなかった。学年と性別の間に交互作用はなかった。

13. 問題解決能力

男女間において,有意な差がみられた ($t=3.74 ; p<.001$)。4年のみ,女子が高い値を示すが,1年から3年までは,男子の値が女子の値よりも高く,その差は統計的に有意であった。学年による有意な差はなかった。学年と性別の間に交互作用はなかった。

以上の結果をまとめると,男女差に関しては身体的能力,一般的自尊心,情緒的安定,数学,問題解決能力については男子の値が高く,同性の友人との関係,両親との関係,正直さ・信頼性においては,女子が有意に高かった。

学年差に関しては大きな差はみられなかった。宗教 ($F=7.75 ; p<.001$) と学業全般 ($F=2.65 ; p<.05$) の項目に有意な差がみられた。4章の小学生の調査に比べると,学年による差はあまりなく,青年期の自己概念は年齢よりも他の要因によって変化するのではないかと考えられる。

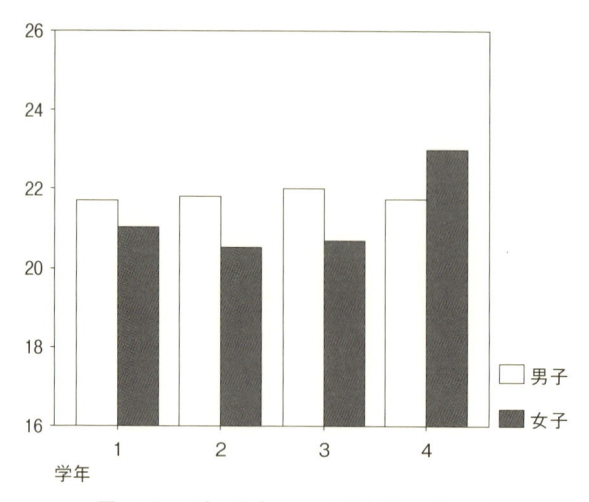

図5-13 日本大学生 SDQ (13) 問題解決能力

(3) アメリカの大学生の自己概念（性差・学年差・人種の差）

アメリカの大学においては，州立大学3校（うち，シカゴ地域1校，ロサンゼルス地域2校）よりデータを収集した。性別は男子202名，女子168名となり，学年は，1年が130名，2年が88名，3年が99名，4年が40名，その他（大学院生，留学生など）が13名で，合計370名であった。

また，人種別の内訳は以下のとおりであった。白人が47.9％，アジア系アメリカ人が32.5％と，この2つのグループで8割を占め，残りがアフリカ系アメリカ人，メキシコ系アメリカ人及びラテン系アメリカ人，留学生などであった

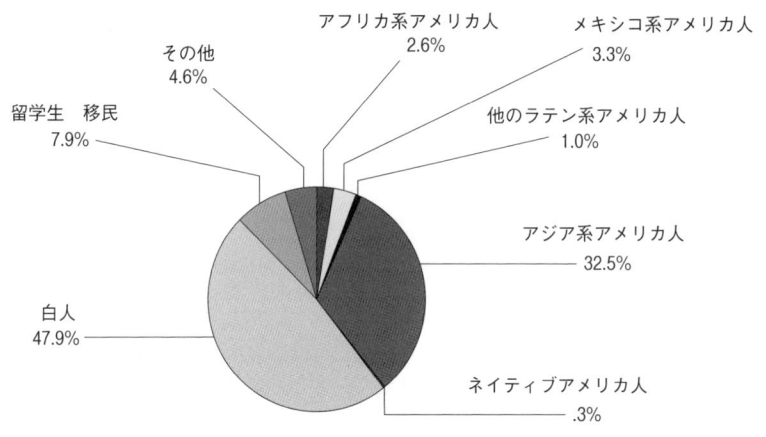

図5-14 アメリカの大学生 人種別の割合（円グラフ）

表5-3 アメリカの大学 人種別の内訳

	人数	パーセント	累積パーセント
アフリカ系アメリカ人	8	2.6	2.6
メキシコ系アメリカ人	10	3.3	5.9
他のラテン系アメリカ人	3	1.0	6.9
アジア系アメリカ人	99	32.5	39.3
ネイティブアメリカ人	1	.3	39.7
白人	146	47.9	87.5
留学生・移民	24	7.9	95.4
その他	14	4.6	100.0
合計	305	100.0	
無回答	65		
全体の合計	370		

(図 5-14，表 5-3 参照)。

　アメリカの性別・学年別の平均値・標準偏差を含む基礎統計量を表 5-4 に示した。性別と学年の主効果と交互作用をみるために，2×5 の 2 要因分散分析をおこなった結果を表 5-5 に示した。

表 5-4　アメリカの大学生 SDQ の下位尺度得点の性別・学年別平均・標準偏差

学年	（　）内は標準偏差			1年	2年	3年	4年	その他
性別	全体	男子	女子					
人数	n=370	n=202	n=168	n=130	n=88	n=99	n=40	n=8
SDQ Ⅲ								
身体的能力	21.89 (5.10)	22.71 (4.94)	20.87 (5.13)	21.98 (4.87)	21.26 (5.07)	22.34 (5.35)	22.33 (4.85)	20.46 (6.39)
身体的外見	20.49 (3.63)	20.51 (3.64)	20.47 (3.62)	20.41 (3.64)	19.98 (3.53)	20.92 (3.79)	20.69 (3.62)	21.00 (2.86)
同性友人	22.37 (3.62)	22.44 (3.60)	22.27 (3.67)	22.04 (3.35)	22.10 (3.43)	22.72 (3.97)	22.90 (3.93)	22.77 (3.66)
異性友人	21.49 (3.96)	20.96 (3.94)	22.13 (3.89)	21.35 (4.11)	21.43 (3.68)	21.76 (3.99)	21.48 (4.23)	21.38 (3.62)
両親	23.80 (4.20)	23.82 (4.15)	23.77 (4.26)	23.59 (4.29)	23.95 (3.78)	23.64 (4.52)	24.13 (4.02)	25.00 (4.26)
一般的自己	23.23 (4.74)	23.32 (4.81)	23.12 (4.65)	22.86 (4.65)	22.74 (4.66)	23.96 (4.60)	23.00 (5.63)	25.54 (3.33)
宗教	20.92 (5.12)	20.66 (4.91)	21.4 (5.36)	20.89 (5.45)	20.79 (4.99)	21.04 (5.10)	21.23 (4.70)	20.31 (4.82)
正直さ	22.84 (3.43)	22.69 (3.46)	23.03 (3.39)	22.83 (3.53)	22.71 (3.66)	22.85 (3.06)	23.48 (3.52)	21.92 (3.40)
情緒的安定	20.77 (3.92)	21.16 (4.15)	20.30 (3.57)	20.74 (3.77)	20.24 (3.83)	21.13 (3.84)	20.98 (4.44)	21.23 (4.92)
国語	22.96 (3.70)	22.76 (3.65)	23.21 (3.75)	23.09 (3.94)	23.06 (3.32)	22.94 (3.49)	22.46 (4.39)	22.85 (3.29)
数学	21.08 (4.98)	21.91 (4.86)	20.09 (4.95)	21.16 (4.68)	20.20 (5.11)	21.26 (5.06)	22.08 (5.09)	22.00 (5.92)
学業全般	23.09 (3.48)	22.91 (3.54)	23.32 (3.41)	22.97 (3.62)	22.75 (3.59)	23.23 (3.05)	23.50 (3.94)	24.31 (2.84)
問題解決	22.68 (3.53)	23.22 (3.74)	22.03 (3.15)	22.77 (3.13)	21.66 (3.56)	23.06 (3.68)	23.67 (4.03)	22.85 (3.39)

学年	1年		2年		3年	
性別	男子	女子	男子	女子	男子	女子
人数	n=74	n=56	n=42	n=46	n=59	n=40
SDQ Ⅲ						
身体的能力	22.43 (4.55)	20.48 (5.03)	21.43 (5.05)	21.37 (5.12)	23.26 (5.12)	20.97 (5.44)
身体的外見	19.73 (3.52)	21.23 (3.67)	20.26 (3.56)	19.61 (3.55)	21.42 (3.99)	20.68 (3.63)
同性友人	22.13 (3.23)	21.83 (3.38)	22.05 (3.12)	22.21 (3.85)	22.92 (4.12)	23.05 (3.76)
異性友人	20.40 (3.71)	22.50 (4.10)	20.43 (3.79)	22.32 (3.40)	21.64 (3.86)	22.32 (4.10)
両親	23.40 (4.17)	23.46 (4.58)	23.88 (4.22)	24.03 (3.59)	23.68 (4.43)	23.84 (4.96)
一般的自己	22.39 (4.83)	23.00 (4.19)	22.62 (4.63)	22.95 (4.75)	24.60 (4.58)	23.41 (4.54)
宗教	21.08 (5.35)	20.94 (5.81)	20.53 (4.84)	20.83 (5.19)	20.59 (4.68)	21.32 (5.91)
正直さ	22.55 (3.63)	23.10 (3.20)	22.16 (3.27)	23.36 (3.99)	22.80 (3.33)	23.00 (3.06)
情緒的安定	20.55 (3.75)	21.04 (3.82)	21.05 (4.64)	19.36 (3.27)	21.55 (4.44)	20.76 (3.30)
国語	22.69 (3.75)	24.16 (3.85)	22.45 (3.19)	23.86 (3.27)	22.33 (3.77)	22.47 (3.25)
数学	21.77 (4.50)	20.10 (4.88)	21.82 (5.60)	18.86 (4.35)	22.10 (5.20)	20.29 (4.62)
学業全般	22.77 (3.40)	23.30 (3.77)	22.55 (3.65)	23.40 (3.42)	23.24 (3.28)	23.24 (2.79)
問題解決	23.06 (3.32)	22.54 (2.58)	22.16 (4.08)	21.50 (3.13)	23.84 (3.70)	21.97 (3.17)

学年	4年		その他		
性別	男子	女子	男子	女子	
人数	n=22	n=18	n=5	n=8	最高(最低)値
SDQ Ⅲ					
身体的能力	23.00 (5.04)	21.13 (4.57)	23.20 (4.66)	18.75 (6.99)	30.0 (6.0)
身体的外見	21.05 (3.15)	20.75 (3.98)	21.80 (3.35)	20.50 (2.62)	30.0 (6.0)
同性友人	23.05 (4.17)	22.44 (3.79)	21.00 (3.54)	23.88 (3.48)	30.0 (6.0)
異性友人	21.76 (4.38)	21.19 (4.26)	19.80 (3.11)	22.38 (3.74)	30.0 (6.0)
両親	23.67 (3.67)	24.06 (4.34)	26.00 (3.00)	24.38 (4.98)	30.0 (6.0)
一般的自己	22.81 (5.35)	23.25 (6.22)	25.20 (2.68)	25.75 (3.85)	30.0 (6.0)
宗教	20.00 (4.59)	22.71 (3.77)	18.80 (5.81)	21.25 (4.23)	30.0 (6.0)
正直さ	2371 (3.78)	22.88 (3.33)	21.60 (3.36)	22.12 (3.64)	30.0 (6.0)
情緒的安定	21.38 (4.67)	20.12 (4.17)	23.00 (6.04)	20.13 (4.12)	30.0 (6.0)
国語	22.62 (4.50)	22.24 (4.52)	21.80 (3.35)	23.50 (3.30)	30.0 (6.0)
数学	23.48 (4.11)	20.82 (5.66)	22.40 (4.51)	21.75 (6.94)	30.0 (6.0)
学業全般	23.48 (4.24)	23.41 (3.91)	22.80 (3.03)	25.25 (2.44)	30.0 (6.0)
問題解決	24.76 (3.90)	22.35 (4.02)	22.60 (2.41)	23.00 (4.04)	30.0 (6.0)

表5-5 アメリカの大学生SDQの各項目の多重分散分析の結果（性差・学年差・交互作用）

学年 SDQ	性差 t値		学年差 F値	交互作用 F値
身体的能力	3.48**	男＞女	.86	.85
身体的外見	.11		.88	1.69
同性友人	.45		.84	.62
異性友人	2.82**	女＞男	.16	1.15
両親	.11		.47	.14
一般的自己	.39		1.81	.52
宗教	1.08		.11	.65
正直さ	.94		.61	.59
情緒的安定	2.11*	男＞女	.66	1.21
国語	1.16		.23	1.54
数学	3.52***	男＞女	1.22	.32
学業全般	1.11		.81	.46
問題解決	3.23**	男＞女	2.97*	1.03

*$p<.05$, **$p<.01$, ***$p<.001$

各項目の結果は以下のとおりである。棒グラフ横軸学年の5は，「その他」をさしており，大学院生や留学生らが該当する。

1．身体的能力

男女間において，有意な差がみられた（$t=3.48$；$p<.01$）。1年から4年ま

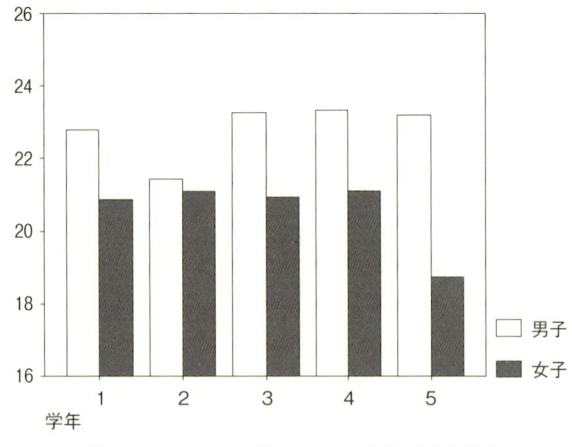

図5-15　アメリカ大学生　SDQ（1）身体的能力

で，すべての学年において，男子の値が女子の値よりも高かった。学年による有意な差はみられなかった。

2．身体的外見

男女間において，有意な差はみられなかった。他の項目に比べると，平均値は低い。1年を除いて，男子の値が女子よりも高かった。学年による有意な差

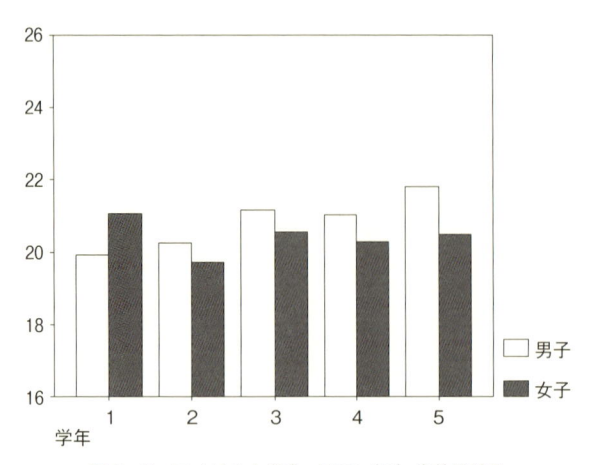

図5-16　アメリカ大学生　SDQ（2）身体的外見

はみられなかった。

3．同性の友人との関係

　男女間において，有意な差はみられなかった。「その他」の学年を除いて，男女は各学年ともほぼ同じくらいの値である。他の項目に比べると，平均値は高い。学年による有意な差はなかった。

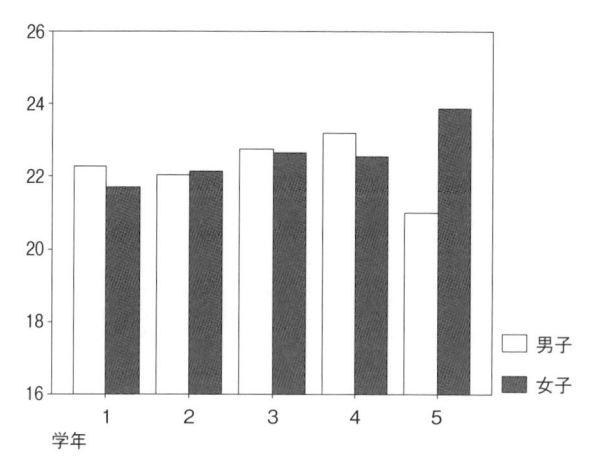

図5-17　アメリカ大学生　SDQ（3）同性の友人との関係

4．異性の友人との関係

　男女間において，有意な差がみられた（$t=2.82$；$p<.01$）。4年を除くすべての学年において，女子の値が男子の値よりも高かった。学年による有意な差はみられなかった。

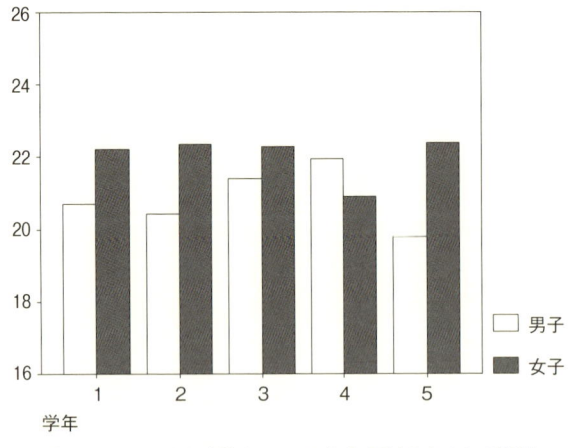

図5-18　アメリカ大学生　SDQ（4）異性の友人との関係

5．両親との関係

　男女間において，有意な差はみられなかった。「その他」の学年を除いて，男女は各学年ともほぼ同じくらいの値である。他の項目に比べると，平均値は高い。学年による有意な差はみられなかった。

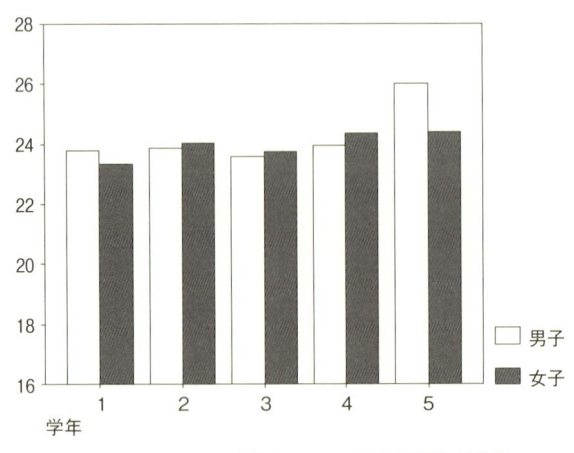

図5-19　アメリカ大学生　SDQ（5）両親との関係

6. 一般的な自尊心

　男女間において，有意な差はみられなかった。男女は各学年ともほぼ同じくらいの値である。他の項目に比べると，平均値は高い。学年による有意な差はみられなかった。

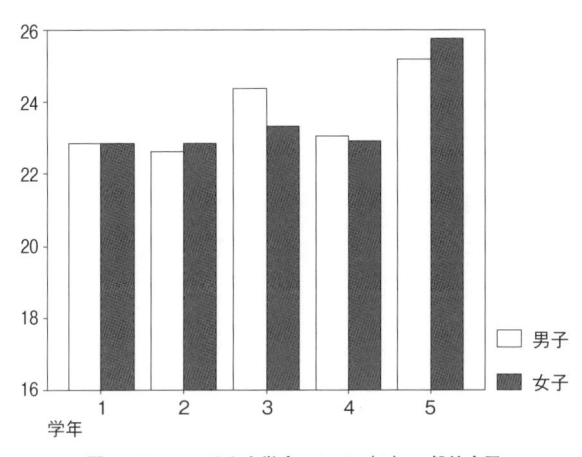

図5-20　アメリカ大学生　SDQ（6）一般的自己

7. 精神的価値・宗教

　男女間において，有意な差はみられなかった。4年と「その他」の学年で，

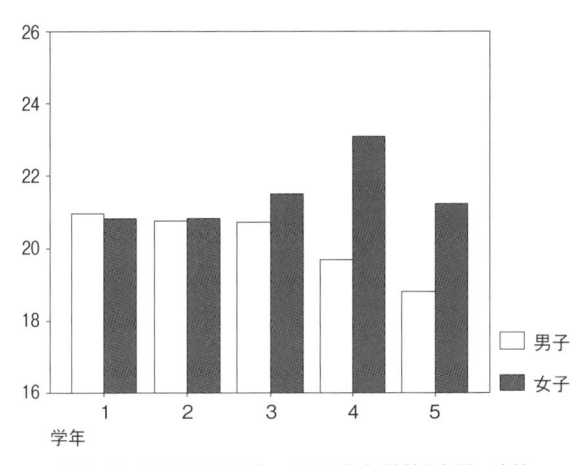

図5-21　アメリカ大学生　SDQ（7）精神的価値・宗教

女子の値が高いのが目立つ。学年による有意な差はみられなかった。

8．正直さ・信頼性

男女間において，有意な差はみられなかった。男女は各学年ともほぼ同じくらいの値である。学年による有意な差はみられなかった。

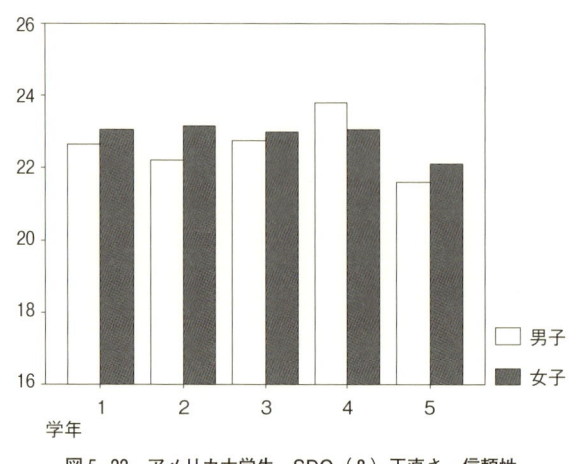

図5-22　アメリカ大学生　SDQ（8）正直さ・信頼性

9．情緒的安定

男女間において，有意な差がみられた（$t=2.11 ; p<.05$）。1年を除くすべての学年において，男子の値が女子の値よりも高かった。学年による有意な差はみられなかった。

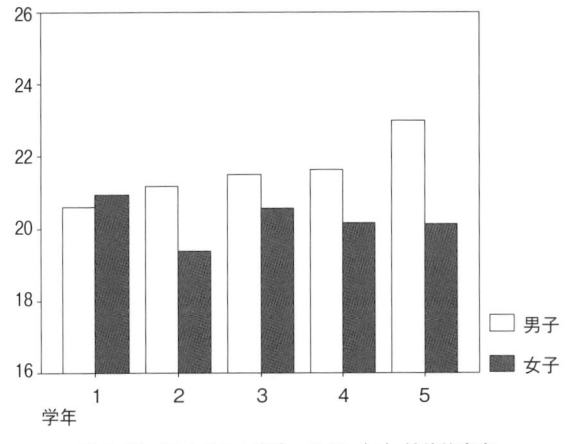

図5-23　アメリカ大学生　SDQ（9）情緒的安定

10. 国語・言語能力

男女間において，有意な差はみられなかった。学年による有意な差はみられなかった。

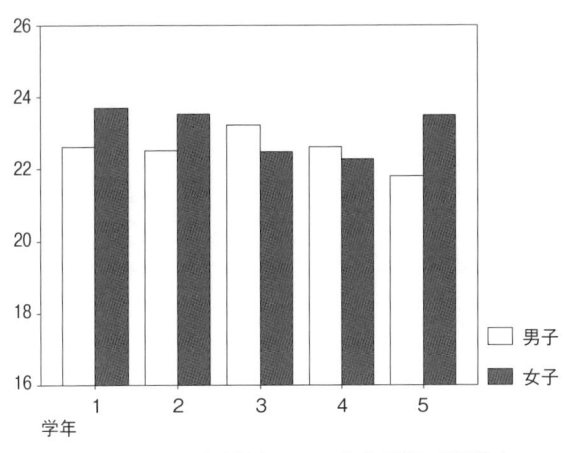

図5-24　アメリカ大学生　SDQ（10）国語・言語能力

11. 数　学

男女間において，有意な差がみられた（$t=3.52 ; p<.001$）。すべての学年において，男子の値が女子の値よりも高かった。特に2年生の女子の値が低いのが目立つ。学年による有意な差はみられなかった。

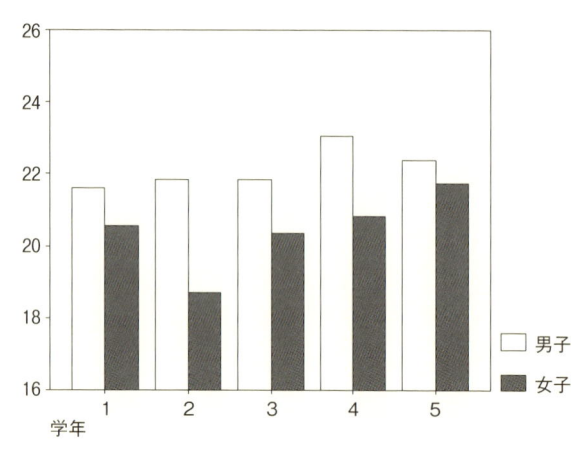

図5-25　アメリカ大学生　SDQ（11）数学

12. 学業全般

男女間において，有意な差はみられなかった。「その他」の学年を除いて，

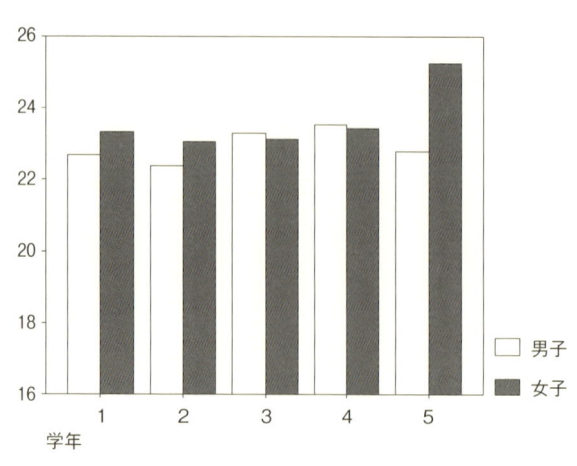

図5-26　アメリカ大学生　SDQ（12）学業全般

男女は各学年ともほぼ同じくらいの値である。「その他」の学年の女子の値の高いのが目立つ。他の項目に比べると，平均値は高い。学年による有意な差はみられなかった。

13. 問題解決能力

男女間において，有意な差がみられた（$t=3.23 ; p<.001$）。「その他」の学年を除くすべての学年において，男子の値が女子の値よりも高かった。特に3，4年生の男子の値が高いのが目立つ。13項目中，唯一学年による有意な差がみられた（$F=2.97 ; p<.05$）。多重比較をおこなうと，2年生の平均値が他学年と比べて低く，1年と2年の間（$t=2.43 ; p<.05$），2年と3年の間（$t=2.62 ; p<.05$）及び2年と4年の間（$t=2.81 ; p<.01$）に有意な差がみられたが，その他の学年の間には有意差はみられなかった。

以上の結果をまとめると，男女差に関しては身体的能力，情緒的安定，数学，問題解決能力については男子の値が高かった。一方，異性の友人との関係においては，女子が有意に高かった。学年差に関しては，学年による大きな差はあまりみられなかった。唯一，問題解決能力の項目のみ，学年による有意な差がみられた（$F=2.97 ; p<.05$）。これは，2年生の値が他の学年と比べて有意に低いことから，全体としてみたときに学年の有意な差が出てきたものと思わ

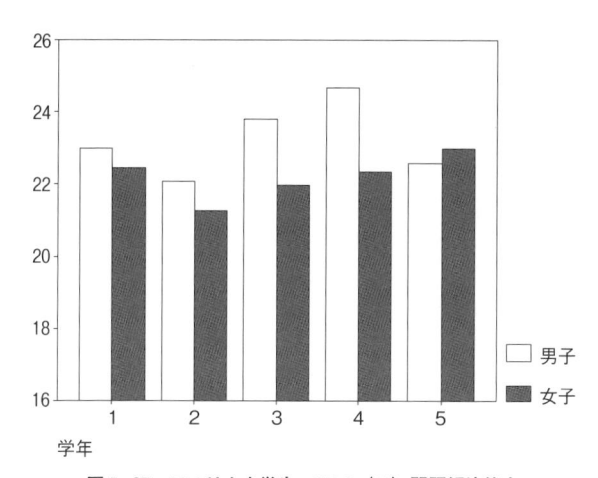

図5-27　アメリカ大学生　SDQ（13）問題解決能力

● 人種の違いについて

　回答者の人種的内訳は，無回答を除いて白人が47.9%，アジア系アメリカ人32.5%，メキシコ系アメリカ人及びラテン系アメリカ人が4.3%，アフリカ系アメリカ人が2.6%となっている。人種別の差があるかをみるために，これら4つのグループに対して，ANOVA（分散分析）をおこなった。結果を表5-6に示す。

　結果は，正直さ，（$F=3.06$；$p<.01$），国語（$F=4.92$；$p<.001$），学業全般（$F=3.56$；$p<.01$）に人種による有意な差がみられた。多重比較をおこなうと，白人とアジア系アメリカ人の間に正直さ（$t=2.55$；$p<.05$），国語（$t=3.96$；$p<.001$），学業全般（$t=3.36$；$p<.001$），問題解決能力（$t=2.94$；$p<.01$）の項目において，有意な差がみられた。いずれも，白人の方が有意に高い値を示した。また，白人と留学生・移民の比較では，正直さ（$t=3.01$；$p<.01$），国語（$t=4.04$；$p<.001$）の項目において，白人の方が有意に高い値を示した。白人とメキシコ系アメリカ人を比較したところ，どの項目も人種間の有意な差はみられなかった。このように，いくつかの項目は，白人が他の人

表5-6　アメリカの大学・SDQの人種別の分散分析の結果

SDQ Ⅲ	F 値
身体的能力	.66
身体的外見	1.10
同性友人	.72
異性友人	1.33
両親	1.52
一般的自己	1.50
宗教	1.14
正直さ	3.06**
情緒的安定	.53
国語	4.92***
数学	1.29
学業全般	3.56**
問題解決	1.78

$p<.01$，*$p<.001$

種よりも高い値を示すことがわかった。

● アメリカ居住年数と自己概念

アメリカに居住している年数によって，自己概念の値に違いがあるのかをみるために，t 検定をおこなった。年数は，1年目から9年目までであった。結果は，居住年数による有意な差があった因子は一つもなく，「アメリカの居住年数が長い者ほど，自己概念レベルが高いのではないか？」という予想に反して，自己概念の値には差がみられなかった。これは，4章でおこなったアメリカの小学生の回答とも同じ傾向であり，居住年数は自己概念の形成要素としてあまり重要ではない可能性が示唆された。

（4）国別の比較

国による差異を検討するために，日本とアメリカの13の下位尺度得点について，国と性別と学年の2×2×5の3要因分散分析をおこなった（表5-7）。国の主効果は同性の友人関係と両親との関係を除く11項目に現れた。身体的能力（$F(1,916)=4.07, p<.05$）と宗教（$F(1,916)=28.61, p<.001$）に関しては日本の大学生の方がアメリカの学生よりも有意に高く，身体的外見（$F(1,916)=62.10, p<.001$），異性の友人との関係（$F(1,916)=38.21, p<.001$），一般的自己（$F(1,916)=51.33, p<.001$），正直さ（$F(1,916)=76.56, p<.001$），精神的安定（$F(1,916)=10.66, p<.001$），国語（$F(1,916)=206.72, p<.001$），数学（$F(1,916)=16.85, p<.001$），学業全般（$F(1,916)=73.92, p<.001$），問題解決能力（$F(1,916)=11.40, p<.001$）に関してはアメリカの学生が有意に高いことがわかった。だが，平均値の差をみると全般的にアメリカの値が高いが，4章で扱った児童期の小学生の日米比較に比べると両国の差はあまり大きくない。

性別の主効果は，身体的能力（$F(1,916)=12.14, p<.001$），精神的安定（$F(1,916)=3.90, p<.05$），数学（$F(1,916)=7.26, p<.01$），問題解決能力（$F(1,916)=4.19, p<.05$）は男子が有意に高く，正直さ（$F(1,916)=6.66, p<.05$）は女子が有意に高かった。

学年の主効果は宗教（$F(4, 916) = 3.12, p<.05$）と問題解決能力（$F(4, 916) = 2.40, p<.05$）にみられた。宗教は，3年生の得点が，1，2年生よりも有意に高かった。問題解決能力に関しては，4年生の得点が，1，2，3年生よりも有意に高かった。

表5-7　日米のSDQ下位尺度の3要因分散分析（国×性別×学年）

	国		性別		学年	
						多重比較
	F		F		F	
身体的能力	4.07*	日本＞アメリカ	12.14**	男＞女	0.50	
身体的外見	62.10***	アメリカ＞日本	0.96		0.29	
同性友人関係	0.09		1.11		0.14	
異性友人関係	38.21***	アメリカ＞日本	3.29		0.57	
両親との関係	0.96		0.34		0.45	
一般的自己	51.33***	アメリカ＞日本	.15		1.97	
宗教	28.61***	日本＞アメリカ	2.13		3.11*	1年＜2年，1年＜3年，2年＜3年
正直さ	76.56***	アメリカ＞日本	6.7*	女＞男	.68	
情緒的安定	10.66**	アメリカ＞日本	3.90*	男＞女	.59	
国語	206.71***	アメリカ＞日本	.49		.19	
数学	16.85***	アメリカ＞日本	7.26**	男＞女	1.02	
教科全般	73.92***	アメリカ＞日本	2.02		1.87	
問題解決能力	11.40**	アメリカ＞日本	4.19*	男＞女	2.40*	1年＜4年，2年＜3年，2年＜4年，3年＜4年

*$p<.05$，**$p<.01$，***$p<.001$

	国×性別	国×学年	性別×学年	国×性別×学年
	F	F	F	F
身体的能力	0.04	0.54	1.43	0.98
身体的外見	0.20	2.47	1.60	1.77
同性友人関係	0.19	2.17	1.06	0.46
異性友人関係	1.25	0.35	0.47	0.88
両親との関係	0.66	0.60	0.60	0.81
一般的自己	.14	.40	.61	.50
宗教	.52	2.62	.38	.67
正直さ	.55	.09	1.50	3.95
情緒的安定	.49	1.27	.79	2.29
国語	.65	2.11	1.47	.90
数学	1.63	.41	.74	.03
教科全般	.00	1.45	.79	1.23
問題解決能力	1.03	1.36	.69	1.16

国と性別の交互作用，国と学年の交互作用，学年と性別の交互作用，また国と学年と性別の交互作用についてはいずれの項目にもみられなかった。

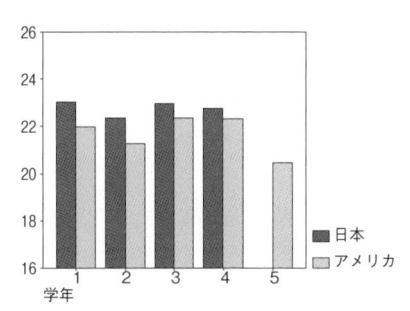

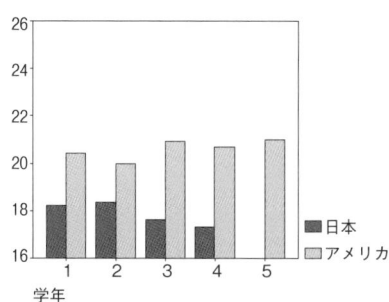

図5-28 日米比較（大学）SDQ（1）身体的能力

図5-29 日米比較（大学）SDQ（2）身体的外見

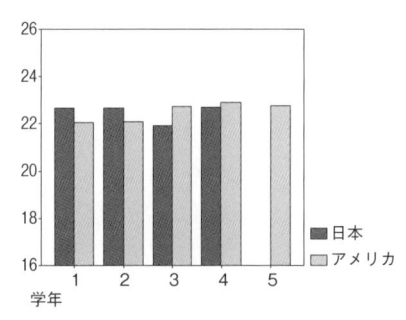

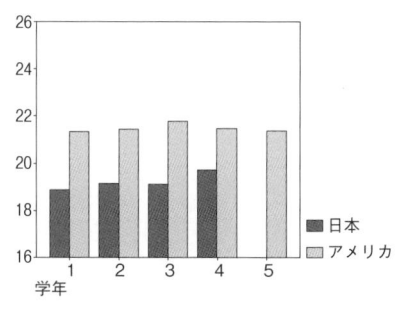

図5-30 日米比較（大学）SDQ（3）同性の友人との関係

図5-31 日米比較（大学）SDQ（4）異性の友人との関係

図5-32 日米比較（大学）SDQ（5）両親との関係

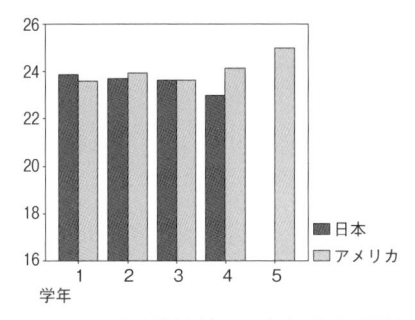

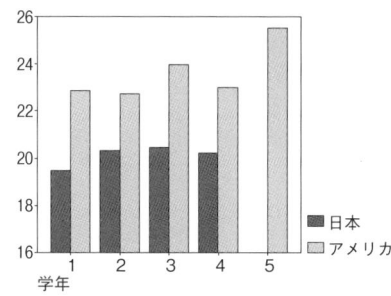

図5-33 日米比較（大学）SDQ（6）一般的自己

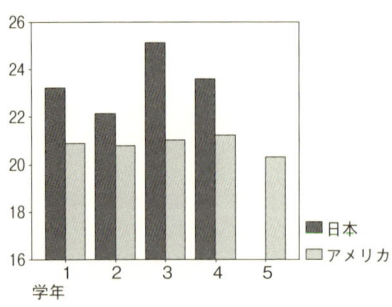

図5-34 日米比較（大学）SDQ（7）精神的価値・宗教

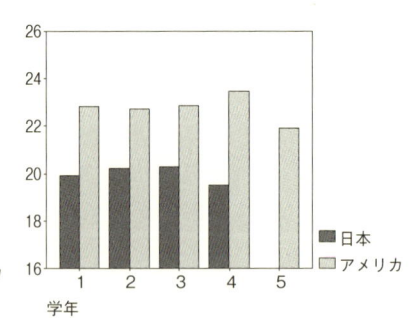

図5-35 日米比較（大学）SDQ（8）正直さ・信頼性

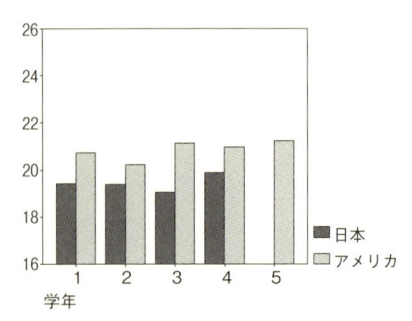

図5-36 日米比較（大学）SDQ（9）情緒的安定

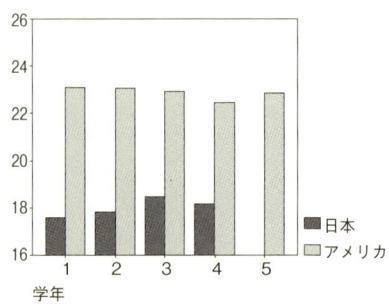

図5-37 日米比較（大学）SDQ（10）国語・言語能力

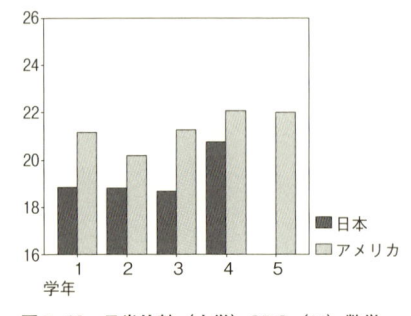

図5-38 日米比較（大学）SDQ（11）数学

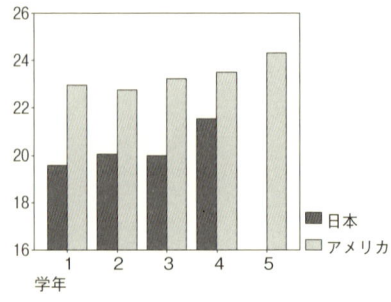

図5-39 日米比較（大学）SDQ（12）学業全般

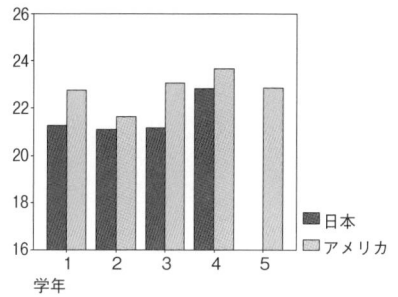

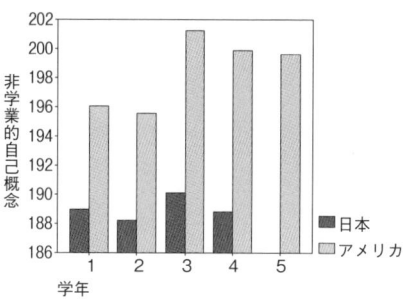

図 5-40　日米比較（大学）SDQ（13）問題解決能力

図 5-41　日米比較（大学）SDQ（14）非学業的自己概念

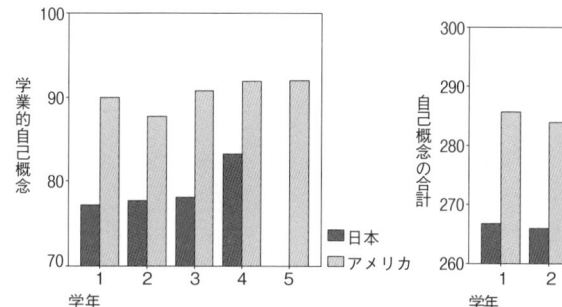

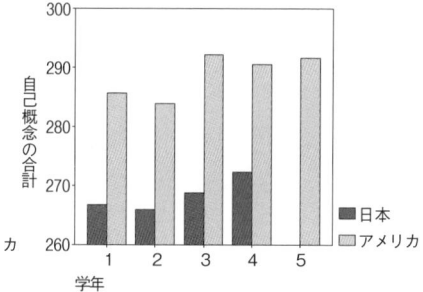

図 5-42　日米比較（大学）SDQ（15）学業的自己概念

図 5-43　日米比較（大学）SDQ（16）合計

　日米の学年別のSDQ値を棒グラフに示す。

　学年別にみると，日本の学生に比べてアメリカの学生は学年差がほとんどないことがわかる。非学業的自己概念および学業的自己概念，自己概念の合計の値に関しては，どの学年においても，アメリカが高かった。

● **信頼性の分析**

　SDQ の各因子ごとの合計得点を下位尺度得点，全項目の合計得点を平均化して SDQ 尺度得点とした。各下位尺度の内的整合性をみるために国ごとに信頼性係数（クロンバックの α 係数）を求めた（表5-8）。結果をみると，身体的自己概念である身体的能力（日本：$\alpha=.81$；アメリカ：$\alpha=.88$）におい

表5-8 SDQにおける信頼性（日米）

SDQ	日本 信頼係数 (α)	アメリカ 信頼係数 (α)
身体的能力	.81	.88
身体的外見	.66	.62
同性友人	.64	.70
異性友人	.60	.74
両親との関係	.72	.79
一般的自己	.62	.88
宗教	.75	.77
正直さ	.55	.64
情緒的安定	.58	.64
一般的自己	.62	.88
国語	.76	.80
数学	.74	.83
教科全般	.68	.72
問題解決能力	.71	.69
全体	.72	.80

ては，両国とも安定したα係数が示された。しかし，学業的自己概念に関しては，国語（日本：$\alpha=.76$；アメリカ：$\alpha=.80$）や数学（日本：$\alpha=.74$；アメリカ：$\alpha=.83$）などは，おおむね高い信頼係数が得られた。しかし，正直さ（日本：$\alpha=.55$；アメリカ：$\alpha=.64$）や精神的安定（日本：$\alpha=.58$；アメリカ：$\alpha=.64$）の因子が両国ともかなり低く，尺度としての安定性にやや問題がみられる。全般的にアメリカの方が，α係数が高いという結果になった。ところどころ低い項目がみられたが，全体として日本が$\alpha=.72$，アメリカが$\alpha=.80$となり，十分に高い信頼性とはいえないが，尺度の内的整合性はおおむね確認された。

（5）日米の自己概念の共通点・相違性

両国を通じての傾向性としては，身体的能力・精神的安定性・数学などの因子では男子が高いのに対し，両親との関係や同性／異性の友人との関係など社会的自己概念に関しては女子が高いという結果が出ている。相違点としては，日本においては宗教や学業全般において学年による差がみられたが，アメリカのサンプルにおいては，ほとんど学年による差がみられなかったことである。

また人種による差やアメリカ居住年数による自己概念の有意な差もみられなかったことから，アメリカの大学生において，自己概念の形成に影響を与える他の要因の存在が考えられるのではないだろうか。たとえば，学業成績や交友関係，本人の性格的な気質，親の社会経済的地位などが考えられる。この自己概念の形成要因の問題については，今後の研究課題として検討していきたい。

2　日米の大学生へのインタビュー調査を通して

次に，前述の質問紙調査に回答した学生のなかから，日米合わせて合計72名の学生にインタビューをした結果についてみていきたい。

(1) 調査概要
●研究目的

本研究の目的は，1）大学生への聞き取り調査を通しての，自己概念，他人がみた自己イメージの検討，2）幼少時と今の自己イメージの関係，その形成要因の検討，3）肯定的な自己概念構築のための方途の探求，にある。

●研究方法

2003年12月から2004年1月にかけて首都圏の大学・短大合わせて4大学の学部1年生合計26名（男子6名，女子20名）に日本の大学生の自己イメージ・自己概念についての聞き取り調査を行った。さらに，2004年5月から6月にかけてアメリカのシカゴ・ロサンゼルス地域の州立大学2校において，1年から4年まで合計46名（男子27名，女子19名）にも同じ聞き取り調査を実施した。

質問内容は，1）他の人が自分をどのようにみているか　2）学力の自己評価，3）幼少時と今の自己概念や自己評価，さらに4）肯定的な自己概念や自己イメージを持つための方途などについてであり，面接時間は一人あたり20-30分であった。実際の質問内容は以下のとおりである。

【大学生へのインタビュー　質問内容】
1．以下の質問は他の人があなたをどうみているかについてです。
　a．ほかの人があなたをみたとき，まず目にする特徴は何でしょう？

> b. あなたという人を思い浮かべたときに，最初に浮かんでくる3つの言葉を教えてください。
> c. もし教授があなたを評価するとき，彼らはあなたの何について話すと思いますか？
>
> 2. あなたの学力の自己評価に関する質問です。
>   a. あなたの全体的な学力に関して，もし評価するとしたら
>   (a) 上位10%　(b) 上位10－50%　(c) 上位50%以下（平均以下）
>   のうちの，どれに入ると思いますか。
>   b. 学生として，どの分野が得意ですか？
>   c. どういった分野が苦手ですか？
>
> 3. 他の人との比較についての質問です。
>   a. 一般的に言って，あなたは他人と自分を比較しますか？
>   b. また，どのような面を比較しますか？
>   c. 比較をした後，どうなりますか？
>
> 4. あなたの自己概念や自尊感情についての問題です。
>   a. 子どものときの自己概念はどうでしたか？　自分を肯定的に見ることができていましたか。
>   b. それ（子どものときの自己概念）は今とどのように異なりますか？
>
> 5. 肯定的な自己概念を育てるために最も大事なことは何だと思いますか？
> 6. 否定的な自己概念を構築するのに最も影響を与えることは何だと思いますか？

　ここでは，インタビューの結果について，実際の回答をとりあげながら検討する。

（2）自己イメージ

質問1．以下の質問は他の人があなたをどうみているかについてです。

　　a．ほかの人があなたをみたとき，まず目にする特徴は何でしょう？

　この質問は，自分の身体的特徴や雰囲気についてどのように感じているかについてである。

　表5-9を見ると，日米ともに，背の高さと回答する学生が多かった。また，アメリカ人はフレンドリーというのが一位に来ており，他の人にアピールする特徴としても親しみやすい自分をみせるという自己呈示を取っている可能性が示唆された。

　日米の学生の他の回答は以下のとおりである。

表5-9　他の人がみたときのあなたの特徴

日本				アメリカ			
順位	回答	度数	%	順位	回答	度数	%
1位	背の高さ	6	23.1	1位	Friendly（親しみやすい）	16	34.8
2位	笑顔	4	15.4	2位	背の高さ	11	23.9
3位	顔の容貌	3	11.5	3位	Quiet（静かな，穏やかな）	10	21.7
3位	声の大きさ	3	11.5	4位	髪型	9	19.6
				5位	社交的な態度	8	17.4
				6位	服装	各7	15.2
					体格		
					笑顔		

●日本：髪型，メガネをかけている，きちんとしている，気が強そう（各2）
目が大きい，面白い，冷たそう，怖く見える，やさしそう，人見知りする，落ち着きなさそう，地味，おとなしそう，健康的（各1）

●アメリカ：声が大きい，話好き，自信を持っている（各4）
いい人，アジア人（各3），
知性がある，聞き手，まじめ，エネルギッシュ，皮肉屋，内向的（各2），女性，若い，帽子をかぶっている，肌，歩き方，リラックスしている，マイルド，シャイ，よく笑う，ユニーク，幸せそう，人見知り，数学が得意，活力がある，楽観主義，傲慢な，情熱的，ジョークを言う，注意深い，礼儀正しい，運動嫌い，スポーティ（各1）

　自分を表す特徴は大きく分けると身長，声，目，服装，体型などの外見に関する回答，「明るい」「元気いっぱい」など性格的特徴に関する回答，「おとなしくみえる」「優しそう」など，他者が見た自分の印象についての回答が多かった。特にアメリカは「アジア人」というように，外見からわかるであろう人種が他の人の目につきやすい特徴であると考えている学生もいた。これは，多文化社会であるアメリカの文化的背景を反映しているといえるだろう。

b．「あなたという人を思い浮かべたときに，最初に浮かんでくる3つの言葉

表5-10 あなたを表す3つの言葉

	日本				アメリカ		
順位	回答	度数	%	順位	回答	度数	%
1位	明るい・明朗	7	26.9	1位	hardworking	24	52.2
	感情が豊かである			2位	intelligent	10	19.6
3位	まじめ	6	23.1	3位	happy	7	15.2
4位	考えすぎる	各4	15.4	4位	confident	各6	13
	優柔不断				friendly		
6位	面白い	各2	7.7	6位	funny	各5	10.9
	のんびりしている				shy		
					quiet		

を教えてください。」

日米の学生の主な回答結果は表5-10のとおりである。

その他，少数意見として以下のような回答がみられた。主に，肯定的な回答と否定的な回答に分けてみてみる。

●肯定的な回答

日本：「立ち直りが早い」「めげない」「人当たりが良い」「責任感が強い」「楽観的」「好奇心が旺盛」「努力家」「素直」「自分に誇りを持っている」

アメリカ：smart, creative, determined, cheerful, joyful, super, unique, funny, responsible, persistent, patient, diligent, content(満足している), disciplined, honest, concerned, considerate, talkative, reasonable（理性的な）, adventurous(冒険好きな), kind, religious, studious, competitive, different(変わったところのある), nice, easy-going, outgoing, open-minded, ambitious, charismatic, directive, optimistic, respectful, trustworthy, thinking, hoping, peaceful, narcissistic, individualistic, athletic, student, part-time worker, listener, relaxed, lucky, tall, short(背が低い), stylish, loud, nice guy, matured, caring people, mathematical（数学が得意な）, music, Jewish, artistic, loner, outsider

●否定的な回答

日本:「熱しやすく冷めやすい」「感情の起伏が激しい」「頭が悪い」「優柔不断」「面倒くさがり」「引っ込み思案」「心配性」「忍耐力がない」「すぐ人と比べてしまう」「考えすぎてしまう」「よく泣く」

アメリカ: lazy, silly, introverted (内向的な), seclude (ひきこもる), ambivalence, misunderstood, awkward (不器用な), depressed, tired, weird

これらの回答を概観すると、自己イメージやその表現の仕方の傾向性について日米で相違点を認めることができた。まず、アメリカの学生は、半数以上(52.2%)の学生(24名)が自分を表す言葉として「hardworking (勤勉な)」をあげていた。これは、日本の学生にはみられない傾向であり、大学生である自分を「勤勉である」と位置づけることは、アメリカ人学生にとって重要なことのように思える。その他、「intelligent」「happy」「confident」など肯定的な語句が並んでいる。これに対して、日本の大学生は「引っ込み思案」「優柔不断」「頭が悪い」など否定的なイメージを喚起するような回答もいくつかみられた。

c.「もし教授があなたを評価するとき、彼らはあなたの何について話すと思いますか?」

これは、学生としての自分に焦点をあてて、主に教授という重要な他者に自

表5-11 教授からみたあなたの評価

	日本				アメリカ		
順位	回答	度数	%	順位	回答	度数	%
1位	まじめ	6	23.1	1位	まじめ (Hardworking)	30	65.2
2位	明るい	5	19.2	2位	宿題をちゃんとやる	14	30.4
3位	熱心な学生	4	15.4	3位	Good student (よい学生)	13	28.3
4位	先生の話をよく聞く	3	11.5	4位	熱心な学生	各6	13
5位	宿題をちゃんとやる	各2	7.7		よく質問をする学生		
	前向き			6位	よく勉強をする学生	各4	8.7
	自分の主張を持っている				もともと頭はいいのに、		
	よい学生				努力をあまりしない学生		

分がどのように映っているかについてを問う質問である。学生が意識して教授に自己呈示している側面と言い換えることも可能であろう。

表5-11をみると，日米ともに「まじめ」というのが一番に来ている。そのほか，「宿題をちゃんとやる」「責任感がある」など，自身についておおむね肯定的な回答がみられた。アメリカの学生からは「もともと頭はいい（能力はある）のに，努力をあまりしない学生」だと自分がみられているとの回答があったが，「もともと頭がいい」と教授が自分をみてくれていると考えるなど，アメリカ人の自分に対する自信や自己高揚的な思考がうかがえるのではないだろうか。

その他の回答を，肯定的なものと否定的なものに分けてみてみる。

●肯定的な回答―「明るくて，ムードメーカー的存在」「よく質問する，積極的な学生」「出席態度がよい学生」

●否定的な回答―「浮き沈みが激しい（成績や意欲に関して）」「赤面症」「授業にはよく出るけど，はっきりと答えをいわない子」「興味のあるものには真剣だが，ちょっとわからなくなると関心がうすくなる」

（3）学力の自己評価・得意分野・不得意分野
質問2．あなたの学力の自己評価に関する質問です。
　a．あなたの全体的な学力に関して，もし評価するとしたら（a）上位10%（b）上位10-50%（c）上位50%以下（平均以下）のうちの，どれに入ると思いますか。

表5-12　学力の自己評価

	日本		アメリカ	
	度数（人）	%	度数（人）	%
(a) 上位10%	3	11.5	18	39.1
(b) 10-50%	16	61.5	28	60.9
(c) 上位50%以下	7	26.9	0	0

結果は，日米で大きな差がみられた（表5-12）。上記の表をみると，アメリカの場合（a）上位10％以内と答えた学生が4割近くにも上った。さらに，60％以上が，自分を成績が上位10-50％だとみなしていることがわかる。実際にはこれはありえないので，自己高揚バイアスが働いている可能性が示唆された。また，この理由として，（b）上位10-50％に位置すると答えた学生のほとんどが，高校時には上位10％以内であったと答えたため，過去の自分の成績に対する知覚がこのような高い自己評価につながっているとも考えられる。また，驚くべきことにアメリカの学生は自らを（c）上位50％以下とみなしている学生が一人もいなかった。

　これに対して，日本人学生は，上位10％だとみなしている人が11.5％となっており，現実に近い回答がみられた。また，日本人学生で（b）を選択する学生は，自分は（b）と（c）の間にいるのではと自己を位置づける学生が多かった。

b．学生として，どの分野が得意ですか？
　学業的な得意分野として，表5-13のような回答がみられた。主要教科，専門分野から芸術分野，体育関係，パーソナリティに関するものまで，回答は多岐にみられた。
　少数意見を日米でまとめると以下のようになった。

表5-13　学生としての得意分野

日本				アメリカ			
順位	回答	度数	％	順位	回答	度数	％
1位	英語	8	30.8	1位	言語能力	22	47.8
2位	対人関係能力・協調性	6	23.1	2位	数学	18	39.1
3位	美術	5	19.2	3位	書く能力（Writing）	13	28.3
4位	数学	各4	15.4	4位	科学	12	26.1
	運動			5位	歴史	9	19.6
	音楽			6位	時間管理能力	8	17.4
	歴史				（タイム・マネジメント）		
				7位	物理	各6	13
					文学		

●日本：暗記系，文学，合唱，家庭（2）
人をまとめること，自己アピール，企画すること，年上とうまくやること，法律，ものづくり，経済，生物，演劇，物覚えが早い，朝に強い，集中力，簿記，ワープロ，コンピュータ，公民，地理，心理，国際事情（各1）

●アメリカ：人文系（4），心理学，芸術，ものづくり，整理整頓（各3）
工学，政策，運動，コンピュータ，暗記系，批判的思考力（各2）
プレゼンテーション，コンサルタント，スタディスキル，努力する，社会学，文化人類学，経済，会計，音楽，ダンス，図書館学，ディベート，ジュエリーデザイン，代数幾何（各1）

　日米ともに「英語」「語学」を得意としている学生が多かった。日米の違いとしては，日本は「対人関係能力」が得意と回答した学生が6名ほどおり，友人関係を重視している傾向が読みとれた。アメリカは「数学」の回答が2番目に来ており，理数系の科目に対する得意意識が高いことがわかる。また，「時間管理能力（タイム・マネジメント）」という回答がみられるなど，学生生活を効率的・合理的に過ごすためのスキルを重視していると考えられる。

c．また，どの分野が苦手ですか？
　不得意分野についての回答は表5-14のようになった。
　表5-14からわかるように，日米の学生とも「数学」が苦手なようである。得意分野でも入っていた「語学」「英語」も入っており，学生によって得意・不得意が分かれる傾向を示しているといえよう。日本の学生は理数系に関する科目が不得意という回答が多いが，これは，今回の調査対象となっている学生の多くが経済学部や文学部などの文系学部に所属していたこともその原因の一つと考えられる。
　その他の少数意見を日米でまとめると以下のようになった。

●日本：物理，国語，プレゼンテーション，コツコツ積み上げていくこと，深く物事について考えること，世渡りが下手，歴史，社会，古典，テニス，ピ

表 5-14　学生として不得意な分野

日本				アメリカ			
順位	回答	度数	%	順位	回答	度数	%
1位	数学	13	28.3	1位	数学	17	37
2位	科学	5	19.2	2位	語学（読み書き）	16	35.6
3位	英語	各3	11.5	3位	科学	12	26.9
	美術			4位	歴史	8	17.4
	暗記するもの			5位	時間管理能力（タイム・マネジメント）	6	13
	対人関係能力						
7位	簿記	2	7.7	6位	初対面の人とのやりとり	各4	8.7
					スピーチ		
				8位	物理・化学・生物	各3	6.5

アノ，パソコン，先生と話すこと（各1）

●アメリカ：統計，グループワーク，政策，批判的分析力，整理整頓，努力すること（各2）
グラフィックアート，抽象的なこと，創造性，暗記系，スタディスキル，悪い習慣がつきやすい，決められたことをすること，美学，スポーツ，心理学，政治，社会科学，日本語，コンピュータプログラム，クラスで発言すること（各1）

（4）社会的比較の方法

質問3．他の人との比較についての質問です。

　a．一般的に言って，あなたは他人と自分を比較しますか？

この質問については，日米で差がみられた（表5-15）。

日本の学生の場合ほぼ全員，26人中25名が「はい」と答えたのに対し，アメ

表 5-15　「比較をしますか？」という質問への回答

回答	日本		アメリカ	
	度数	%	度数	%
比較する	25	96.2	35	76.6
比較しない	1	3.8	11	23.9

リカ人学生は「はい」と答えたのは7割強であった。このことは，日本の文化社会的背景では，頻繁に他者との社会的比較がおこなわれていることを示しているといえよう。

　b．また，どのような面を比較をしますか？
　社会的比較では，成績や性格面など，さまざまな側面が対象となる。比較する側面についての回答を表5-16に整理した。
　この表から，やはり日米ともに勉強面での比較をすると答えた回答が最も多かった。その後，性格や外見などと回答が続く。あまり日米の差はみられなかった。

　また，「どのようなときに比較をしますか？」という追加質問に対しては，以下の回答がみられた。

　「元気なときは（比較）しない。落ち込んでいると他人がすぐれてみえる。」
　「他の人が頑張っていて自分がなまけているとき」
　「人が何かを成功したとき，何か決断をしたとき」
　「勉学に対しても，仕事に対しても，あらゆることに対して自分より努力を積んでいる人は常にみて参考にしている」

表5-16　比較する内容

日本				アメリカ			
順位	回答	度数	％	順位	回答	度数	％
1位	勉強面（成績，GPA）	7	26.9	1位	勉強面（成績，GPA）	21	45.7
	性格	7	26.9	2位	外見	10	21.7
3位	外見	3	11.5	3位	社会的スキル・対人関係能力	5	10.9
4位	就職活動の結果	2	7.7	4位	性格	5	10.9
	スポーツ，家庭環境，	各1		5位	スポーツ，言語（流暢さ）	各1	

c．比較をした後，どうなりますか？

比較をした後，人はどのような反応を示すのだろうか。まったく動じないという人もいれば，自分が他の人よりも劣っていることを知って落ち込む人もいるであろう。この質問については日米で回答の傾向に違いがみられた（表5-17）。

表5-17をみると，順位は異なるものの，日米ともに「落ち込む」と回答したのは全体の25%前後であることがわかる。しかし，アメリカは半数近くの学生が「気にしない・落ち込まない」と回答しており，自分の基準をもち，あまり他人の基準や言動に左右されない態度が見受けられるといえる。アメリカの学生は，「そのような優秀な友人を持っていることを喜ぶ」「自分の参考にするが，人は人なので落ち込まない」などの回答が多かった。

このことから，比較すること自体をどのようにとらえているのかについて，日米の学生で違いがみられるのではないだろうか。たとえば，日本の学生は，自分の至らない部分をみつけるために比較をし，そのために「落ち込む」ことも出てくる。これに対して，アメリカの学生は，自分のやる気を出したり，高揚させるために比較する傾向があり，自己形成における比較の目的や機能についてのさらなる検討の余地が見出される結果となったといえる。

その他，以下のような回答がみられた。
●肯定的な回答
「比較したときには，自分が努力し切れなかったことを後悔してしまう。で

表5-17 「比較をしたあとどうなりますか？」という質問への回答

日本				アメリカ			
順位	回答	度数	%	順位	回答	度数	%
1位	落ち込む	7	26.9	1位	気にしない・落ち込まない	21	45.7
2位	自分ももっと頑張ろうと前向きになる	5	19.2	2位	落ち込む	12	26.1
3位	気にしない・落ち込まない	3	11.5	3位	自分ももっと頑張ろうと前向きになる	7	15.2
4位	自分も真似したいと思う			4位	人は人，自分は自分	4	8.7
6位	うらやましいと思う 自分に苛立つ	各1		5位	自分も真似したいと思う	3	6.5
				6位	精神的バランスを崩す	1	

も，比較した後，前向きに『頑張ろう』と思う方だと思う」

「自分とあまりかけはなれた相手とは比べない。あまりへこまないし，強気になるほうだと思う。」

「(たとえば性格について)やさしいな，こういうところを真似したいなと思う」

「『自分は自分の生き方を貫こう』と再確認するときと，うらやましいと感じるときの2種類がある」

「(自分について)ここは直すべきだと自覚する」

「なぜ自分より優れた行動を可能にするかを考え，自分のなかに応用できるものはないかと模索する」

「『私も頑張ろう』と思う，もしくは『私はダメだ』と思う」

「相手がすごいと思う。比較した後『自分ではしょうがない』『あーあ』と落ち込むことはない」

●否定的な回答

「『私にはあれはできないなあ』と思うときもある」

「落ち込む，否定的になる。自分にないものをもっている人は，『何でできるんだろう？』と思う」

　少数意見としては，おおむね肯定的な回答が多かった。いずれも，比較した結果をもとに，前向きに対処する姿勢がみられた。また，「比較する自分が嫌だ。本当に勝つのは自分に対してだし，人と比べるよりも，自分に勝つことの方が大事だと思う」という回答にみられるように，比較をすること自体に関して批判的な意見もみられた。

(5) 子どもの頃の自己概念と今の自分について

質問4．：あなたの自己概念や自尊感情についての問題です。

　これは，幼少時において，自分をどのように感じていたか，子どものころの自己概念と現在との関連性についての質問である。

　a．子どものときの自己概念はどうでしたか？　自分を肯定的に見ることが

表 5-18　幼少時の自己概念

日本				アメリカ			
順位	回答	度数	%	順位	回答	度数	%
1位	自分が好きだった	6	23.1	1位	人よりも優れていたと思う	16	34.8
2位	周りから可愛がられていた	5	19.2	2位	自分に自信があり，好きだった	13	28.3
3位	リーダータイプだった	5	19.2	3位	決まった友人が1―2人いた	12	26.1
4位	自分に自信をもっていた	3	11.5	4位	友人はたくさんいた	11	23.9
5位	あまり意識していなかった	3	11.5	5位	シャイだった	9	19.6
6位	自分が嫌いだった	2	7.7	6位	自分に自信がなかった 一人が好きだった	各7	15.2

できていましたか。

「子ども（主に小学校時代）のときの，自分の自己概念はどうでしたか。どんな子どもで，自分に対してどう思っていたかを教えてください」という質問については，「自分が好きだった」「周りから可愛がられていた」など日米ともに肯定的な回答が多かった。アメリカの一位は「人よりも優れていた」「頭がよかった」など，自分の能力に対する肯定的な評価をしている点がうかがえる回答となっていた（表5-18）。

少数意見として，以下のような回答もみられた。

●肯定的な回答

「自分に自信を持っていた。『自分はやればできる，できないことはない』と思っていた」

「人と比べることがあまりなく，『自分は自分』と思っていた。友人関係は皆と広く仲良くやっていた。自分が好きで，ありのまま認めていた」

「自分に対して肯定的，誰とでも仲良くなれる，全体人間だった。リーダー的存在で，生徒会長もやった。人前に出るのが得意と思われていたが，心のなかではあまり出たくない，サブ的でいたいという思いがあった。その方（副役職）が自分を生かせるのでは？と思っていた」

「自分が好きで，自信があり，優等生ぶっていた。友人は付き合いやすかっ

た」
「自分のことを受け入れていたと思う。何も考えず，何かをやると，親や友達が笑ってくれた」
「自分が大好きだったことを覚えている」
「運動が得意で，足が速かった。友人からチヤホヤされていた」
「幼いころは自分に自信があった。勉強もスポーツも良くできていたし，ピアノも弾けたので他の子に教えたりしてリーダー的存在だった」
「幼稚園から前に出ていた。人前に抵抗はなく，友人は多い。小5のときいじめにあって，悩みを相談する人がいなかった。6年では生徒会長になった」
「一番よくて，小中学生のころはリーダータイプで，児童会長もやった。グジグジ悩むのが嫌いで，サバサバして，女よりも男と遊んでいた。年上の人が好きだった」

●否定的な回答
「コンプレックスの塊だった。デブで，ブスで，いつも下を向いて人とのかかわりを拒んでいた。友好関係はせまかった。中学生のとき自分がすごく嫌いだった」
「赤面症で自分に自信がなく，人前でからかわれるのがいやだった。低学年のときは活発だったが，4～5年から赤面症になった」
「自分という存在を意識していない。肯定・否定もない。人見知りするので，特定の人といる。自分を素直に出すのが苦手だった」

●家庭環境についての回答
「母は普通に受け止めてくれたが，父は嫌いだった」
「親が厳しく，要求度が高かった」
「しつけは厳しかった」
「親は過保護で，弟が生まれたら嫉妬した」
「幼家庭では，妹が何でもしゃべるので，自分が言う機会はない。日曜は家族で出かけるなど，関係は良好だった」
「兄弟がいなかったので，一人遊びが多かった。一人で本を読む，ストーリー

をつくってしゃべるなど。絵を描くのが好き。母と仲がよかった」

「兄が家事をしなくていいのが嫌だった。父は古風なタイプ。愛されて育った」

「父は厳しい人（5分遅れると叱られた），母はやさしい，甘い感じ。でもしつけはしっかりしていた」

「親とは仲が良かった」

「家族には大切に育てられた」

「両親は過保護で過干渉。何でも決められて，勉強面でも期待された」

「幼稚園に行くのがイヤだった（母とはなれたくないから）。4人姉妹の末っ子で大切に育てられ，一番上の姉が子どものように扱ってくれた」

回答をみると，家庭環境に言及した回答が多いのに気づく。やはり幼少時は，親とのかかわりが記憶に多く残っているのかもしれない。また家庭で大切に育てられたと感じている人は，自分を肯定的にみることができる傾向がみられた。

b．それ（子どものときの自己概念）は今とどのように異なりますか？

次に，「今は自分についてどのように感じていますか？　それは子どもと

表5-19　現在の自己概念

	日本				アメリカ		
順位	回答	度数	%	順位	回答	度数	%
1位	肯定的に自分を受け入れている	12	46.2	1位	自分に自信をもてるようになった	24	52.2
2位	自分に対して否定的である	3	11.5	2位	子どものころより外向的になれなくなった	7	15.2
3位	幼少時のような自信はない 向上心をもつようになった 自分について考えるようになった 思慮深くなった 他人を優先するようになった	各1		3位	他人をあまり気にしなくなった	6	13
				4位	より外向的になった 友人が増えた	3	6.5

表5-20 幼少時と現在の自己概念の比較

子どものときの自己概念	現在の自己概念	日本 度数	%	アメリカ 度数	%
高かった	今も高い	11	38.5	26	56.5
高かった	低くなった	6	23.1	6	13
低かった	今は高い	5	19.2	15	32.6
低かった	今も低いまま	1	3.9	0	0

きの自己概念とは異なりますか」という質問への回答をみていきたい（表5-19）。

「それは現在の自己イメージと比較して，どのように異なりますか」という質問には，日米とも，「自分に自信をもてるようになった」「自分を受け入れている」等自分に対する肯定的な自己概念を示す回答が多くみられた。

インタビューをしていると，子どものときと同じ自己イメージをもち続けている学生もいれば，子どものときはとても肯定的であったが，今は否定的になっていたり，また逆の回答をする学生など，いくつかのパターンがあることがわかった。子どものときと現在の自己概念の変化を比較したものが表5-20である。

表5-20をみると，幼少時も現在も肯定的に自己を受け入れていると回答した人が最も多かったが，日米でその割合に差がみられた。アメリカは半数以上（56.5％）と日本（38.5％）に比べて，高い自己概念を維持している割合が多いといえる。日本の学生は，子どものときに比べて今は，客観的に自分を評価できるようになったことも含めて自己概念が低くなっていると感じている割合が23％となっているが，アメリカは幼少時よりも現在の方が肯定的になっていると回答する割合が32.6％と多い。これらの回答が，青年期の自己概念を日米で比較したときにアメリカの方が高いという質問紙調査の結果と関連している可能性も示唆された。

少数意見として，以下のような回答がみられた。

●肯定的な回答

「今は自分が好き，周りの子が気を遣ってくれる。大学に来てから，外見ではなく中身が大事だと思った」

「今も子どものときと同じ。自分を肯定的に受け入れている」

「子どものときと同じく，自分の行動に自信をもって動けている」

「今は，自信と言うよりも，自分が好きだと思える感じです。自分を着飾る必要もないし，ありのままでいいんだと思っています。今から向上していくんだと思っています」

「今も昔も明るく過ごしている。向上心が高くなり，人の目を気にするようになった」

●否定的な回答

「昔も今も，マイナス思考の傾向がある」

●子どものときと現在の自己概念に変化があったという回答

「子どものときは，周りから可愛がられていた。自分が好きだったが，今は自分をあまり受け入れていない。否定的になってしまい，明るくとらえられない」

「素直に自分を受け入れていた昔が信じられない。客観的になり，『上には上がいる』と知り，自信がなくなってきた」

「だんだん肯定的でなくなってきている」

「今は幼いときのように自分に自信はない。ある程度はできると思うが」

「昔のように素直で自由ではない。自分を好きになろうとしているが，難しい部分があり，嫌いになることもある」

「相手のことを考えられるようなゆとりが出てきた。自分を肯定的にみられるようになった。環境がいいから，自己の向上心がもてるようになった」。

「昔は避けていたが，今は自分と向き合えるようになり，自分について考え，等身大で向き合えるようになった」

「昔は甘えていてよかったが，今は恩返ししたいな，という気持ち。自分の嫌なところもみえてきて，自分が恵まれていることに気づかされた」

「高校のときも，自分が好きだった。だが，大学受験に失敗して，自暴自棄になったこともあった。流れに沿うのが嫌だと感じたが，だんだん自分を広げられる，どこでもできると感じた」

「今は，自分というものがはっきりとあり，長所，短所，物事に取り組む傾向を理解したうえで受け入れている（そのままでいようとするのではなく理解したうえで向上，改善させるべき場所を見つけている。）」

「子どものときは両親が嫌いだったが，今は好き。自分に対して否定的だったが，短大に入ってから肯定的になった」

上記の回答から自己概念形成の要因について，児童期と青年期のイメージ形成要因が異なるのではないかという疑問が見出された。子どものときの肯定的自己イメージの要因としては，単に自分への主観的・絶対的自信，親子・友人関係からくる受容の結果などがあげられ，否定的自己イメージ形成の原因としては，親の抑圧，外見があった。これに対して，青年期に入っての自己イメージになると，もう少し形成の要因が複雑化してくる。たとえば，肯定的にしろ否定的にしろ自分は何者であるかという自己イメージをもつために，幼少期にはあまり気にしていなかった他人の評価，自分の長所・短所に関する客観的事実についての認識がなされる。そこでは自分と向き合うこと，自分について冷静に分析し，受け入れることができているかどうかが重要な要素となることがわかった。

また，「今は，親，親戚以外の人には成果が求められているように感じるときがある」との回答にみられるように，自分にとっての「重要な他者」の期待に関するものもあった。

（6）肯定的な自己概念の形成要因

質問5．肯定的な自己概念を育てるために最も大事なことは何だと思いますか？

これは，どのような要因が肯定的な自己概念のために必要と考えているかについての質問である。以下のような回答がみられた。

表5-21をみると，日米ともに「安定した家庭環境」「よい友人関係」が大切

表 5-21 肯定的な自己概念の形成要因

日本				アメリカ			
順位	回答	度数	%	順位	回答	度数	%
1位	安定した家庭環境	各6	23.1	1位	安定した家庭環境	各25	54.3
	よい友人関係				よい友人関係		
3位	好きなこと，自信をもてることをみつける	各5	19.2	3位	学校でベストを尽くすこと	9	19.6
	自分自身を知る	5		4位	自分を信じること	8	17.4
5位	目標をもつ	各1		5位	他人と比較しないこと	各5	10.9
	何でも楽しんでやる				幼少期の家庭環境		
	本を読んで視野を広げる						
	他の人の意見を聞く						
	達成感を得る						
				7位	宗教をもつこと	各4	8.7
					ほめられる，受け入れられること		

という回答が最も多く，「重要な他者」である家族や友人の影響の大きさを示唆するものとなった。次に，自分自身を認め，受容することの重要性，自信をもつことといった，自己の向上に関する回答がみられた。また，「自分の好きなことをみつけて，打ち込む」「本を読んで視野を広げる」といった，得意分野の向上も肯定的な自己概念のために影響を与えるという回答も多かった。

その他の少数意見の回答を，家庭環境，人間関係，自己の向上・達成，その他に分けて，国ごとに紹介する。

●家庭環境に関する回答
日本：「家庭環境，愛されること，ありのままの自分でいいと思えること」
　　　「家庭環境―悪いことは厳しく叱るが，よいことはすごくほめる家庭」
　　　「親子関係が大切である」
アメリカ：「両親が高い自尊感情をもつこと」「両親が善悪の判断を教えること」「安心していられる環境（secure environment）」

●人間関係に関する回答
日本:「相談できる友人がいること。自分の「こんな部分」があるのだと気づかせてくれる」
「何でも話せる人をもつこと」
「自分のやることを認めてくれる人，円満な友人関係，親子関係。社会的な自分の役割—つまり仕事のようなもの」
「一番大切なのは友達と励ましあいながらさまざまなことに取り組むこと。そうしていくなかで挫折を味わうこともあると思うけれど，励まし合えるし，その分達成感もあり自分を受け入れたり，物事を肯定的に，前向きに考えられると思う。ほかには，努力してよくできた場合に評価してもらうことも大切だと思う」
「認め合うこと，ほめてもらうこと，ほめること，やればできるという自信をもつこと，心の鍛え，友人関係，勇気を出すこと」
「いろんな人と話すことが大切。相手からみた自分と自分の考える自分は違うので，欠点も指摘してもらう。人からアピールする，相手から教えられることが多い」
「自分で自分のことを考えるのもいいが，人とのコミュニケーションや，他人から客観的にみてもらうことも大事『こんないいところがあるね』と教えてもらったり」
アメリカ:「他人と比較しないこと」「教師のサポートを得ること」

●自己の向上や達成に関する回答
日本:「自分を知ること，好きなこと，得意なことを知ること」
「自分を好きになる—前向きになる。自分をよく知る—見直して，悪い，直すべき部分を直し，伸ばしていく」
「自信。他人に認められると，自分の持っているものが通用するかどうかがわかる。いろんなものにふれる—一つの環境にとどまるのではなく，いろんな経験をする。」
「背伸びをしないこと（自分を過大評価しない）。今の自分を素直に認める，弱いのに強がらない」

　　　　「自分はできるんだといいきかせる。小さいことでも何か始めて，達成
　　　　感を持ち，自信をつける」
　　　　「あきらめないこと。苦しくても，つらくてもあきらめたら一歩も進ま
　　　　ない。何事にも勇気を持つ。『よし，がんばろう』と思ってそれを言
　　　　うことも勇気だと思う」
　　　　「自分に自信をもつこと。『これは誰にも負けない』と他人と比較して
　　　　もうちのめされない何かをもったら，自分が好きになる」
アメリカ：「自分で何が大切かをよく考えること」「勉強，運動，音楽などた
　　　　くさんやること」「仕事で成功すること」「バランスのとれた人格
　　　　をもつこと」「精神的に安定すること」

●その他の回答
日本：「楽観主義―つらくても前向きにとらえる，否定的にならない」
　　　　「将来何をやりたいか決まっていたので，常にその位置を見失わない。
　　　　目標をもつこと」
　　　　「自分が主体的になること，絶対に楽しんでやること」
　　　　「本を読むことで自分が今いる世界とは別の世界に入り，新しい知識や
　　　　考えを得るのもよいと思う」
　　　　「一時的な自己肯定概念ならば，他人から評価されることで生まれる。
　　　　しかし，長期的な自己肯定概念は，まず絶対に必要な条件として，悩
　　　　むことがあげられる。どんなことでもいいから，自分の思い通りにい
　　　　かないことをみつけるべきである。温和な日常生活のなかでは，自分
　　　　を振り返る機会というものはなく，自己理解以前の問題になってしま
　　　　う。そして，その悩みに対して真正面からぶつかって解決していくこ
　　　　とだと思う」
　　　　「しっかりした生き方をした人を手本にして生きていく。自分で考える
　　　　（生き方や，どうして恵まれて暮らせているのかを）」
アメリカ：「ストレスがあまりない状況」「経済的に安定すること」「運に恵ま
　　　　れること」「達成可能な目標を立てること」「健康なこと」「宗教
　　　　をもつこと」「笑顔でいること」

(7) 否定的な自己概念の形成要因

質問6．否定的な自己概念を構築するのに最も影響を与えることは何だと思いますか？

回答は以下のようになった。

否定的な自己概念を生む原因に関しては，日米ともに，友人関係や家庭環境が多く回答としてあげられた。特に，「他人との比較」が「家族との関係」と並ぶアメリカの場合は，他人と比較しすぎることは，否定的な自己概念の形成要因となると考えていることがわかった。また，アメリカでは少数意見ではあるが，アルコールや薬物，メディアなども自己概念によくない影響を与えると考えていることも示唆されたが，これらの回答は日本の学生にはまったくみられなかった。このような回答が出てくること自体がアメリカの治安状況や社会・文化的背景を反映しているといえるだろう。

その他の少数意見の回答を，家庭環境，人間関係，自己，その他に分けて，国ごとに紹介する。

●家庭環境に関する回答

日本：「幼い頃の家庭環境。親の育て方。『こうしなさい』ばかりだと，自信

表5-22 否定的な自己概念の形成要因

日本				アメリカ			
順位	回答	度数	%	順位	回答	度数	%
1位	よりよい友人関係がもてないこと	6	23.1	1位	家族との関係 他人との比較 人から受け入れられないこと，拒絶されること	各15	32.6
2位	幼少期の家庭環境	5	19.2				
3位	他人との比較 家族との関係	各4		4位	ストレス	5	10.9
5位	自信がもてないこと	3	11.5	5位	高すぎる目標	4	8.7
6位	教師からの評価 考えすぎること 人から拒絶されること	各2	7.7	6位	自意識過剰 アルコール 薬物 メディアの影響（インターネット，テレビ）	各3	6.5

がなくなる。おさえつけられると，自分を出すきっかけがつかめない」

「友人・家庭環境。好きなことを伸ばせない環境」

「幼少時の環境。しつけが強制的だとつらい思いをする」

「家庭環境。自分で自分を認めるのも必要だが，まわりがその子の頑張りを認めることも必要」

「環境―小さいときに親や教師に怒られた，否定された経験」

「温かさがない環境で育ったこと，今の自分でいることが誰かに否定されたときがそのように自己否定に陥ると思う」

「親の教育」

「親が決めていると，決断力がない，自分の意見が出せなくなる→落ち込む。自信のなさ，決断力のなさにつながる」

アメリカ：「身体的虐待を受けること」

●人間関係に関する回答

日本：「人と比べること。『人は人，自分は自分』と思わないとダメ。人に抑え付けられるとビクビクした性格になる―否定的になりやすい」

「自分自身を認めない心―他人と比較しすぎる。比較すると『私も頑張ろう』となるか『どうせ私なんか……』となる」

「友人関係，人格を否定する言葉，親や教師から他人と比較して評価されること」

「小学校のときの周りの環境(友人，教師からの目)。あと，先生によって出会いがあり，人生が大きく変わる」

「自信をもてないこと―他人にいじめられる。心が折れる→悔いる。もう立ち上がれない，立ち上がりたくなくなる。自分のなかで限界をつくる」

「文句，愚痴を友人に言う。周りから認められていないと感じること」

「友人と付き合うなかで，愚痴の言い合いが多いと，嫌な面が見えてばっかりで，次の段階に行けない」

「対人関係は大切」

「誰も頼る人がいないこと。自分の周りにいる人々が死んでしまった

　　　　り，いなくなること」

　　　「周りにいる人が，その人に対して期待や信頼をよせてあげないと自分はだめなんだと思ってしまうと思う。自分を信じて励ましてくれる人が必要」

　　　「尊敬している人に裏切られる（先生，親，先輩など）。信用できると思っていた人が信用できなくなる。『自分がダメだ』といわれると，否定的にものをみるくせがつく」

アメリカ：「友人と競争するとき」「ケンカをすること」「人と話さない，交流を避けること」「否定的な友人と一緒にいること」

●自己に関する回答

日本：「考えすぎること。何を考えても否定的になって『あれもダメ，これもダメ』となってしまう」

　　　「自分の理想と現実のギャップ。両方のビジョンをたてる力が必要だと思う」

　　　「失敗して挫折感を味わってからどうするのか？→『自分なんか……』と思えば，自信をなくす。逆転の発想ができないとダメだと思う。すぐ前向きになる切り替えの早さが大切」

アメリカ：「劣等感をもつこと」「自分に自信がもてないこと」「心配しすぎること」「高すぎる期待・目標をもつこと」「せまい枠組みで自分を定義づけること」「一つの視点しかもたないこと」「罪悪感をもつこと」「自信過剰なこと」「自意識過剰なこと」「自分の基準をもたずに，環境に翻弄されること」「だらしなさすぎること」「自分にとって何が大切かを知らないこと」「自分のやりたくないことを仕方なくやっているとき」「協調性がないこと」「自分自身を疑うこと」「否定的な方向へ考えること」「外見がよくないこと」

●その他の回答

アメリカ：「運に恵まれないこと」「人種によって不当に扱われること」「ストレス」「疲労」「別れを経験すること」「アルコール」「ドラッグ」

（8）考察：日米の大学生の自己とは

　本調査では日米の大学生に同じ質問で聞き取り調査をおこなったが，アメリカの大学生の自己イメージやその記述の仕方に，日本の大学生にはない傾向を認めることができた。

　インタビューを通して，自己を表す言葉の選択や，社会的比較に対する考え方について，アメリカ人学生の方がより自分自身を肯定的にみている回答がみられた。たとえば，アメリカでは「自分をあらわす3つの言葉」について大部分の学生が，「hardworking」「intelligent」「happy」など肯定的な語句を選んでいた。対して，日本の大学生は「引っ込み思案」「優柔不断」「頭が悪い」など否定的なイメージを喚起するような語句を選ぶ学生がいた。これは，西洋人にみられる自己高揚の傾向が関係しているのかもしれないが，アメリカ人学生は一般論はともかく（「否定的な自己概念の原因としてどんなことが考えられますか」といった質問など），自分自身についてはとにかく否定的なことをあまり口にしない様子が感じられた。他者と自分を比較したときにどう思うかについても，日本の学生は「落ち込む」「自分はダメだと思う」など否定的に比較の結果をとらえる学生が大半を占めるのに対し，アメリカの学生は，「そのような優秀な友人をもっていることを喜ぶ」「自分の参考にするが，人は人なので落ち込まない」などの回答が多かった。アメリカの学生は自分の基準をもち，あまり他人の基準や言動に左右されない自立した態度が見受けられた。

　肯定的な自己概念の要因については，両国とも家庭環境や友人関係などに言及する回答が多かった。また，自分自身の得意分野を知ることや，自分に自信をもつことの重要性が示唆された。さらに否定的な自己概念の要因については，こちらも家庭環境が大きな影響を与えるのではないかという回答が多かった。これらの回答をみると，家庭環境や友人関係が自己概念に大きな影響を与えていることがわかる。しかし，否定的なフィードバックに対して，「自分にできないことが出てきたとき『あえて自分に対して否定的になることで自分を見つめなおすことができる』」と，自己に対する批判的精神の有益さに言及をした回答もあった。また，「環境はそんなに関係ない。今までの自分のなかの気持ち，人から言われたことをどう感じるかが大事だ」というように，周りの環境よりも，まず自分自身がどうあるかに着目した回答もみられた。アメリカの

学生においては，薬物・アルコールの使用，両親の離婚，性的・人種的差別などの回答もみられ，問題がより具体的で深刻なものも多かった。日米のこれらの着眼点の違いは2国間の社会的・文化的背景の差を示しているといえるのではないだろうか。

　好ましい自尊感情は，自己についての客観的な情報（知覚された自己）と，その情報に基づいてなされる主観的な評価（理想の自己・自尊感情）が一致していることであろう。だが，自身の能力は周囲の評価や期待，また他者との比較によって，不正確になることが多く，それらが自己概念の過大・過小評価を招くことがある。今回の聞き取り調査では，否定的な自己概念が形成される要因として，理想自己と現実自己のギャップという意見があった。特に，重要な他者（親，教師，友人，パートナー）からの期待や自己の理想や願望と，実際の自己の能力や状態との間に矛盾を認識すると，自身のなかで葛藤が起こり，この葛藤が不適当感や無価値感，あるいは劣等感や羞恥心，罪悪感情や不安として経験されることが多い。そのような経験の積み重ねが，否定的な自己イメージを持つことにもつながるといえよう。こういった場面をどのように乗り越えて，自身のなかの矛盾と向き合うかは，青年期の課題の一つといえよう。

6 文化と自己形成

1 文化心理学とは

(1) 文化と心の相互構成過程

　パーソナリティや自己形成のプロセスをより深く理解するためには，その一時点での個人の差異を切り取ってみるだけではなく，その人がどういう社会や文化のなかで生を受け，育ってきているのかが重要になる。すなわち，心そのものを作り上げている社会的，文化的背景にまで着目することが必要となる。文化心理学の分野は，心のプロセスを，社会・文化的プロセスの一部として理解しようとし，「心は文化に関与することを通じて形成され，同時に，文化は，心により維持・変容されることにより将来へと受け継がれていく」という立場をとる（柏木・北山・東，1997，p. 21）。つまり，文化と心の関係を検討するにあたって，文化のもつ慣習などの要素と，心理的プロセスとの相互構成(mutual constitution)過程に注目するのである。

　文化心理学では，心のプロセスは文化のパターンと関連し合っているという見方にたつ。心理的プロセスはある社会的・文化的文脈のなかで形成されると同時に，また文化のパターンを再生産するともいえる。つまり，心の性質を理解するためには，その心の様相にのみ着目するのではなく，その背景にある社会的・文化的文脈——その社会のもつ慣習を含む特徴，意味の構造をも分析する必要があるということである。このように，文化心理学は文化人類学や社会学的アプローチとも関連する心と文化のダイナミズムに注目する学際的分野といえる。この章では，この文化心理学の観点から，自己形成の問題を検討してみたい。

(2) 文化的意味体系

文化心理学では，自己の内に取り込んだ文化的意味の世界を意味空間（psychological interior）とよぶ。意味空間は，その人を取り巻く「文化の衣」といえる（柏木・北山・東，1997，p. 48）。意味空間は人間の心的機能と結びつき，子どもは特定の文化のなかで育つことで，その文化で適切とされている感情表現の仕方や自己開示の方法などを自然に体得していく。たとえば，われわれが新しい文化に入ったときに違和感を感じるのは，自分が今までもっていた意味空間と新しい文化のもつ意味空間が異なるからといえる。

文化的意味体系とは，「文化特有の観念の体系の複合体」であり，そこには人間観，社会観，善悪観などの哲学的な観念や，学校や家庭，農耕などの生活領域別の観念体系が含まれる。文化心理学に求められることの一つとして，特定の文化的意味体系に枠づけられた環境のなかで，子どもはどのように自分の意味空間を構築していくのかというプロセスの解明がある。過去には，パーソナリティの特性構造（trait structure）に文化を越えて連続性がみられると報告している研究や，パーソナリティの質問紙で，文化を越えて同じ因子が得られたという研究（Eysenck & Eysenck, 1983）など，主要なパーソナリティ特性が文化に共通してみられるという報告がある。

(3) 文化とパーソナリティ

次に，文化という意味体系のなかで育つ心理の問題をどのように記述し，解釈するのかという問題についてみていきたい。文化とパーソナリティに関しては，文化心理学の観点から，数々の研究者が日本及びアジア諸国と西欧諸国の自己の成り立ちについて論じている。たとえば，アメリカと日本の「自己」を比較する際に，単純に数量的方法によって自己概念や自己評価を比較する方法があるが，そもそも文化によって「自己」の形成の仕方や成り立ちが異なるとすれば，その点を考慮に入れるべきであるとする考え方である。

ここで，文化と心理の記述の仕方について2つの見方が存在するので，それぞれについてみていきたい。カーディナー（A. Kardiner），デュ・ボア（C. DuBois），リントン（R. Linton），フロム（E. Fromm）らは，当該社会の代表的パーソナリティが，生活様式としての文化によって形成されたり，あるいは

その時代の社会的要請に対応したかたちで構築される，という「文化によってパーソナリティが構築される」という考えをもつ。これはいわゆる文化がパーソナリティを規定するという法則定立的（nomothetic）立場をとっている。

これに対し，ルース・ベネディクト（R. F. Benedict）やミード（M. Mead）などの「文化とパーソナリティ」学派は，各個人が文化的意味体系のコピーをもつと考えた（柏木・北山・東，1997）。つまり，民族的性格を文化の全体的パターンの一つのコピーであるとし，「パーソナリティ自体が文化と種類は異なるが同じである」ことを示している。そこでは「文化的性格」論の文化とパーソナリティの異種同形性が前提となり，個性記述的（idiographic）な傾向を有している。文化とパーソナリティ，どちらが優位なのかという問題にもなるが，前者は，文化が優位であり，後者は，パーソナリティそのものが文化のコピーであるという考えである。文化のなかで育つ心理の問題をみる際に，これら2つの見方が存在するということを考慮に入れることによって，文化の解釈の仕方もおのずから違ってくるといえる。

2　文化的自己観

（1）相互独立的自己観と相互協調的自己観

欧米と日本の文化間比較の研究はマーカスと北山（Markus & Kitayama, 1991），高田（1992, 2004）などにみられる。マーカスと北山（1991）は，欧米で一般的にみられる自己高揚の傾向が，日本などの東アジア文化圏ではなかなかみることができないという傾向に着目した。

自己概念の形成における文化の影響に関して，大きく分けて2つの見方がある（Hattie, 1992）。1つ目は，「自己概念は個人よりも文化とより関連している」という見方である。この観点からみると，個人は常に文化の影響を受け，文化がその人の価値観を定義づける。なぜなら，すべての個人の経験は，その特定の文化の領域内で起こっているからである（Cushman, 1990；Singer, 1980）。「文化化（enculturation）」という言葉が，この見方を理解するのに役立つ。文化化とは，ある環境に生まれた人がその集団の所属する新しい文化を学習し，自らを適応させていくプロセスをさし，そこでの文化とは，価値観，

思考・行動様式，言語や衣食住の規範などが含まれる。この文化化という言葉を用いることによって，自己形成とその人の所属する社会システム，家族，哲学，すべての経験などを含む文化との関連性を理解することができる。この観点からみると，自己概念の発達の規範は，その人が生まれ育った文化の影響を色濃く受けていることになる。

　文化の影響に関する2つ目の見方は，「個人の自己に関する概念にはある共通した要素があり，その共通性が文化を規定している」という考え方である（Hattie, 1992）。より正確にいうと，自己概念の形成は文化というよりも，個人に帰属しているとする見方である。この見方は，同じ社会内に存在する個人の思考や自己形成に関する共通した資源を基盤にしている。さらに，この見方は西洋の社会で広く認知されている個人主義と自立性の概念を重視している。たとえば，西洋人は自己概念を形成する際に，文化に強く影響されることなく，その意味で環境から自立しているといえる。一方，日本のような東洋の文化においては，自己形成は常に他者や社会との関係性の影響を受ける。アジア人において，自己概念の発達というのは，個人としての自己の確立というよりも，文化的文脈における自分自身の構築という面が強い。したがって，両親や友人，教師などの「重要な他者」との相互作用が自己概念形成においてきわめて重要かつ本質的な要因となる。このことから，アジアの文化における他者や社会の与える影響は，オーストラリアやアメリカなどの西欧・豪州諸国の文化のそれにおけるそれよりも大きいといえる。

　文化間の差異という観点から自己を研究したものとしては，マーカスと北山（1991）の研究がある。そこでは，心のプロセスそのものが，さまざまな文化や民族により異なるという可能性が指摘されている。ここで重要になるのが，文化的自己観の概念である。文化的自己観とは，「ある文化において歴史的に形成され，社会的に共有された自己，あるいは人一般についてのモデル，通念，あるいは，前提」のことをさす（柏木・北山・東，1997）。文化的自己観は，集合的，歴史的，発達的プロセスを通じて社会的現実と心理プロセスを構成する一要因になる。

　この文化的自己観には，2つの見方が存在する。1つ目は「相互独立的自己観（independent construal of self）」というものであり，デカルトの知的合理

主義などにもみられる自己を独立した実体ととらえる価値観が基盤となっている。この観点では，自己とは他の人や周りの物事とは区別され，切り離された実体であるということが自己についての文化的前提になっている。これは，アメリカをはじめとする欧米文化で優勢であり，近代西洋における人間観の諸側面に見出される。

2つ目は東洋文化で優勢な「相互協調的自己観（interdependent construal of self）」というものである。これは，自己が本質的に関係志向的実体であるという前提をもとにしている。相互協調的自己観では，自己は他の人や周りのものごとと結びついて高次の社会的ユニットの構成要素となる。本質的に関係志向的実体であるという自己についての文化的前提をもち，東洋，特に日本における人間観の諸側面に認められる。北山・唐澤（1995）は，この相互協調的自己観を日本という文化社会的文脈のなかで分析した結果，社会的役割への同一性と対人関係への情緒的関与という2つの側面を見出した。すなわち，日本の文化的文脈では，社会においてあらかじめ決められた役割を遂行することに価値が置かれ，またそのなかで他者との情緒的に良好な関係を築き，信頼を得ることが重視される。類似の概念には，トリアンディス（Triandis, 1994）の個人主義と集団主義やシュウェーダーら（Shwerder & Bourne, 1984）の自己中心主義（ego-centrism）と社会中心主義（socio-centrism）などがある。先行研究より，個人と社会との関係を考えたときに，アジア人は「集団主義」と「相互依存主義」を重視する傾向にあり，西洋人は「個人主義」や「自立主義」を重視する。

このような自己概念と文化との関係性について，クリストファー（Christopher, 1999）は，東洋の文化において自己概念の形成過程が異なるとしても，コンピテンスと自己価値の概念は文化的文脈を問わず重要であると指摘している。

(2) 文化的自己観からみた自己形成

相互協調的自己とは，東洋の思想として考えると，たとえば，「自分」という言葉，これは「自らの分け前」という意味である。ここには，人の主体とは，他者との関係性のなかで初めて規定できるものであるという前提が背景にあ

る。また，仏教思想における小我と大我という言葉があるが，自らの煩悩や欲望にとらわれている状態が小我であり，それよりも高次の理解を求め，周りによって「生かされているもの」としての主体を自覚した状態を大我という。人間は，小我にとらわれず，大我をめざすべきであるというのが教えである。

相互協調的自己を反映する一つの例として，自己記述の内容に関して，文化の影響が反映されている研究があるので紹介したい。日本における，幼児期，児童期の自己のとらえ方についての佐久間・遠藤・無藤（2000）の研究では，自分のことを「やさしい」「困った人を助ける」などの他者への協調性や協調的行動への言及が幼児期（5歳児）からみられた。デーモンとハート（Damon & Hart, 1988）の研究では，そのような協調性にみられる「対人的な自己の意味づけ」が現れてくるのは青年期以降であると仮定しているが，佐久間らの結果をみると，日本の子どもたちにはもっと早い段階から協調性への言及がみられる。これは，協調性や他者との関係性を重視する日本の文化的背景の影響があるのではないかと考察されている。

マーカスと北山（Markus & Kitayama, 1991）はアメリカとアジアの子どもの自己概念を比較して，前述の相互独立的自己観と相互協調的自己観の概念を参照しながら，アメリカの子どもは「自立的自己（independent self）システム」をもち，アジアの子どもは「相互協調的（相互依存的）自己（interdependent self）システム」をもっていることを指摘した。

この観点から自己形成と文化の問題を考えると，アメリカ文化は，幼いときから子どもに自己独立的な見方を養育する傾向があるといえる。自立的・独立的な人格を志向すると，子どもは自分の能力について，一個の人間としてのユニークさ，「人にはない独自性」に価値を置くようになる。すると，自分の独自性を誇張しがちになり，ともすれば自分の能力も過大評価するという傾向に陥りやすい。

一方，日本や中国のようなアジアの子どもは，自己というものは，それ自体で存在・完結しているものではなく，常に他者との関係によって成り立ち，かつ他者との相互作用を通して形成されていくものであるという考えをもっている。これが，他人と自分を基本的に結びついたものとして考える自己の相互協調的見方である。その価値観のなかで育つと，子どもは友人，家族に依存し，

控えめな態度をもち，他人を押しのけたり，変に目立つこと（独自性を発揮すること）を避けるようになる。つまり，他人との調和的な関係を築き，集団のよりよい一員としてのアイデンティティを身につけることが教育の一つの目標ともなるので，自分自身に対する自己評価も，アメリカのように高くなりすぎることはほとんどない。

また，社会的比較の文化差について，高田（1993）は，日本人大学生はアメリカ人大学生に比べて，社会的比較によって自己評価をおこなう傾向が強いと指摘している。一般的に集団志向的で他者との調和を重んじる日本人にとっては，社会的比較が多くおこなわれ，かつその結果が本人にとって大きな意味をもつといえる。これは，日本人のもつ相互協調的自己観の一つの表れともいえるであろう。

（3）自己高揚・自己批判バイアス

自己高揚バイアスとは，自分自身を肯定的にみたい，また他者に対して自己をより肯定的に呈示したいという願望によって，質問紙尺度などから得られる実際のその人の像よりも，肯定的な自己認知をする傾向のことであり，自己批判バイアスとは，謙遜の気持ちによって，実際の自分自身よりも，控えめの自己認知をする傾向のことをさす（ブラッケン，2009）。先行研究によると，欧米社会では自己高揚バイアスがよくみられ，アジア社会，特に日本においては，自己批判バイアスがよくみられるといわれている。

たとえば，ソシオメトリック・テストにおける排斥者群の子どもが，自分が同級生の多くから嫌われているという事実を認める気になれず，自分を本来の姿よりも社交的に評価することが，自己高揚バイアスの一つの例である。この場合，実際よりも肯定的な自己認知像が報告される。

反対に，他の子どもよりも非常に優れた成績を取る子どもが，謙遜の気持ちや，一人だけ極端に目立ちたくないという気持ちから，自身の学業的自己概念を実際の成績や自己評価よりも低めにするといった行動は自己批判バイアスの例といえる。この場合，実際よりも否定的な自己概念が報告されることになる。

この自己認知の傾向は，子どもの社会的地位だけではなく，本人のパーソナリティ傾向によっても異なる。このような認知システムとパーソナリティの関

係について，ジョンとロビンスは自己愛傾向が高い人ほど自己高揚バイアスが働くことを示した（John & Robins, 1994）。また，一般的自尊感情が高い人や運動能力の高い人は，社会的受容を肯定的に知覚することができることも示されており（Bohrnstedt & Felson, 1983），自己知覚の肯定的・否定的の傾向は，ただ現実の受容によってのみ決定されるのではなく，自尊感情や自己愛傾向などさまざまな要因が影響していることが考えられる。

（4）アジアの自己概念の傾向について

　北山（1998）は，日本人の自己批判バイアスの新しい解釈の仕方について言及している。北山によると，日本人の自己批判バイアスは，相互協調的自己のために，集団のなかの自己を常にモニターしながらそのなかで自分に欠けたところを発見し，それを補ったり他のメンバーにとって迷惑にならないような資質を身につけるよう努力し，それによって自尊心が向上するという仕組みになっている。したがって，自己を開示する際の基準が厳しかったり批判的なことが多い。それは，ただ自己批判的ということではなく，そのあとの自尊心の向上というプロセスを考慮に入れるのであれば，想定された過程といえよう。

　たとえば，欧米人の自己高揚バイアスが働く前提として，彼らは自身の良いところを積極的にみつけ，それによって自尊心を向上させる仕組みになっているといえる。よって，積極的に長所を見つけて着目し，それを伸ばそうとする方略を取る。これに対して，日本人にみられる自己謙遜バイアスは，長所というよりも自らに欠けている点に気づき，これを矯正する方略を取る。このやり方は，単純に否定的であるとか，自分に対して懐疑的であるというよりも，「自分に何が足りないのか」「どうすれば集団の一員として望ましい自己を形成できるのか」，などと社会的な期待に沿うように行動するように努めることによって，結果的に「自己向上のプロセス」の一部として肯定的な意味があると北山は主張している。

　その背景として，前述の文化的自己観の観点から考察したい。相互独立的自己観においては，自己は他者と明確に区別され，自己と他者の間に重複する部分はない。そのため，相互独立的自己観をもつ欧米人は，まず一個の独立した人間としての完成度に着目する。自分自身を高揚させ，自分を高く肯定的に評

価し，そうした自分を他者に呈示することが自尊感情を保つために必要なため，自然に自己高揚バイアスが働くといえる。これに対して，相互協調的自己観をもつ日本人は，人間の完成度といっても，常に他者との関係性によって規定されるため，他者との調和的関係を築くことが自尊感情の向上に影響を及ぼす。こうした自己観においては，他者との人間関係において，個人として，どこが至らないのか，足りないのかといった点に着目することがまず必要になってくる。そのうえで，集団のよりよい一員としての特性を伸ばすことが上記の「自己向上のプロセス」につながるため，自己謙遜バイアスは，単なる自己批判や謙遜のあらわれではなく，あくまでも日本人なりの自己高揚の一つの過程とも考えられよう。

（5）自己概念に対する文化の影響

ハティ（Hattie, 1992）は，2章で言及したシャベルソンの定義する自己概念の7つの特徴を再検討したうえで，あらたにいくつかの特徴に言及している。彼は，自己概念とは，主体的な評価者としての自己の認知的側面が色濃く出ているとしている。そして，その認知的プロセスのなかで，どのように固有の領域が認知され，また個人にとって重要なものとそうでないものに重みづけがなされ，組織化されていくのかに興味をもった。また，ハティは，自己概念が行動を左右したり媒介したりすることに着目し，それが文化に制約を受けることと，1992年時点で自己概念に関する理論や尺度などのほとんどが西洋文化を基盤にしていることを発見した。多くの自己概念研究そのものが西洋の文化社会的文脈で発展してきた背景があるため――特にSDQ尺度やローゼンバーグの自尊感情尺度は日本語に翻訳されているが――今後の日本における自己概念研究もその点を考慮に入れるべきだと考えられよう。

まず，文化的同一性と自己について考察したい。子どもたちは，まず家庭集団のなかで自己を内面化し，成長するにつれて学校や近隣集団，宗教やついには自分の国を自分のなかに組み入れ，同一視し，集団忠誠心を広げていく。このような文化化や同一視の作業は，子ども自身の自己像の部分を形成している。一般にある一つの集団に所属し，その集団成員としてのアイデンティティを育むことは好ましい経験であるが，ときには思わしくない経験にもなりう

る。多文化社会の場合，多数派の民族のもつ規範や習慣といった文化を優先的に学校教育において教えたりすることがあると，少数派の民族の子どもは，多数派の文化的な価値観と自国の価値観が一致しない場合，心に葛藤を生ずる場合がある。移民の例でいうと，新しく移民してきた人たちのなかには，自国の文化的価値や慣習を捨てがたく思っているが，それらが移民先の国の文化的価値と矛盾したり優劣をもって教えられたりすることがある。このような場合，うまく自らの価値観を統合させて新しい環境に適応していくことが望ましいが，自国と移民先の国，いずれの文化もまったく同一視できなかった場合は，精神的よりどころを失った形となり，自尊感情が低下する原因となる。

　文化の違いが子どもの自己評価，自信に与える影響について興味深い報告がある。人間の性格形成には，文化の差異が大きく影響することを研究したのは，女性の人類学者であるミード（M. Mead）である。バリーら（Barry, Child, & Bacon, 1959）は，生業形態が子どもの育児態度に与える影響について研究した。彼らは，不安定な投機的要素を含む狩猟社会では，「達成心」「自己依拠」「独立心」の養成を重視する自己主張訓練が多くみられるのに対し，比較的安定的な牧畜社会や農耕社会では，「従順さ」「責任感」を重視する服従型訓練が強調されていることを発見した。これによって，その社会の生業形態が子どもの育て方にまで影響を及ぼすことがわかった。つまり，その社会のなかで「何が優先されるか，どんな価値観が優勢なのか」という規範が「どんな特性をもった子どもを育てるのか」という育児態度・方向性と連動しているということである。

　次に，子育てにおける価値観の文化差について，乳児期における母子間の相互交渉や育児の様態が，日本とアメリカでかなり異なっていることを示す研究がある。日本の母親の子育てには，子どもを抱きかかえたり，優しくゆするなど身体的接触を通した相互交渉が多いのに対し，アメリカの母親は，子どもの顔を見たり，話しかけるなどの働きかけをよくする傾向がある（Caudill & Weinstein, 1969；千石，1984）。このような違いが生まれる背景として，日米で子どもをどのような存在としてみなしているか，また子育てによって子どもをどのように育てていきたいかという価値観が異なるのではないかとコーディルらは指摘している。彼らによれば，アメリカの母親は，乳児を自分とは別個の自

立的な存在と考え，乳児のときから自発的な発声や行動をおこなうことを望むが，日本の母親は，乳児をいわば自分の分身とみなし，子どもと一体化しているがゆえに特に言語的交渉は重視せず，身体的接触を通して子どもの精神的安定を志向している。これは，乳幼児期から母親と一緒に寝る日本文化と，生まれた直後から乳児を一人で寝かせる習慣をもつアメリカ文化との違いにも現れているといえるだろう。アメリカ文化においては，乳児は生まれ落ちた直後から，独立した一個の人間であり，自立を求めるべきであるという文化的慣習があるが，これも相互独立的自己観が基盤になっているといえる。

　乳児期だけではなく，幼児期の母親の養育やしつけに対する態度にも，文化的な背景の違いは，現れている。東・柏木・ヘス（1986）は就学時前の教育について，日米の母親に，何を重視するかを評価させた。すると，「人に頼らずにいろいろなことを自分でする習慣」「ものおじせずに新しいことをすること」といった自立的な行動や新奇性を求める行動については，アメリカの親や教師がより重要視している。対して，日本の母親は「のびのびと絵をかいたり，ものを作ったりすること」「正しいことばを話すこと」「数を数えること」など基本的なしつけや情操教育といった面を重視していることがわかった。また，発達期待については，日常の具体的行動について，いつ頃できるようになってほしいかについてたずねた。結果は，アメリカの母親は「社会的スキル」「言語による自己主張」を日本の母親よりも早く身につけさせたいと考えている。「友達を説得して，自分の考え，したいことを通すことができる」「自分の考えを他の人たちにちゃんと主張できる」といった言語的自己主張において，アメリカの親の発達期待は高かった。一方，日本の母親は「礼儀」「情緒的成熟」「自立」の項目でアメリカの母親よりも早くこれらの行動を身につけさせたいと思っていることがわかった。このように，社会の志向性とそこで育てられる子どもは影響し合っており，日本とアメリカの「よい子」像は異なることがわかった。また，養育者である母親という存在自体が文化の伝え手でもあるという観点が見出されるとともに，「文化が子どもを育てる」という側面がうかがえるものとなった。

　さらに，就学し児童期に入ると，子どもたちはどのような学校文化や価値規範のなかで教育されるのだろうか。教育においては，教育目標として望ましい

資質や人格のモデルが，その文化的社会的文脈に応じて存在する。どのような子どもが，いわゆる「いい子」だとみなされるのかに対しては，その文化や学校教育の重視する価値観が反映される。今井（1990）は，日米の国語の教科書の内容分析をおこない，どのようなテーマが多くとりあげられているか，またそのなかで望ましいと思われる規範について分析した。彼によると，日本の教科書では「温かい人間関係」「きまり・しつけ」「自己犠牲の精神」などのテーマが多くとりあげられているのに対し，アメリカの教科書では「公平・公正・自由・平等」「自立心・自己の責任」「自己主張」「強い意志」といったテーマが多かった。特に，日本の教科書には「自己主張」のテーマはまったくみられず，同様の傾向が塘（1995）の日本とイギリスの教科書の比較分析においてもみられた。このことから，日本では，「決まり」「他者との調和的関係」「自己犠牲」といった，集団生活における望ましい特性が重視されているのに対し，西欧では「自立・自己責任」「自己主張」といった一個の独立した人間としての特性がいわゆる「いい子」として重視されていることがわかり，これらは文化的自己観を反映しているといえよう。

次に，自己像についての国際比較についてみてみたい。日本，スウェーデン，アメリカ，中国の4か国の小学5年生の子どもたちに，自己像についての7つの側面（「勉強のできる子」「人気のある子」「正直な子」「親切な子」「よく働く子」「スポーツのうまい子」「勇気のある子」）に関して自己評定をしてもらった（福武書店教育研究所，1992）。結果は，国によって違いがみられた。スウェーデンでは，「勇気がある子」「親切な子」が強く，アメリカでは「よく働く子」「スポーツがうまい子」などが高く，中国では「親切な子」「正直な子」が高かった。日本では，全般的に，どの項目も他の3国よりも自己評定が低く，北尾（1994）はこの現象を「日本の子どもが生活全般にわたって生き生きとした活動を制限されているからではないだろうか」と考察している。このような結果は，日本の子どもたちは，他の国々の子どもたちと比べて，全体として自己評価が低く，とりわけ学校の成績における自分の評価が低いことを表している。

また，自分のどの面を好きと感じているかについては，日本青少年研究所（1983）のおこなった日米比較調査によれば，「勉強ができること」を自分の

好きな面としてあげている子どもは,日本では11％,アメリカでは61％であり,「がまん強く,がんばること」を好きな面としている子どもは,日本で26％,アメリカでは76％と日米間で大きな差が生じている。このことからも,日本の子どもが自分の良さや個性を肯定的に認めることができない点が指摘され,低い自己評価につながっていくものと思われる。

　上記のような日米の子どもの自己評価にみられる差異は,両国の社会のあり方に起因しているとも考えられる。たとえば,アメリカは典型的な達成志向社会であり,そこでは,自分の能力を常にポジティブに周囲にアピールしながら,力を発揮し,高めていくことに価値が置かれている。それに対して,日本は,人と人との結びつきが社会の基本にあるという,親和志向の強い社会である。そこでは,自分の能力を誇示したり,相手に抜きん出た自分をアピールすることよりも,他の人たちと協調し,よりよい集団の一員としての自分を形成し,他者に受け入れられることに価値が置かれる。

　さらに,学校文化における自尊感情形成のあり方の違いについて,石井(2009)は,日本と欧米の教育現場で優先される価値基準について言及している。欧米は宗教的基盤をもち,心理的性向が多様なため,子どもたちの自尊感情高揚をまず優先教育課題にしている。また,西洋個人主義であるため,個人としてどうあるべきかが重視され,子どもでも一個の確立した人格として肯定的な自尊感情をもつことが求められ,自尊感情教育が奨励されている。

　これに対して,日本では集団の一員としての協調性の育成が教育現場での大きな目標の一つとなっており,個々人の自尊感情高揚よりはむしろ協調的教育が重視されている。つまり,集団の基準に適応するように個人を修正することが求められている。また,守﨑(2002)によると,相互協調的自己観をもつ人は,他者との相互作用において,自己を実際以上に否定的なものとして他者に示す,自己卑下の自己呈示行動を用いることが多い。このことが,質問紙への回答にも反映されているとみることもできるのではないだろうか。

　人が,何を幸せだと感じるか,また何が生活における満足度を決定づけるかという問題は,個人の嗜好や人格的特性も関係するが,所属する文化規範の影響も考慮すべきであろう。生活満足度における文化的自己観の影響について,トリアンディス(Triandis, 1995a, 1995b)は,個人主義と集団主義の文化にお

ける生活満足度について言及している。個人を基本的に周囲の環境から独立した自律的主体であると考える個人主義文化では，生活満足度は，個人の内的属性である感情によって規定され，肯定的な感情を経験するほど満足度が高くなる。これに対して，周囲の他者との調和的な関係を志向する集団主義文化においては，自分が所属する集団や社会の規範に合致していると感じるほど，生活満足度が高いという結果になった。これは，自己の望ましいあり方を何によって規定するのかという価値観の違いと読み取ることもできるが，その背景に文化的自己観の違いが存在することを示唆する例といえよう。

今まで，自己概念や自尊感情をめぐる文化差について主にみてきたが，生業形態や文化によって，また子どもをどのような存在としてみるかによって，子育ての方針や働きかけがかわってくることがわかった。このように，われわれは，それぞれの文化において優勢な価値観や規範が，自己形成に大きな影響を及ぼすことをふまえておくべきであろう。

(6) 日本的自己とは

ここでは，以上の議論をふまえて，日本的な文化社会的文脈における自己とは一体何かを考察したい。筆者は第4章で日本とアメリカの小学生の自己概念について検討したが，そこではアメリカの方がSDQのすべての下位尺度得点において，日本よりも有意に高かった。アメリカとアジアの自己概念を比較したワストランドら（Wastlund, Norlander, & Archer, 2001）の研究結果では，身体的能力などの非学業的自己概念はアメリカが高く，算数などの学業的自己概念はアジアが高いとなっていたが，今回は，すべての項目においてアメリカが高い得点を出した。この点については，先行研究とは異なる結果になったといえるが，これに関して，上記の文化と自己形成の問題をふまえたうえで，以下の3つの観点から考察したい。

1点目として，前述した柏木・北山・東（1997）にあるように，文化的自己観が自己概念の形成に影響を及ぼしているのではないかということがあげられる。ホーら（Hau, Kong, & Marsh, 2003）によると，自己概念の形成プロセスが，個人主義の西洋文化と，集団主義の日本・中国をはじめとする東洋文化とで異なるという指摘がなされている。前述したマーカスと北山の議論にみられ

るように，個人主義が尊重される西洋文化では，相互独立的自己観（independent construal of self）が優勢となり，自己は他者とは別個の存在としてみられる。これに対し，集団主義が優勢な東洋文化では，相互依存的自己観（interdependent construal of self）が優勢となり，自己は常に他者との関係性において規定され，他者との調和や協調が重視される（Markus & Kitayama, 1991；Triandis, 1995a）。

　また，自己を他者に開示したり，表現する際に，東洋と西洋の文化では違いがみられる。日本など東洋文化では自己批判傾向がみられる。つまり，アジアの集団主義の文化の特徴として，自身をより価値ある存在であると他者に主張したり自慢することよりも，むしろ謙遜することが美徳とされる傾向があげられる（Abu-Hilal, 2005）。今回も質問紙への回答において，本来自身が思っているレベルよりもやや低めに自己表現する傾向が日本にみられた可能性も考えられる。また，自己概念が低いこと，つまり自己批判的であること自体をどのようにみるかについても，自己概念の形成プロセスの背景にある自己向上の仕組み自体が日米で異なるのではないかという視点があげられる。前述したように，北山（1998）は日本をはじめとする東洋文化でみられる自己批判的傾向は，自らの欠けている点を矯正し，暗黙の内にある社会的な期待に沿うように行動するように努める「自己向上のプロセス」の一部として肯定的な意味があると論じており，日本の自己概念得点が低い要因の一つとしてこのような観点も考慮すべきといえよう。

　2点目に，質問紙への回答方法に日米の差を広げる要因があるのではないかという観点がある。国際比較で自己をテーマに取り扱った研究としては，小林（1998）の8歳女児の独立的自己と相互依存的自己の分析がある。彼は，日本とドイツの8歳女児に対して独立的自己と相互依存的自己という自己概念の構造に関してどのような差異があるかを調べ，日本人児童がより相互依存的な自己を，ドイツ人児童はより独立的自己を有するという結論に達した。この観点からみると，西洋の尺度では，集団主義的な文化で育まれると予測される相互依存的な自己や，それに関連する特質をうまく測定することができない可能性があると示唆しており，これは日本の文脈にも当てはめることができるのではないだろうか。または東西の文化（集団主義・個人主義）の差異や準拠集団効

果をふまえないと、個人の特性や態度の国際比較研究をしても失敗する可能性があると指摘する研究もある（Heine, Lehman, Peng, & Greenholtz, 2002）。この観点からみると、本研究において日本がアメリカに比べて明らかに低い自己概念得点をとったことも、日本の質問紙調査における自己表現・自己回答の方法が西洋の文化的文脈と合致しない部分がある点を反映していると考えられる。そのため、両文化の差異をふまえたうえでの尺度開発が今後期待されるといえる。

3点目として、実際に日本の子どもの自己評価がアメリカよりも低いということも考えられる。であるとすると、その理由として、わが国の学校教育において、教員の指導方法や学習パターン、友人関係など、肯定的な自己概念の育成にネガティブな影響を与える要因を検討していくことが今後求められるであろう。井上（2009）が指摘しているように、子どもが日常生活において、自己肯定感や自己受容感を感じることのできる場面が少なくなっている可能性も示唆される。

本章では、日本人の自己について、主に西欧諸国との差異という観点から「集団主義」と「個人主義」「相互独立的自己感」「相互協調的自己」など二分法的な概念分割を用いて考察してきた。しかし、そのようなどちらかの枠にあてはめるという単純な方法で果たして自己の成り立ちを把握できるのだろうか。それは、ともすれば安易な区分け法に成り下がってしまう危険性があるのではないだろうか。濱口（1982）は、単なる二分法枠組みからの脱却の要請について言及している。たとえば、彼は、日本人における「集団主義」はアンチ「個人主義」を指す全体主義と理解されがちであるが、そのような「集団主義」は日本には存在しないことを指摘し、もし日本的な集団主義があるとするならば、それは『「協働団体主義（corporativism）」と名づけるべき、組織体とその構成員との相利共生（symbiosis）を図る原理』であろうとしている。

濱口は、従来の「集団主義」「個人主義」といった二分法は、個体的に自律した「個人」を分析基準に据える「方法論的個別体主義（methodological individuum-ism）」というパラダイムを基盤にしていると指摘する。これに対して、「個人」をアプリオリに実在する個別実体としての人間ではなく、状況

や文脈に即応して現れる「創発特性（emergent property）」の持ち主としての人間の存在を，新たな主体として据えた新しいパラダイムを提案している。こうした新しい人間モデルは，「場」との連関において現れてくる点で，他者との関係性を重視するモデルであり，濱口は従来の「個人（the individual）」に対して「間人（the contextual）」とよんでいる。つまり，システム論の立場から，人間を確固たる個体としてではなく，周辺の文脈に関連づけられて存在する「関係体（relatum）」と位置づけている。濱口は，従来の「方法論的個別体主義」から，「間人」モデルをベースにする「方法論的関係体主義（methodological relatum-ism）」へとパラダイム転換することにより，真に相対化された「心理－文化複合体」を把握することが可能ではないかと述べている。

この「間人主義」という言葉は日本人的自己を象徴する概念として紹介されている（濱口，1982）。濱口によれば，アジアの人間観は，他者との関係のなかで初めて自己というものを意識し，他者との相互作用を通して自己形成がなされていくものである。このような「人と人との間柄」や「個と全体との調和」を重視する人間観を，西欧の個人主義（the individual）主義に対比して，「間人（the contexual）主義」と濱口は名づけた。このような概念は，文化的自己観とともに，他者との相互依存や信頼関係からなる調和を重視する日本的自己を表しているといえる。

国際比較においても，人間を個体としてみるのか，もしくは関係体としてみるのか，この異なる２つのパラダイムをふまえたうえで，実際に文化間比較をおこなう際に，その差異を再度検討するというプロセスが必要ではないだろうか。それがひいては新しい視点を入れた比較測定尺度の構築にもつながるといえる。

7 自己概念を向上させるために

1 自己概念の高い人・低い人にみられる特徴

　まず最初に，この章における語句の互換性について述べる。先行研究の時期によって自尊感情（self-esteem），自己概念（self-concept）と語句が異なるが，実際に表している構成概念はほぼ同じと考えられるので，「自分自身に対する包括的な知覚・評価」という定義をもって，自己概念と自尊感情という用語を互換的に使用することとする。

　自己概念や自尊感情の高い人と低い人の間には，どのような違いがあるのだろうか。まず，友人関係に関してみると，先行研究では高い自尊感情をもつ人は，低い自尊感情の人よりも概して友人から人気があり，望ましい対人関係の能力を備えている傾向がある（Coopersmith, 1967；Chui, 1987；Harter, 1987；Rotherman, 1987）。これらの研究は小学生から高校生までが対象となっており，人気は児童生徒の自尊感情や彼らの対人関係における成功を反映する一つの要素となっている。高い自尊感情をもつ子どもは，低い自尊感情をもつ子どもよりも，自分に自信があり，社交性に富む傾向がある。

(1) 認知方略の違い

　わたしたちは，身の回りのさまざまな情報を参考にしながら，自己の能力や性格特性について判断する。その際に，得た情報をどのように解釈して，自己概念の形成につなげるのか，その認知的方略が，どのような方向に向かうかは重要な問題であろう。ここでは，自己概念が肯定的な人と否定的な人が，情報処理や認知過程においてどのような行動をとるのかについてみていきたい。

　スワンら（Swann, Stein-Seroussi, & Giesler, 1992）は物事を認知し，解釈する際の方法を自己確証（self-verification）という用語で説明した。自己確証と

は，自分はこんな人間であると日頃から思っている自己概念を確証・確認してくれるような社会的現実を求め，そのようなフィードバックを求めたり，それを実際の社会的環境と自分の心のなかに作り出すように行動したり解釈したりする方略のことである。自己確証を欲する背景としては，その知覚を得るためには，一貫して安定した自己概念をもつことが必要であることがあげられる。また，自分についてよい感情をもちたい，また自分を生きている価値のある人間だと思いたいという動機づけを自己高揚（self-enhancement）というが（Jones, 1973），この自己確証と自己高揚の2つの動機が自己概念形成時において重要な役割を果たす。ハティとマーシュ（Hattie & Marsh, 1996）は，これは，人がどちらか一つの方略しか用いないということではなく，すべての人が，自己概念を守るために，両方の傾向を多かれ少なかれ用いているとしている。

　たとえば，肯定的な自己概念をもつ人が自己確証を志向して自己形成をすると，自己を肯定するような情報に敏感に反応し，否定的な情報を除外したり，自分の都合の良いように解釈することがある。これは，「高い自己概念をもつ自分」についての一貫性を保つためにとる行動である。また逆に，否定的自己概念をもつ人が自己確証を志向すると，自分の低い自己概念を確認させてくれるような，いわば自己を否定するような情報ばかりを求めることになるのである。肯定的な情報ではなく，あえて低い自己概念の維持に役立つような否定的な情報を求めるところに，その人のもつ自己の信念への一貫性や，自己統制感がかかわっているといえるだろう。また，これは他者からのフィードバックにも適用できる。肯定的な自己概念をもつ人は，肯定的なフィードバックを求め，否定的な自己概念をもつ人は，否定的なフィードバックを求める傾向がある（Swann, Griffin, Predmore, & Gaines, 1987）。これは，ペルハムとスワン（Pelham & Swann, 1989；Swann & Pelham, 2002）の，ルームメイトを選択する際の傾向についての研究と一致している。彼らによると，肯定的な自己観をもつ人は，自己を肯定的に賞賛してくれるルームメイトを好み，自分を肯定的にみないルームメイトを除外しようとした。また，否定的な自己観をもつ人は，自分を否定的に評価するルームメイトを好んだ。どちらも，自己観と一致しない見方をする人を避ける傾向にあるという点が同じである。

否定的な自己概念をもつ人が，肯定的ではなく否定的なフィードバックをわざわざ求める理由として，スワンら（Swann, Hixon, Stein-Seroussi, & Gilbert, 1990）は，人は自己観と一致する見方をする他者を好む傾向があると指摘している。つまり，人は，いつでも自分にとって肯定的で有益なフィードバックを求めるのではなく，自分が自分をみるように，自分をみてくれる人（たとえば自分を否定的にみている人ならば，自分に対して否定的な見方をする他者）との関係や情報を好むということである。その意味で，否定的な自己概念をもつ人は，自己一貫性の欲求の方が，自己高揚の欲求よりも強いといえる。

　また，自己概念や自尊感情を維持したり防御するためにとる方略の一つとして，セルフ・ハンディキャッピング（Jones & Berglas, 1978）がある。セルフ・ハンディキャッピングとは，自分自身にハンディキャップをつけることにより，失敗を外的条件に求め，成功を内的条件に求めるための機会を増すことを志向する方略である。たとえば，試験の前日にあえて遊びに行ったり，お酒を飲んだりしてあまり勉強をしないといった自分にとって不利な状況をあらかじめ作り出す行動がそれにあたる。試験の結果が悪かった場合，遊びや飲酒を言い訳に用いることによって，点数が低いのは自分の能力のせいではなく，外的な条件が悪かったからという理由づけができる。これによって，自尊感情を保つことができる。逆に，点数が高ければ，悪条件にもかかわらずいい結果を得たことで，さらに自尊感情は守られ，高まる。セルフ・ハンディキャッピングは，このような一種の自己防衛の機能であり，自尊感情の高い人にも低い人にも用いられるが，その目的が自尊感情の高低によって異なるとタイス（Tice, 1991）は指摘している。つまり，高い自尊感情の人は，成功心を高めるために，セルフ・ハンディキャッピングをおこない，低い自尊感情の人は，失敗への恐怖から身を守るために自分自身にハンディをつけるというのである。

　人は，社会的比較をおこなうなかで自分をより客観的に評価するようになるが，比較の対処方略が自己概念の高低によって異なるという研究がある。自尊感情の低い人は，自身の低い自己概念を正当化したり，高めたりするための手がかりを探して，同僚の行動を監視する傾向がある（Hattie & Marsh, 1996）。また，自分よりもあまり幸運でない人たちと自身をしばしば比べる（Wood,

1989)。そして,他人に,自分がより自信があることを誇示しようとすることが多い (Baumgardner, 1990)。このように,自尊感情の低い人は,自分のプライドを守るという自己防衛のためにさまざまな方略をとることがわかる。

(2) 原因帰属・目標設定・課題への耐性

成功や失敗の原因帰属の方略について,自己概念の高低によって差がみられるという研究がある (Findley & Cooper, 1983；Johnson, 1981)。自己概念の高い学生は,成功を自身の能力に,失敗を努力不足や運のなさに帰属する傾向があるのに対し,自己概念の低い学生は,成功を幸運に,失敗を能力不足に帰属する傾向がある。この結果から,自己概念の高い学生は,自身の成功を認め,自信をもつことが容易にできるのに対し,自己概念の低い学生は,自身の成功を信じたり認めることにある種の困難を感じていることが見出された。

目標設定と自己概念との関連について,学生の目標設定の仕方やその目標の達成が自己概念の高低によって異なることを示したいくつかの研究がある (Bardwell, 1984；Haynes & Johnson, 1983)。目標設定において,肯定的な自己概念をもつ学生は成功体験を増やし,肯定的な自己愛を促進するために,現実的で到達可能な目標を設定する傾向にある。対照的に,自己概念の低い学生は達成することが困難な非現実的で到達不可能な目標を設定する傾向がある。この理由については,自己概念の高い学生は自身を課題を首尾よく達成しやすい状況におくように努める傾向がある点が指摘されている。

困難な課題への耐性に関しては,自己概念が高いか低いかによってその対処法が異なる。シュローガーとソーマン (Shrauger & Sorman, 1977) は自尊感情の高い学生は一般的に自尊感情の低い学生よりも課題に取り組む粘り強さがあると指摘した。すなわち,自尊感情の高い学生は困難な課題を遂行するための自身の能力に自信があり,かつその課題をうまくやり遂げるために時間と努力を惜しまない。これと逆のことが,自身の能力に自信をもっていない自尊感情の低い学生にもいえる。彼らは,自尊感情の高い学生よりも課題解決のために十分な時間と努力を注ぎ込まない傾向がある。

次に,自己概念とパーソナリティとの関連についてみていきたい。一般的に,自己概念の高い人は自主性や,優秀な成果,快活さといった肯定的な性格的特

徴を持ち，自己概念の低い人は，脆弱性（もろさ，vulnerability），不安，抑うつ，自己防衛過剰などの否定的な性格的特徴をもつといわれている（Coopersmith, 1967；Rotherman, 1987）。また，自己概念の高い学生は自分が学業的にも社会的にも力量を発揮できるような状況を好んで選ぶ傾向があるのに対し，自己概念の低い学生は自身のことを能力がないと考え，自信を失っているため，自己欺瞞に陥る傾向がある。

（3）自己概念の高い人の特徴

　ここで，自己概念の高い人や低い人に共通にみられる性格的特徴や行動について，先行研究をいくつか概観する。前述のように，高い自己概念・自尊感情は望ましい人格特性と関連があるといわれている。第一に，高い自己概念は人のパーソナリティにプラスの影響を及ぼす。これは自己概念のなかのコンピテンスと自己価値の肯定的な度合いが望ましく自発的な性格につながるからである。第二に，高い自己概念に関連する人格特性として，人生に対する肯定的かつ自信に満ちた態度があげられる。自己概念の高い人は，自己概念の低い人よりもさまざまな課題に挑戦し，首尾よく，また完璧にやりとげようとするやる気が十分である。第三に，自己概念の高い人は自己概念の低い人よりも自主性に富み，自律性があり，自立している傾向がある。また，自己概念の高い人は自身のコンピテンスに対する十分な自信があるため，自己決定を必要とする課題や独立した仕事を好む傾向がある。対照的に，学校での課題遂行場面において，自己概念の低い学生はより支援や指示（監督）を求める傾向がある（Griggs & Price, 1981）。第四に，自己概念の高い人は，自分に対する他者からの肯定的なフィードバック，否定的なフィードバックの両方を容易に受け入れることができる。これに対して，自己概念の低い人は，否定的なフィードバックに集中して，肯定的なフィードバックを拒否したり，割引いて考える傾向がある（Wells & Marwell, 1976）。これらの結果から，自己概念の高い人は，低い人よりも自己高揚や成長に関連した活動に従事する傾向にあることがわかる。

　ストレスに対処する能力も，自己概念の高い人にみられる特徴である。先行研究では，自尊感情はストレスによってもたらされる悪影響や困難な課題への対処を促進する役割があるとみなされている（Greenwald & Pratkanis, 1984；

Costanzo, 1970；Wells & Marwell, 1976)。クリストファー (Christopher, 1999) は，自尊感情と対処能力との関連について，一般的に自己概念の高い人は課題に対する自身のコンピテンスに十分な自信をもち，自立していて，なおかつ他の可能性にもオープンな姿勢で取り組むことができると主張している。つまり，自己概念の高い人は，プレッシャーに負けずに困難な課題をやり通すことができる傾向があるのに対し，自己概念の低い人は，低い自己評価や消極的な態度のため，失敗や喪失，もしくは拒否といったストレスの否定的な効果を軽減するような対処に困難を感じている。このことからも，高い自己概念はストレスの多い状況に対処するコンピテンスの度合いと関連していることがうかがえる。

　今まで概観してきたことをまとめると，高い自己概念はパーソナリティに肯定的でプラスの影響を与えるといえるが，高い自己概念に関する問題のある特質もいくつか見受けられる。ウェルズら (Wells & Marwell, 1976) によると，自己概念の高い人は，肯定的なフィードバックや否定的なフィードバックに対してよりオープンであるにもかかわらず，自身の欠点や限界がみえなくなる傾向がある。言い換えると，自己概念の高い人は，特に自分の欠点や誤りに関する事項に気づかないことがあるのに対して，自己概念の低い人や中くらいの人は，こうした自己概念の高い人が見落とす些細な誤りを見つけ出すことができるといわれている。

(4) 自己概念の低い人の特徴

　先行研究で広く議論されてきた低い自己概念の特徴の一つは，パーソナリティへのマイナスの影響である。自己概念の低い人は不安や，精神的な落ち込み，無力感をもちやすい傾向がある。バトル (Battle, 1982) は低い自己概念と抑うつや楽しみのなさ (joylessness) といったマイナスの効果との関連について調べた。彼によると，低い自己概念をもつことは劣等感，無価値感，孤独や不安定な気持ちにつながる。自己概念の低い人は，他者からの否定的なフィードバックや批判に対してより敏感に反応する。彼らは，自分の出した成果を「十分ではない」と信じたりすることによって，自身の身の回りに起こったことを否定的に解釈する傾向がある。これは，彼らが肯定的な情報を退ける傾向があ

り，自己高揚よりも自己防衛の姿勢を見せることからも説明できる。何人かの研究者は，このように自己概念の低い人にみられる傾向を「脆弱さ（vulnerability）」という概念を用いて説明している（Baumeister, 1993；Kernis, 1993；Rosenberg, 1965）。クリストファー（Christopher, 1999）は，「脆弱さ」を表している低い自己概念のもつ2つの側面について言及している。一つは，より用心深く，自己防衛的になるという側面であり，もう一つは，自己否定や攻撃性に関連する側面である。つまり，自己概念が低くなるということは，2つの一見矛盾するようにみえる異なる行動パターンを引き起こすということなのである。彼は，自己概念の低い人を理解するために，以上の2つの観点を考慮に入れるべきであるとしている。攻撃性という観点について，ヘザートンら（Heatherton & Ambady, 1993）は低い自己概念と不安，抑うつ，反社会的な行動，暴力との間の関連性について検討している。スケーガーとカースト（Skager & Kerst, 1989）は，自分をどのように知覚するかという自己概念は問題を抱えた人の意識の中でとても重要なものであり，自己概念の低い人は自身を不適切で，劣っていて，無価値であるとみる傾向があると指摘している。そして，その傾向はさらに不安を増大させるとしている。

　抑うつは低い自己概念に関連するもう一つの心理的特性である。3章でも述べたが，抑うつの人と自己概念が低い人との間に認知的な類似性が存在することを指摘した研究がいくつかある（Coopersmith, 1967；Harter, 1993）。心理療法などの臨床的場面においても，自尊感情は人を挫折や，ストレス，脆弱さの感覚から守る盾のようなものとみなされている。もし自尊感情が低くなると，彼（もしくは彼女）は非理性的な思考回路に陥り，抑うつと解釈されるような否定的な認知的・行動的パターンを示すようになる。これらの行動は問題解決や物事への効果的な対処能力を低下させ，結果として自己価値感や希望を減退させることになる（Christopher, 1999）。このような絶望を生み出す過程は，ときに自殺への強い危険性を伴うことがある（Durand & Barlow, 1997）。その意味で，自己概念の問題は生死の問題へも発展することが稀にある。

2 自己概念を向上させるために

　ここまで，高い／低い自己概念とその心理的特徴に関する先行研究をみてきた。簡単にまとめると，自己概念の高い人は自主性やコンピテンスなどの望ましい人格特性を備えており，自己概念の低い人は不安，抑うつ，反社会的行動などの望ましくない人格特性をもつ傾向がある。特に自己概念の低い人にとっては，どのようにして彼らの自己概念を回復させ，また向上させるかが重要な問題である。ここでは，自己概念・自尊感情を向上させるために効果的ないくつかの方法やテクニックについて詳しくみていきたい。

　今までに，多くの研究が自尊感情と実際の行動との関連について扱ってきたが，具体的に議論されたものは少ない。その理由として，一つには，自尊感情と特定の行動についての因果的関係について統計的な証拠が非常に少なく，量的に，また質的にそれらを証明することが困難であったという点がある。二つ目に，自尊感情がある行動の結果なのか，もしくは原因となるのかの因果的優位について一貫した見解が示されていないという問題がある（Seligman, 1990, 1995）。この批判は自尊感情と行動の間の関連をただ検討するというシンプルなアプローチの困難さを示している。ここでは，主に教師や親からの働きかけの観点から，自己概念を高めるために必要な方途を検討する。

(1) 受　　容

　自己概念の低い人に対しておこなうべき最も基本的なことは，まずその人を受け入れるという心理療法的な意味での受容であろう。基本的な養育態度は，自己概念を育むのに重要な要素の一つである。第3章で言及したように，両親の愛情や受容は自己概念形成に大きな影響を与えると考えられている。自分が両親，友人，配偶者，上司といった「重要な他者」からどのように扱われたのか，どのように受容され，また拒否されてきたのかということはその人の自己概念の発達に重大な影響を及ぼす。受容について，クリストファー（Christopher, 1999）は自己概念の低い人は，ふだんから受容されるよりも，拒否されることの方に慣れているので，尊敬と思いやりをもって，その人を認めていくことが重要であると主張している。

ロジャース（Rogers, 1961）は優れたカウンセラーが備えている特質として「受容（acceptance）」「純粋性（自己一致，congruence）」「共感（empathy）」という3つの人格的特徴をあげているが，ローレンス（Lawrence, 2006）は授業場面において，教師が子どもと肯定的な人間関係を構築する際にも，これらの特質が重要だとしている。この3つの特質について詳しくみていきたい。
　まず，受容とは，子どもの人格をありのままに受け入れることを意味している。これは，子どもが何か間違いをした場合にも，その子自身の人格を否定せずに，その「間違った行為」を注意することであり，子どもの「人格」と「行為」を分けて考えることである。このことができる教師は，問題にすべきものは子どもの「行動そのもの」であって，「人格」を否定したりはしない。
　次に，純粋性であるが，この特質は教師自身が社会的な場面，特に対人関係で防衛的にならず，ありのままでいることができることをさす。このようであるためには，高い自尊感情をもち，自己主張ができ，自分の人格をありのままに受け入れ，示すことが必要であろう。純粋性は高い自尊感情をもつ人がそなえる特徴の一つでもある。
　最後に，共感性であるが，これは他の人に対して「他の人の身になって気持ちを知る，感じる」能力であり，コミュニケーション能力技能とも深い関連がある。子どもが困っている場合，その状況をきちんと受け止め，共感性を示してやることができるかどうかで，子どもの信頼感も生まれるといえる。人は「この人は自分の気持ちを分かってくれている」と思うだけで，気持ちが楽になり，自尊感情が低下するのを抑えることができる。その意味で，共感性は自尊感情維持のための非常に重要な要因といえる。

（2）肯定的なフィードバック

　受容に加えて，肯定的なフィードバックも自己概念の形成に影響を与える。肯定的なフィードバックを自己概念の低い人に継続して与えることが，自己概念を向上させる効果的な方法であることを示すいくつかの研究がある（Bednar, Wells, & Peterson, 1989；Bhatti, Derezotes, Kim, & Specht, 1989；Frey & Carlock, 1989）。それらによると，自己価値感やコンピテンスの向上を目的とした肯定的なフィードバックは，自信を取り戻すのに効果的である。第1章で

も述べた象徴的相互作用論の観点からみても，自尊感情の向上は他者からのフィードバックに依存しており，それは「反映的評価（reflected appraisals）」とよばれる（Blumer, 1969）。特に，自己概念の低い人にとっては，他者がどのような肯定的または否定的なフィードバックを自分に返すかは，大きな影響を与える。またその影響は幼少時においてより顕著であるといえる。

肯定的なフィードバックの例として，シアシー（Scarcy, 1988）の学習障害の子どもに対する働きかけについて紹介する。シアシーは自尊感情の発達と学習障害との関連について検討し，学習障害をもつ子どもがどのようにして自尊感情を「正常に（normally）」発達させることができるかについて言及している。まず彼女は，学習障害児にみられる共通の特徴についてふれている。彼女によると，学習障害児は低い自尊感情をもつ危険性があるという。なぜならば，学習障害児は新しい学習課題や技術の習得に対して困難を感じることが多く，彼らの能力や自己価値の感覚の多くは不安定である。これは，彼らのコンピテンスや処理能力に対する自信の欠如を招き，結果として自尊感情を低下させる。こうした彼らの自尊感情を少しでも適切な方向へ向上させるために，シアシーは以下の4つの方法を提供している。1つ目は，子どもたちに有能感を獲得させること，2つ目は他者との人間関係において，自分を意味のある存在だと感じさせること，3つ目は，自分を影響力のある存在だと感じさせること，4つ目は，自分をユニークで価値ある存在だと感じさせることである。特に両親からの働きかけに関して，シアシーは，プレッシャーを与えることなく，子どものいうことを聞くことや，子どもが自分自身を特別（special）な存在だと思えるような長所を指摘すること，子どもに対してすべての人を尊重する姿勢を示すことなどが指摘されている。これらのことは，学習障害児だけでなく，健常児に対しても十分に適用できるといえよう。また，このように子ども自身が自分のことを有能で価値のある存在であると認め，感じることができるように，継続して肯定的なメッセージを子どもに送り続けることが必要であると主張している。

また，自尊感情が低い子どもは，日常生活のなかで肯定的なフィードバックを得る機会が少ないため，自分に対する肯定的な意見を聞くと，ある程度の困惑を覚え，なかなかその事実を受け入れられないことがある（Lawrence,

2006)。ときには，自己防衛的な笑いや否認が生じることもあるが，そういった子どもが自分自身に対する肯定的なフィードバックを受け入れるようにするために，ローレンスは以下のような3種類のグループ活動を紹介している。

まず一つは，記名性ではなく，匿名でのフィードバックをおこなう活動である。子どもたちが，お互いの背中に紙を貼りつけ，相互に近づいて，お互いについての肯定的意見を気楽に書き留める。すべての子どもが所属するグループのメンバー全員から意見をもらうまで，この方法を続ける。このことにより，子ども，集団の自分以外のメンバーからの賞賛を受けることになる。次の活動は，グループ内で，賞賛の対象になっている子どもについて，一人一つずつ順番に肯定的な意見を述べ（一人30秒でその子どもについて何か肯定的なことを探して話す），全員終わったらまた最初のメンバーから繰り返す。グループ内のメンバー全員が意見を述べるのをやめるまで続け，最後まで意見を述べた子どもが勝ちであるとするゲーム的な要素も取り入れる。最後の活動は，子どもたちがペア，もしくは3〜4人で，相手が好きな理由を紙に書いて，それを互いに見せ合い，交換するという作業である。前の2つの活動をふまえているので，最後の活動もスムーズにいくことが考えられ，また子ども自身が友達からみた自分のよいところに気づくことができる一助となる。

（3）達成感・自己統制感・自己効力感の育成

学習活動において，自分の努力したことやがんばりが，結果に結びつくという経験は達成感となり，自己概念に良い影響を与えると考えられる。一方，何をやっても結果に結びつかないと，人は無力感を感じ，行動意欲は低下する。

ロッター（Rotter, 1954）はLocus of Control（統制の位置）という用語を用いて，自分に生じたことをどの程度自身が統制できると感じるかによって，2つのタイプを想定した。1つは「内的統制（internal-control）」であり，これは自分の能力や技術，努力といった内的条件によって，状況を統制できると期待することであり，自己統制感にもつながる。もう1つは「外的統制（external-control）」であり，これは，自分の置かれた状況は，運や他者からの圧力などによって統制されており，自分には統制できないと考えることである。自尊感情の低い子どもは，外的統制を感じやすいため，少しでも自分の状況をある程

度自分で統制できるという内的統制の感覚をもつことができるよう援助することが必要である。そのために，ローレンス（Lawrence, 2006）は以下の3つの方法を提示した。1つ目は，子どもたち自身が学校の規則の制定にかかわること。2つ目は，子どもたちに自身の活動の進歩を記録し，それを評価する機会を与えること。3つ目は，子どもたちが自分で学習を主導する何らかの機会を与えること。このように教師が子どもたちが自分たち自身の学習環境や校内のルールなどについて，意見を述べることを促したり，彼らに責任ある立場を与えることによって，子どもたちがその状況を自分で統制することが可能であると感じる機会も増える。その責任の与え方については発達段階にふさわしいものである必要があるが，子どもたち自身が自立して，自分のすることに自信がもてるような援助を行うことが必要であるといえる。

（4）適切な目標設定

　自己概念を向上させるためには，前述の達成感をもたせることが必要となるが，そのために必要なのは子ども自身が達成可能な適切な目標を設定することである。目標の基準が高すぎたり実現不可能なものでは非現実であろうし，低すぎる目標でもやる気が上がらずよくない。目標達成理論においては，具体的で高い目標は，あいまいな自分なりの目標よりもよい遂行を導くといわれている（Locke & Latham, 1990）。簡単な目標に合わせるよりも，困難な目標に自分を合わせて努力することが意欲を高めることになるので，その分課題遂行時の達成感も高く，自己概念が向上すると考えられる。そこで，教師が子どもに適切な目標を与えるだけでなく，子どもたち自身が自分のもつ能力や課題の困難さを把握したうえで，目標を設定し，課題遂行を進めることができるように援助していく必要がある。

　目標を設定するトレーニングとして，ローレンス（Lawrence, 2006）は，子どもに短期的な目標（明日から2〜3日くらいの活動の計画）と，長期的な目標（学校卒業時に自分がどうなっているか，そのために何をするのかについての計画）の2つの異なる目標のリストを作成させ，進んで発表したい子どもには，リストの読み上げをさせるという活動を紹介している。

（5）批判的に考える力の育成

　ローレンスは，自尊感情の高い人の特徴として，自己決定ができる能力が高いことを示している（Lawrence, 2006）。ある情報を客観的・論理的に分析したうえで，それについての自身の意見や考えをもつことは，青年期においても重要な発達課題の一つといえよう。ローレンスはある授業の例をあげて，批判的分析力を高める方法を提案している。それは，教師がある一般的なメディアで使用されている広告（アイスクリームや健康マシンなど）を子どもたちに示し，その広告についてグループで話し合わせるというものである。教師は，その広告をまず信じるかどうか，広告には買う気になるだけの証拠が十分あるかどうかについて話し合うように指示をする。このような話し合いを通して，その広告の信憑性や妥当性についてさまざまな角度から意見を出し合い，それを吟味することによって，一つの情報を評価し，解釈し，その真偽や妥当性を判断するというプロセスを経験する。これは批判的な思考力を高めるトレーニングであり，他者や周りの情報にいたずらに影響されて，自我の確立が妨げられるのを防ぐ効用もあるほか，自分や他者の視点を尊重する姿勢も育成することができる。こういった姿勢は，自己概念を高めるのに効果的であるといえる。

　また，子どもが，自分自身が何者であるかについての，いわゆる自己像（自己イメージ）をえがくことができるかどうかは，自分に対する正確な認知を獲得することにつながる。こうした自己像の獲得は，より客観的・批判的な思考の発達とも関連して，適切な自己概念をもつために必要なことであるといえよう。

（6）教師と子どもの対人関係

　自己概念の形成においては「重要な他者」との人間関係が大きな影響を及ぼすが，その中でも子どもが日常生活の中で多くの時間を過ごす学校における教師との関係は，見過ごすことはできない。自己概念を高めるためには，まず教師と子どもの間に信頼関係を築き，子どもが安心感や他者受容感を感じられることが必要といえるが，そのための教師の働きかけとして，以下のさまざまな手段が考えられる。

●言語的なコミュニケーション

 教員からの言語的なメッセージが,子どもにとって自尊感情を左右する大きな要因となるのはさまざまな教育実践から明らかである。ステインズ(Staines, 1958)は教師が教室で使用する言葉を詳細に分析し,以下の2つのカテゴリーに分けた。1つ目のカテゴリーは,励まし,評価,緊張緩和を志向しておこなわれる肯定的な言葉かけである。2つ目のカテゴリーは,指示,非難,罰,不安増大などにかかわる否定的な言葉かけである。この2つのカテゴリーと子どもたちの自尊感情と成績との関連を調べたところ,1つ目の肯定的な言葉かけがより多く使用されるときに,子どもの自尊感情と成績は高くなっていることがわかった。

●非言語的なコミュニケーション

 教員の子どもに対する働きかけは,指示をしたり,ほめたりする言葉によるものだけではなく,身体の姿勢や視線,会話の区切り,口調,速さ,身ぶりの大きさなどによっても伝えることが可能である。アーギル(Argyle, 1994)は,こうした非言語的なコミュニケーションが伝達する3つの要素について言及している。一つは他者に対する好き嫌いの程度,次に,関与か非関与の気持ち,最後に自分がもつ優劣の感情である。アーギルによると,言語的なコミュニケーションは言葉を介するために,一般的により客観的であり,本人が意識して操作することが可能であるのに対し,非言語的なコミュニケーションは,無意識的に起こることが多いため,ある意味正直であり,意図的に操作することは容易ではない。たとえば,嫌な感情をもっている場合,言葉では承認の気持ちを伝えることはできるが,非言語的なメッセージで無意識のうちに嫌悪の感情を伝えていることがあるのである。それは,非言語的な手がかりに敏感な人には,言語的なメッセージよりも強く伝わる。よって,教師が子どもに働きかける際には,特に言語的なメッセージを伝える場合には誠意をもっておこなうことが必要であり,子どもに伝える言語的・非言語的メッセージが矛盾しないように配慮する必要がある。もし,その2つが矛盾していた場合,最終的に子どもに伝わるのは非言語的なメッセージの方であるからである。

●教師と子どもの間の信頼関係

　子どもの自己概念に対して，教師と子どもの間の信頼関係は重要な要因である。シャープら（Sharp & Muller, 1978）は，教師と子どもの人間関係が信頼に満ちたものであるならば，教師が叱ったり，批判することがあっても，子どもはそれを受け入れ，それによって自尊感情が大きく低下することもないと指摘している。また，活動やテストの結果だけでなく，そこに至る努力と行動をほめることも大切であろう。ほめるという行為についても，子どもが競争心から不安が増大し，神経が過敏になっているときは，子どもの自尊感情の発達に有害な影響を及ぼすことが示されている（Lawrence, 2006）。よって，子どもが非現実的な自己概念をもってしまうほどほめたりするのはよくないといえる。

●教師の自尊感情

　教師の自尊感情が高いと子どもの自尊感情も高くなりやすいが，その逆も考えられる。つまり，教師が自分に対する自信がなく，高い自尊感情をもっていないと，子どもたちの自尊感情を高めるのも難しい。先行研究では，自分自身に対して肯定的な態度をもっている人は，他の人に対しても肯定的な態度を取りやすいことが示されている（Omwake, 1954 ; Burns, 1975）。前述したロジャースの受容，純粋性，共感という3つのカウンセラーに必要な要素だけでなく，子どもに仕事を適度にまかせることができ，子どもの話すことに寛容で，子どもと個人的にかかわることのできる教師は高い自尊感情をもつ傾向がある。またそういった高い自尊感情をもつ教師は，子どもが同一視できる理想的なモデルとなる。

　教師の自尊感情を高めるためには，自己に対して批判的になりすぎない，自己を受容する，ストレスマネージメントをする，生活を計画的に整える，自分の限界を受け入れるといった方法が紹介されている（Lawrence, 2006）。また，学校内の人間関係についても，親や同僚の教師との円滑な人間関係のために適切なコミュニケーションをとることも必要といえよう。

●教師の期待効果

　教師の子どもに対する期待が，子どもの行動や成績に影響を与えるという研究がある。ローゼンタールら（Rosenthal & Jacobson, 1992）は，人は，期待された方向に成果を出す傾向があることを示し，教師が成績が上がると期待していた子どもの成績が実際に向上した例を示し，そのような教師期待効果をピグマリオン効果（別名ローゼンタール効果ともいう）とよんでいる。この教師期待効果は，常に生じるものではなく，教師と子どもとの関係が親しい場合により頻繁に起こるといえる。

3 学校・学級規模で自尊感情を高める取り組みの紹介

　自己概念の向上は望ましい人格特性を伸ばすだけでなく，学業成績のような他の要因にもよりよい影響を与えるといわれている。今までに，自尊感情を高めるための多くのプログラムが開発されているが，それらのプログラムが成功した事例は，期待したよりも少ない。シャイラーとクラウト（Scheirer & Kraut, 1979）は学業成績の向上のための手段として自己概念の向上を志向した学業的介入に関する先行研究をレビューしたが，大部分の介入の成果は有意ではなかった。多くの介入は自己概念もしくは学業成績のどちらかを変化させることができていなかった。ワイリー（Wylie, 1979）が心理療法や成長志向のグループ経験が自己概念に与える影響について先行研究を概観したところ，その多くが否定的な結果を示した。マーシュら（Marsh, Richards, & Barnes, 1986a, 1986b）はこうした介入プログラムの成功例が少ないことについて，以下の2つの理由をあげている。1つ目は，多くの研究で用いられている自己概念尺度があいまいなために，介入の目標を達成しているかどうかを正確に測定することができないという点である。その場合，多面的な自己概念モデルを用いれば，介入の目的に合致した領域の自己概念を具体的に検討することが可能となる。2つ目の理由は，介入の効果が弱いためか，潜在的に影響力のある介入が少ない被験者に実施されたために，効果の度合いが確立誤差と比較して一般的に少なかったという点である。

　ハティ（Hattie, 1992）は，自己概念を高めるプログラムを，認知を基盤に

したもの（認知行動プログラムを取り入れたもの）と，感情を基盤にしたもの（現象学的アプローチを用いたものなど）の大きく2つに分け，これらの間でどれだけ効果が出ているかを比較した。先行研究から実際の自己概念が高まった効果を数値で換算した結果，前者の認知的なプログラムの方が，後者の情意的なプログラムに比べて効果が大きかった。ハティは，ほとんどの教育的介入の効果は，心理療法などの教室の外でおこなわれる自己概念向上のプログラムの生み出す効果よりも小さいと指摘している。たとえば，学力をあげるためのプログラムのメタ分析をみると，フィードバックの力，難しい目標の設定，教師の質という3つの要因が，学力向上にとって重要であることがわかった。ハティは，これらの要因は，自尊感情を発達させるのにも同じく重要であると予測されるとしている。

　ここでは，実際の活動を通して自己概念を向上させるにはどうすればよいのか，その方途について先行研究をふまえて紹介する。

（1）グループ活動の意義

　学校生活においては，学習場面や遊びの場面でも小集団での活動の機会は多い。子どもはクラスメートとの交流を通して社会的スキルや自己概念を発達させていくが，ローレンス（Lawrence, 2006；ローレンス, 2008）は，グループ活動を通して学ぶべきことについて以下の4点にわたって述べている。1点目は，グループ活動を通して，人にはそれぞれの個性があることを学び，自分が他者と異なること，また異なっていることに自信をもつことである。このような個性の認識とともに，問題の共有や共感という観点もみられる。もし同じグループ内に，自分と同じ悩みを抱えている友人がいたとしたら，同じような問題をもっているのは自分だけではないと気づくことができ，不安や緊張を解くことができるかもしれないからである。2点目は，他者からの肯定的なフィードバックを経験させることである。自尊感情の低い子どもは，日常生活において，肯定的なフィードバックを経験することがほとんどないため，このような経験を重ねていくことによって，自分自身を次第に，より肯定的な視点からみることができるようになっていくであろう。3点目は，失敗をおそれず何でも思いきってやってみる機会を与えることである。自尊感情の低い子どもは，思

いきって挑戦する，未知のことに取り組むことに消極的であるため，教師が後押しをしながらさまざまな活動にチャレンジさせていくべきである。4点目に，子どもたちが，自分の限界を感じることがあっても，そうした自分自身を受け入れる気持ちを育てることである。この自己受容の発達は，言うまでもなく自尊感情を高めることと深く関連している。

　次に，グループ活動をおこなう際の留意点について述べたい。ローレンスは，自尊感情を高めるグループ活動を始める際の適切な導入の重要性について指摘している。もし，何の準備や説明もなく集団活動に入ると，適切な導入がなされていないため，子どもたちがその活動の趣旨や目的がわからず混乱したり，教師に対して疑念を抱いたり，不安が増大したりする。そうしたことが積み重なると，自尊感情を高める以前に，教師との信頼関係もくずれる可能性が高い。よって，グループ活動の開始前に，子どもたちが心の準備ができるような働きかけが重要になる。

　活動を始める前の段取りは以下のとおりである。まず，子どもたちを1グループ8人以下の集団に分ける。次に活動の目的や内容について簡単に説明し，理解を求める。これだけでも，子どもたちの不安や緊張は多少は解消されるであろう。この説明のときに，もしはっきりした抵抗を示す子どもがいる場合は，その活動には参加しなくてもよいとする。また，もし役割を分担することを嫌がる子どもがいる場合は，1対1のプログラムに取り組むように薦めるとよい。次に，グループのなかのルールを設ける。たとえば，人を困らせるようなことはしない，発言をする際にはまず挙手をする，などの規則を設けて，これらを繰り返して守らなかった場合には，グループから外されることとする。

　グループ分けについては，ローレンス（Lawrence, 2006）は，気質が似ている子どもや，学力が同じくらいの子どもたちをまとめることを推奨している。気質に関してはたとえば外向的な子どもと内向的な子どもを同じグループにしないことや，活発で野心的な子どもと学習障害のある子どもを同グループにしない配慮である。グループ活動では，話し合いの時間をもつことが多い。こうした話し合いは，グループが同じ知的水準の子どもたちで構成されている場合の方が円滑に進みやすいため，学力や理解力が同じくらいの子どもたちでグループを形成するようにすると，活動の効果も上がりやすいといえる。

活動時間や期間については，自尊感情は大きく変化しやすい構成概念ではないため，教師は，少なくとも一学期間は続けられるようなプログラムを準備することが望ましい。各セッションは大体45分くらいを目安にし，週に1〜2回の頻度で定期的におこなうとよいといわれている。

（2）個人差の尊重

　自尊感情を高めるためのグループ活動のなかでは，同じグループのメンバーとの交流があるが，前述のグループ活動で学ぶべきことの1点目にあるように，人はそれぞれ異なる個性をもつことを理解することが必要である。そうした個人差の尊重ができることは，自尊感情が高い人の特徴でもあり，個人差の尊重ができるようになるためには，まず自分と他者が異なっていることについて，理解することが必要である。ローレンス（Lawrence, 2006）は以下の活動を推奨している。たとえば，クラスのなかで，人種や性格，身体的特徴の異なる人を議題にあげて（たとえば，同じクラス内の少数民族の子どもなど），まずその人に話してもらい，その話を聞いたあとで，次のように話してくれた人に質問をする。たとえば，以下のような質問である。

・他の人たちは，あなたにどのように接してくれますか。
・あなたは，自分がみんなと違っていることに気づいていますか。
・あなたはここ（クラス）の一員と思えますか。
・あなたとみんなとの間の主な違いはなんですか。
・わたしたちはどんなふうに似ていますか。

　こうした話を聞くことで，子どもたちも自分と異なる人に対する尊重の念が生まれてくる。実際に，その人に自身の経験や思いを語ってもらうのも（クラスにいない場合は外部からよぶことも考えられる），子どもたちにとってはよい体験になるであろう。

（3）協調性・自己主張力の育成

　自然界の動物の生態をみても，競争の欲求はすべての生物にみられる生得的

なものであるとわかる。だが，協調するという特質は，学習によって獲得されるものである。自尊感情が高い子どもにとっては，協調することは難しくない。なぜならば，自尊感情の高い子どもは，自分自身を必要以上にアピールしたり，自己主張をしたりしたいという欲求はあまり強くないからである。また競争しようという動因を自分で統制することができ，適切な状況で（たとえば，徒競走など）その場にふさわしい積極的な行動をする。他者を理解し，助け合ったり，譲り合ったりしながら物事を進める性質である協調性を育成するためには，やはりグループ活動などを通して対人関係能力を伸ばすことが必要であろう。自分とは異なる他者の意見を理解し，共感したり，意見を交わし合うことも大切である。協調性がある子どもは，他者との円滑な人間関係を築くことができるため，他者からの受容や肯定的なフィードバックを受ける機会が多くなり，結果として自尊感情を高めることにもつながる。

　自尊感情を高めるためには，協調性も大切であるが，自分の考えやしたいことなどを言葉で表現でき，相手を納得させることのできる自己主張力が必要である。自尊感情の低い子どもは，恐れることなく自分が望んでいることをはっきり言うことに躊躇する傾向があり，もし自分の要求が拒否されたら，簡単にその要求を取り下げてしまう。自己主張とは，ただやみくもに自分の要求を通そうとすることや，攻撃的であることではない。

　ローレンスはいくつか自己主張力を伸ばす活動を紹介している。まず，ロールプレイで，3つのタイプの異なる行動（攻撃的，主張的，服従的）をあらわす言葉を学ぶ。自己主張するとはどのようなことなのか，ロールプレイを観察しながら，自己主張的とは，攻撃的でもなく，服従的でもないことを学んでいくのである。たとえば，攻撃的行動を表す言葉は，「荒っぽい，ごうまんな」などであり，主張的行動を表す言葉は「丁重な，自信に満ちた」となっており，服従的行動を表す言葉は「卑屈な，臆病な」などである。次に，主張的な行動を示す必要があると思われる状況を教師が提示して，それについてグループで話し合わせる。たとえば，以下の状況において，自分はどのような言葉で反応するかということをグループで話し合わせる。

・他の子があなたのペンを借り，約束したのに返してくれない。

・あなたが本屋で買ったマンガを，家に帰ってページを開けたら，2ページ抜けていることがわかった。

　その活動のあとに，教師はその結果について，クラス全体での話し合いを指導し，ロールプレイで使用されている主張的な行動にみられる言葉をまとめ，活動を総括する。「もし自分がそのような状況に置かれたら」と想定しながら，どのようにして自分の意見を主張するかについて考える訓練をすること，またそれをグループで話し合うことは，自己主張力を高めるのに有効だといえよう。

（4）コンフリクトの解決

　上記の自己主張的な行動を必要とする場面は，いわゆる衝突（conflict）の起こる場面でも適用できる。学級活動においては，友人と意見が合わなくなったり，対立する状況も起こりうる。その際に双方の間の対立や衝突を解決するためのトレーニングとして，ローレンス（Lawrence, 2006）は以下の活動を例としてあげている。まず，子どもたちがペアになって，以下の場面のロールプレイングをする。

・ペアのうち，一人の子どもは，もう一人の子どもが自分が2，3週間ほど前になくしたペンを使っているのに気づいた。そして，それを自分に返してほしいと思っている。

　子どもたちは，この場面を解決するための方法や，相手への言葉かけについて考える。その際に，問題場面や問題行動そのものに焦点をあて，その人自身を攻撃したり，傷つける言葉を使用しないことを心がける。また，他の子どもの出した解決法が，自分のものと異なっているなら，それについても吟味する。このような活動を重ねることで，葛藤場面において，どのような言葉を用いて，どのように問題行動や状況を改善に向かわせていくかを学んでいくことが可能になる。

（5）その他の活動例（Marsh の研究より）

　ここでは，海外の研究から実際に自己概念の向上が見られた2つの介入プログラムについて紹介をしたい。1つ目は，オーストラリアのアウトワード・バウンドプログラムとよばれる外国留学プログラムである。マーシュとリチャーズ（Marsh & Richards, 1988）は自己概念を高める方法の一つとして，海外への留学プログラムの可能性について言及している。このオーストラリア外国プログラム（Australia Outward Bound Program）に参加した学生の自己概念を調べたところ，プログラム終了後の測定では，彼らの学業的自己概念及び学業成績が有意に高くなっていることが示された。そして，その変更効果は，ほかの外国プログラムから得られた効果よりも大きいもので，集中的な心理療法から得られたものとも等しい値であることがわかった。

　留学による外国経験が，なぜ自尊感情を高めるのに効果的なのだろうか。ハティとマーシュ（Hattie & Marsh, 1996）は，その理由として日常生活のなかで，留学を成功させるための難しい目標と課題が設定されることをあげている。その留学生活のなかで，学生は語学や科目の学習を通して，自国にいるよりも量的・質的に多くのフィードバックを受けることにより，自身の対処方略を再評価するようになり，それによって自己形成が促される。留学は，普段とは異なる文化・習慣・言語のなかで生活するため，物理的・精神的，また対人関係のうえでもさまざまなストレスを受けることが予測される。しかし，それらを補ってあまりあるほどの効用が期待できるというのである。また，このプログラムでは影響力のある定期的な介入が実施されたが，それは日常の学校環境の外でおこなわれたため，自身の今までもっている古い自己概念や行動パターンにとらわれることがなかったという利点もあった。さらに，このプログラムの成功を期待して，強力な両親の支援があったこと，介入の効果を細かく分析するために多面的な尺度を用いて自己概念を測定したことなどが向上した理由としてあげられた。

　2つ目の介入プログラムは，運動トレーニングプログラムである（Marsh & Peart, 1988）。これは，「競争的」と「協同的」という2つの異なる様式でおこなわれる運動プログラムが身体能力や身体的自己概念に与える影響について比較検討したものである。マーシュらは高校生の女子に対して，個人的活動が主

で互いに競い合う「競争的」な雰囲気でおこなわれるクラスと，ペアワークなどを通じた「協同的」な雰囲気でおこなわれるクラス，統制群として通常の活動を行うクラスの3つに分けて，エアロビクスのクラスを実施した。そして，プログラムの実施前と実施後（プレテスト・ポストテスト）に運動能力と自己概念を測定した。プログラムの期間については，エアロビクスのクラスは35分間で1つのセッションを14回，6週間にわたっておこなわれた。自己概念尺度はSDQ-IIを用いた。

　結果は，運動能力の変化については，2つの実験群は運動能力のポストテストスコアが統制群よりも有意に高くなった。しかし，2つの実験群（競争的と協同的）の間にはお互いに有意な差はなかった。統制群はプログラムの実施前と実施後でほとんどスコアが変わっていないのに対して，実験群は十分な向上がみられた。自己概念の変化については，介入によってプログラム実施後に有意な効果が現れた領域はSDQ-IIの11の下位尺度のなかでたった2つ，身体的能力と身体的外見であった。この2つの下位尺度において，ポストテストでは，協同的なクラスは競争的なクラスよりも有意に高い値を示した。協同的なクラスのポストテスト平均はプレテストの平均や統制群よりも高かった。これに対して，競争的なクラスのポストテスト平均は，プレテストの平均や統制群よりも低かった。統制群のポストテスト平均は，おおよそ競争的なクラスと協同的なクラスの平均の間であった。予想通り，身体的自己概念に関しては，協同的なクラスが，競争的なクラスと統制群をおさえて，最も高い値を示した。

　これらの結果からわかることは，協同的な活動を通した運動プログラムは，競争的な活動を通したプログラムよりも，身体能力や身体的自己概念を向上させるうえで効果的だということである。今回の結果で注目すべき点は，プログラム実施後の競争的なクラスの身体的自己概念が実施前よりも下がったということである。その理由について，マーシュらは，競争的な雰囲気でおこなわれる活動のなかでは，人は他者と自分とを比較することを求められ，そのような状況下では常に少数の勝者と多数の敗者が存在することになると指摘している。そして，特に優秀な他者と比較するなかで，自己概念が低下する傾向にあるとしている。このマーシュらの研究から，協同的な活動が自己概念の向上にとって効果的であるという可能性が示唆されたが，これは，前述したグループ

活動の効果とも関連するといえる。他者との協同作業により，同じ経験や思いを共有し，共感し合うことも大切である。また同じ目的に向かって一緒に活動することで，他者からみた自分の位置づけや，自分の価値，存在意義についても気づくことができ，そうしたことの積み重ねが自己概念を向上させる一助となっていくのではないだろうか。

(6) 日本の例

　ここでは，日本での自尊感情を高めるための先行研究を紹介したい。池田は，ローゼンバーグの自尊感情尺度を用いた調査を通して，学校場面における子どもの自尊感情について調べた（池田，2000）。彼は，自尊感情は，その人の言動や意識，態度を方向づける特性があり，精神的健康や社会への適応に関連する重要な概念であるとして，自尊感情を形成する以下の4つの構成概念をあげている。1つ目は，「包み込まれ感覚」というもので，自分の身近な人が自分を温かく包み込んでくれる，自分を愛してくれる，自分を理解してくれるという感覚である。こちらは，自分が他者に受け入れられているといういわゆる他者受容感に近い。2つ目は，「社交性感覚」であり，友人のことを理解している，自分のことを友人は理解してくれる，友人と自分は心が通じ合っているといった友人関係についての感覚である。3つ目は「勤勉性感覚」であり，自分はコツコツ努力する人間であり，課題遂行のため，最後までやりとげることのできる勤勉性を備えているという感覚である。4つ目は「自己受容感覚」であり，今の自分が好き，自分の性格が好きといった感覚である。この4つの感覚を育むことが，自尊感情を高めるために必要であると指摘している。

　また，池田は自尊感情を高めるためには，自己効力感を育むことが大きなカギとなると主張している。自己効力感については第2章でも言及したが，課題遂行に対する見通しや，遂行に必要な一連の行動を組織し実行する自分自身の能力についての評価をさす（Bandura, 1977）。外界の状況に対して，自分が何らかの働きかけが可能であると感じる感覚や自己統制感にもつながり，学習意欲とも関連がある。池田（2000）は，自己効力感を育むために以下の4つの条件をあげている。1つ目は，「達成体験」であり，問題や課題を達成することで，それまでの自分の取り組みや努力を肯定的にみることができるようにな

る。教師としては，その取り組みを肯定的に意味づけをして子どもに伝えることも必要であろう。2つ目は，「成長のモデルをもつ」ということである。子どもたちにとって「重要な他者」ともなりうる身近な人が，肯定的あるいは理想的なモデルとして映るならば，子どもたちもその姿に同一化することができる。このモデルは，家庭であれば親であり，学校であれば教職員といえるだろう。そのため，子どもの身近にいる「重要な他者」である親や教師も高い自己効力感をもつ必要があるともいえる。3つ目は「目標をもつ」ことである。池田は，「遠い目標」「中くらいの目標」「身近な目標」の3つに分け，それらの目標を日々自分が達成していると感じることが，自己効力感を育むために重要であると述べている。教師は，子どもたちにとって，難易度として適切な目標，つまり，高すぎず，低すぎず，「努力すれば達成可能な目標の設定」をするよう努め，なおかつ時間的に長いスパンでみて，子どもたちが自分の未来について長期的なビジョンをもつことができるように留意する必要がある。4つ目は，「周りの人間のフィードバック」である。子どもは自分のやったことに対して，その価値や意味がわからないことがあるため，周りの人間が言葉かけや行動を通して評価をおこなうことが必要である。そのフィードバックによって，子どもは自分の行為の意味づけができるようになり，自分ががんばればできることや努力の見通しをつけることが可能になる。そして，これが自己効力感を高めることにつながる。

　次に，教師と子どもとのかかわりについて述べたい。自尊感情を育むためには，「重要な他者」としての教師の適切な働きかけは欠かせない。梶田（1985）は，教職員は，実際的にも心理的にも子どもを支配している，文字通りの「重要な他者」であると，教職員の立場や役割の重要性について言及している。梶田は，教育上効果をあげることができる教職員の特性について，バーンズ（Burns, 1982）の研究をひきながら，以下の6つの特性をあげている。1つ目は，非常に柔軟で臨機応変に対応できること，2つ目は共感的な能力をもち，子どもの諸要求に対して敏感であること，3つ目は一人一人に合った形で指導する能力をもつこと，4つ目はほめたり励ましたりすることが多いこと，5つ目はくだけた，温かい，対話的なやり方で教えること，6つ目は情緒的に安定しており，自分に自信をもち，明るいことである。これらのことから，こ

ういった特性を備えた教師は，子どもにとって成長のモデルともなりうることがわかる。柔軟性，共感性，指導力，肯定的なフィードバック，親和性，情緒安定性，自信といったこれらの特性は教師のパーソナリティとしても必要かつ重要なものと考えられる。このような特性を備えたうえで，子どもたちが肯定的に自分を認め，前向きに活動に取り組む姿勢を育むことが，自尊感情を高めることにつながるのではないだろうか。

　次に，石井（2009）の『幸せの環境づくりを考える　子どもたちの「自尊感情」』より，子どもの自尊感情を高めるために必要な「本来あるべきかけがえのない自分であるという感覚」をさす本来観についてふれたい。彼は，まず子どもたちの「生きる力」を育むためには何が必要か，と問いかけ，新学習指導要領では「体験や感情の共有の不足」があげられていることを指摘している。誰かとの体験の共有や，それに引き続く感情の共有があって，他者の視点を取得することが可能となり，自己概念形成の基盤となる，「自分は何をどう感じているのか」を確認することができる。そして，こうした共有の積み重ねが，自己に対する時間的一貫性と場面的一貫性を形成し，「いつでも，どこでも自分は自分である」という感覚をもつことにつながり，それがひいては自尊感情の高揚に結びつくとしている。さらに，その感覚を自分から他者に広げていくことが必要であると石井は述べている。「自分は自分である」ことがわかると「他人も自分と同じ人間である」ことを認知し，「自分はかけがえのない自分である」と同時に「他人もかけがえのない他人である」と認識することで，自尊感情は安定する。またこのように「かけがえのない自分という本来観」や自己，他者の独自性を認めることは，よりよい対人関係を形成するための基本ともいえると指摘しており，「かけがえのない自分」「かけがえのない他人」という感覚をもつことが，自尊感情を高めるために必要であるとしている。

4　日米の教員へのインタビュー調査を通して

（1）調査概要

　ここで，筆者のおこなった日本とアメリカの小学生の自己概念についての調査をみてみることにしたい。ここでは，2種類の調査結果をまとめて紹介す

る。1つ目の調査は，4章で紹介した日本の小学生の自己概念について，2種類の児童への質問紙調査（SEIとSDQ）を実施したときにおこなった担任の教員への聞き取り調査である。質問紙調査をふまえたうえで首都圏の小学校6校の4年から6年の担任である計20名の教員（男性9名，女性11名）に聞き取り調査を行った。2つ目の調査は，2回目の日米の小学生に対する調査で，日本の首都圏の公立小学校7校の教員36名（男性16名，女性20名）とアメリカ（イリノイ州とカリフォルニア州）の私立小学校2校，公立小学校2校の教員23名（男性3名，女性20名），合計59名を対象とした。彼らの担当学年は3年生から5年生であり，教師としての平均勤務年数は日本が13.8年，アメリカが9.7年，担任学級の児童の平均人数は日本は28.9人，アメリカは25.9人であった。

インタビューの目的は，現在児童の抱えている問題の傾向性や学級の雰囲気などについて聞き取ること，また教師の目から見た児童の自己概念についての考えや自己概念を向上させるための取り組みなど，具体的な教育支援・方略について聞き取ることであった。面接形式は対面式の半構造化面接で，対象者の同意を得た上でICレコーダーに録音をおこなった。インタビューはすべて個別に筆者がおこない，かかった時間は一人当たり平均1時間〜1時間30分であった。

● **質問内容**

子どもの自己概念尺度の回答との関連に関するものであり，まずは各児童の学業成績，また社会的スキルを三段階で評価してもらった。次に学級全体の雰囲気や現在抱えている問題についてたずねるとともに，肯定的な自己概念を育むためにどのようなことを工夫しているか，また工夫すべきかについてたずねた。インタビューは，以下の質問項目を用いておこなった。

【インタビューの質問】

① （極端に自己概念のスコアの高い子，低い子に関して）その子たちの日常態度，学習意欲，対人関係はいかがでしょうか。
② クラスに問題を抱えておられるお子さんはいますか。それはどのような問題でしょうか。
③ 担任しておられる学級について教えてください（全体の雰囲気，男女の仲，遊びやクラスの決まりなど）
④ 肯定的な自己概念を育むために，何か工夫をしておられますか。また工夫すべきだと思っ

ておられますか。

（2）自己概念の高い子ども・低い子どもの特徴

　自己概念の高い子どもの特徴としては，外交的な性格や安定した成績の高さなどがあげられた。人格的にも，積極的で友人関係も広く，親切で楽観的な態度をもつ，努力をする，本が好き，クラブ活動に活発に取り組むなどの特徴がみられた。全般的に低い自己概念をもつ子どもと比べると物事を肯定的にとらえる傾向があり，課題に積極的に取り組む態度がみられた。兄弟構成としては，下に弟か妹がいる場合が多く，彼らの面倒をみる機会が多いため，末っ子と比べると精神的に自立して，成熟している可能性が示唆された。

　これらは先行研究とも一致する結果であった。ただ，実際に児童自身の自己評価と担任の評価が必ずしも一致するわけではなく，自己概念が低いにもかかわらず担任の評価が高い児童や，反対に，自己概念が高いにもかかわらず，担任の評価はあまり高くない子もいた。これは，本人のもっている達成基準が高いか，もしくは自分自身を正確に認知していないことが考えられる。

　対して，自己概念の低い子どもにみられる特徴としては，家庭に関する問題が一番多く（家庭内の成員の不和，両親の離婚など），それらの問題が子どもにとって望ましい精神的発達や自己概念の発達を妨げているのではないかという可能性が示唆された。また，共通にみられる特徴としては，物事に対する否定的な姿勢，精神的な不安感，自信のなさ，落ち着きのなさ，時間管理能力の低さ，基本的生活習慣の定着度の低さ，整理整頓能力の低さ，集中力の欠如，対人関係能力の低さ，攻撃衝動（一部の児童に限る），運動能力の低さ，不安定な学業成績がみられた。

　特に，アメリカの場合においては，母親の養育態度や経済的状況も影響を与える。たとえば一家離散のような形で，離婚した両親が交代で子どもの面倒を見ている家庭もあったが，子どもは住居も一定せず，非常に精神的に不安定になりやすい。日本の場合は，離婚家庭がその原因になることが多いが，アメリカの場合は，親の離婚にとどまらず，薬物中毒，アルコール中毒，さらには親の服役などにより家庭自体が崩壊してしまっているケースもみられた。そのような家庭では，子どもも精神的なよりどころがみつけられずに，不安定になら

ざるをえない。貧困家庭のため，学校でとる無料の朝食と昼食をとらないと，ちゃんとした食事がいつ食べられるかわからない子もおり，さまざまな階層の子どもがみられた。また家庭できちんとしつけや教育がなされていないのか，本を読んだことのない子もいた。

(3) 問題を持つ子どもの傾向性（学力面・生活面）

「クラスに問題を抱えているお子さんはいますか？」という質問に対しては，学力面で，また生活面でさまざまな回答が得られた（表7-1，7-2）。学力面に関しては，日本の場合は，算数でのつまずきが多いが，アメリカの場合は，読み書き能力の不振が目立った。特に，第一言語が英語ではない子どもは，発音やスペルなどの面で，伸び悩んでいることが多いことがわかった。地域によっ

表7-1　問題をもつ子の傾向性（学力面）

	日本		アメリカ	
	特徴	人数	特徴	人数
1位	算数（計算力）	6	国語（読み書き，発音，読解力）	14
2位	国語（読み書き，読解力）	5	算数（計算力）	11
3位	集中力の欠如	5	ADHD	4
4位	学習障害	3	学習障害	2
4位	理解が遅い	3	他，neurotical disorder，IQ disorder	各1

表7-2　問題をもつ子の傾向性（生活面）

	日本		アメリカ	
	特徴	人数	特徴	人数
1位	自分に自信がもてない	12	コミュニケーションがうまく取れない	6
2位	利己的で我がまま	10	家庭に問題がある	5
3位	控えめでおとなしすぎる	8	利己的で我がまま	2
4位	家庭に問題がある	7	教師を軽視する態度をとる 友人に対して無礼な振る舞いをする 攻撃的　など	各1
5位	交友関係がせまい	6		

ては，スペイン語を第一言語とする児童の多いことが反映されているのだろう。スペイン語圏以外からの移民についても，ある教師からは，韓国からの移民の子どもが，言語能力の点で遅れているとの回答があった。

　生活面での問題点としては，日本の場合は，自信がもてない，我がまま，引っ込み思案，乱暴などがあげられたが，アメリカの場合は，教師を Respect しない（尊敬の念を持たない）児童がみられ，先生の話を聞こうともしない，親に平気で嘘をつく，などの例があげられた。

　少数意見として以下のような回答が見られた。

- 日本の教員の回答　「気分にムラがある」「学校でおもらしをしてしまう」「チック症」「いつも決まった友達としかいない」「女性の先生にうまくふるまえない」「細かいことですぐ泣く」「整理整頓ができない」「給食が食べられない」「不登校気味である」「忘れ物が多い」
- アメリカの教員の回答　「友達への嫉妬が激しい」「友達に対して無礼なふるまいをする」「授業中の私語が多い」「物忘れが激しい」

　また，家庭面での問題に関しても，日本の教員の回答として，妹が生まれてから情緒的に不安定になっている児童の話や，兄にいじめられている児童の話が出た。アメリカの回答から，離婚家庭で父子家庭であるが，父親が攻撃的なために，体罰を日常的に受けている児童の話や，経済的に貧しく，学校で食事をとらないと家でまともにとることができないこともある家庭の児童もいることがわかった。そういった子どもたちのために，学校側として，毎日ではないが無料の朝食を提供することもあるということであった。

（4）学級の雰囲気

　まず，クラスの雰囲気に関しては，「静か」と答えたのは，アメリカの教師の65％に対し，日本では半分以下の28％となっていた。その代わり，「うるさい，にぎやか」と答えたのは，日本では39％と「静か」よりも多くなっている。アメリカの学校では「子どもが従順で教えやすい」「ルールを守る」といった

表7-3　学級の雰囲気

日本			アメリカ		
	回答	人数		回答	人数
1位	元気いっぱい	14		静か	15
2位	にぎやか，うるさい	13		ルールを守っている	5
3位	静か	10		グループだとうるさくなる	4
4位	教えやすい	5		クラスがまとまっている	3
5位	勉強とのけじめが難しい 全体的に幼い	各3		ディスカッションが好き フレンドリー 自立的	各1

ことに価値が置かれるのに対し，日本の場合は「静か」でなくても「元気いっぱい，子どもらしい」といった点が肯定的に評価されているようであり，両国の子どものあり方や学校文化に関して差がみられた。

少数意見として以下のような回答がみられた。

● 日本の教員の回答　「素直」「のんびりしている」「けじめがついている」「掃除などの仕事がていねいである」
● アメリカの教員の回答　「お互いを尊重している」「従順である」

(5) 男女の仲

学級内の男女の仲については表7-4のような回答になった。

表をみるとわかるように，男女の仲に関しては，日本では70％，アメリカでは65％の教師が「仲が良い」と答えた。また，5年生になると，男女をお互いに意識し始めるのは，日米とも同じ傾向にあった。もう既に，「お互いに意識

表7-4　男女の仲

日本			アメリカ		
	回答	人数		回答	人数
1位	仲が良い	25		仲が良い	15
2位	一緒に遊ぶ	11		お互いを意識し始めている	5
3位	お互いを意識し始めている	4		女子の方がまさっている	3

して、分かれており、あまり一緒に遊んだりしない」という回答もあった。

子どもの発達段階として、5、6年になると女子が身体的にも精神的にも男子に比べて発育が進んでいる。そのため、クラスにおいても、女子の方が優位に立っている例もみられた。日本の6年のクラス担任の回答では、「男子の方が子どもっぽく、自己表現の仕方も未成熟なため、女子がクラスの雰囲気を左右し、男子をリードしている」とのことであった。

少数意見として以下のような回答がみられた。

- 日本の教員の回答　「男女間で競争がある」「女子が勝っている」「男子が勝っている」「男子が女子をからかうことがある」「あまり仲良くない」「まとめるのが大変」
- アメリカの教員の回答　「あまり仲良くないときもある」「女子同士のケンカがある」

(6) クラスのルール（アメリカの小学校）

ここで、特にアメリカの小学校でみられた、学級の決まりの守り方や体制づけについて述べたい。アメリカのクラスでは、クラスルールを何項目か決め、それを全員で守ろうとする姿勢を教師が重視していた。教室内でも黒板に貼り出すなど、何が大事でこれを守らないとどうなるかが明確に示されており、中

表7-5　クラスのルール（アメリカ）

	ルール	人数
1位	Respect each other（相手を尊重する）	5
2位	Follow directions（先生の指示に従う）	4
3位	Raise your hand and do not talk（質問があればしゃべらずに手をあげる）	3
4位	Be obedient（従順に） Treat as be like to be treated（人からしてほしいことをする） Don't hesitate mistake（間違いを恐れない） Make wise choice（賢い選択をする） Think positive way（前向きに考える）	各1

学年の児童に対しても，物事に対して常に responsible であること（責任をもつこと）が要求されているようであった。それらのルールをまとめると上記の表になる。

　また，少数意見として以下のような回答もみられた。アメリカの学校文化をの一端を反映しているといえるだろう。

- Listen carefully（話を聞くときは，口，耳，目，手を集中させる）
- Enjoy working and learning together（一緒に作業したり，学ぶことを楽しむ）
- Help each other（お互いに助け合う）
- Be kind with your word and action（親切な言葉とふるまいを）
- Respect school property（学校のものを大切に扱う）
- Do your best（ベストを尽くす）

(7) 子どもの好きな遊び

　遊びに関しては，日米ともサッカーとバスケットボールは人気であった。ハンドボール，ドッジボール，バレーボールなどのボール遊び全般も人気であった。また，チェスやパズルなどの室内ゲームも日米ともにおこなわれていた。少数派の意見として，おにごっこのような遊びも日米ともにみられた。

表 7-6　子どもの好きな遊び

	日本		アメリカ	
	回答	人数	回答	人数
1位	サッカー	5	バスケットボール	11
2位	室内ゲーム	4	サッカー	9
3位	バスケットボール	3	チェス	5
4位	ドッジボール，ブランコ	各2	野球	4
5位	○○おに，大なわ，鉄棒，バレーボール，ポコペン，交換日記　など	各1	なわとび，かけっこ，おにごっこ，ジャングルジム	各3

少数意見として以下のような回答がみられた。

- ●日本の教員の回答　「キックベース」「ダンス」「交換日記」「お絵かき」「ゲーム」
- ●アメリカの教員の回答　「テザーボール」「うんてい」「ランニング」「UNO」「ぬいぐるみで遊ぶ」「パソコンのゲームやパワーポイント」

(8) 肯定的な自己概念のための方法・工夫

これまでの調査結果をまとめると，自己概念の高い子どもにみられる共通の特徴としては，社会的スキルの高さ，学力の高さなどがあげられた。

自己概念のスコアの低い子どもの特徴としては，性格的な特徴として攻撃的な傾向や逆に自閉的，消極的な傾向，学業面では全般的な学力不振や学力のムラがみられた。さらに，環境的な側面としては，親の職業などの点で家庭環境が不安定なこと，人間関係など家族関係の不和，離婚などの問題が見受けられた。このような特徴をもつ子どもたちに対して，教師たちが毎日の学校生活のなかで，どのように肯定的な自己概念を育むための働きかけをしているのかについて，考察したい。

●肯定的な自己概念のためのストラテジー

肯定的な自己概念を育むための方途についてだが，毎日の学校生活のなかでの試みとしては，クラス全体としては「ありがとう」をさかんに言う，拍手をする習慣をつける，男女ともに仲良くする，進みの遅い子をサポートしてあげるシステムを学級内に作る，などがあげられた。いくつかの項目に分けてみていきたい。

ほめる，受容する

まず，ほめるという点については，子どものよい部分は積極的にほめる（特に皆の前でほめて自信をつけさせる），子どもの一つの切り口で見て評価しない，叱ったら必ず理由を説明する，児童の親との信頼関係を作るなどの回答があった。また，低い自己概念をもつ子は家庭で親に厳しく言われていることが

多いので，家庭内の事情もふまえたうえで子どもに接する，子どもの悪い面ではなく，よい面をできるだけ見つけてほめるようにする，などの意見がみられた。これらのことから，多くの教師は前向きで積極的な生活態度，学習態度を育てることが自己概念の発達に大きく結びついているという見解をもっていることが見受けられた。このように子ども一人一人が「自分は受け入れられているんだ」という他者受容感をもつことが，自己概念発達の基盤となるのではないかという見解は多くみられ，そのためにも「子どもに自信をつけさせること，ほめることがなにより大事である」という回答が得られた。また，「子どもたちに心を開き，自信をつけさせることが大事であると思う。子どもたち一人一人が毎日の学校生活を楽しいものだと感じてもらえるように努めている」という回答がみられた。

少数意見として以下のような回答がみられた。

- 日本の教員の回答　「人と比べないで，昨日の自分と比べる」「否定的に人をみないような雰囲気づくりをする」「なりたい理想の自分を探していく」「子どもたちに笑顔で接する」
- アメリカの教員の回答　「Good, Super, Great！など，声を出してほめる」「自信がない子にはクラスの後で，話しかける」「子どもに個々にかかわる」「いつ質問してもいいようにしている」「子どもを励ます言葉を黒板に書く」「できたときにはキャンディをあげたりしてやる気を出させている」「間違いをしても，それを笑ったりしない」

叱るとき

叱るときに注意すべきこととして，「ただ叱るのではなく，その理由も必ず付け加える」という回答がいくつかみられた。また叱るだけでは，子どもも自信を喪失してしまう可能性があるので，「叱ったらそのあと，必ずほめるようにする」ことを心がけている教師もみられた。

少数意見として以下のような回答がみられた。

- ●日本の教員の回答 「叱るときは厳しく，短く」「一度叱って，また同じことを蒸し返さない，過去を持ち出さない」「どうしてこうなったか聞いてから，叱る」「頭ごなしではなく，理由をいう」「周りの子への影響も考える」
- ●アメリカの教員の回答 「子どもにはとにかく物事に責任をもつようにと諭す」「子どもの自尊感情を傷つけないように，感情的にならないように注意する」「身体的なことにはふれない」

学習上のアドバイスをするとき

　学習面での指導について，教師が心がけていることについては「子どもを一つの切り口でみないということが大切だと思います。人それぞれ得意分野は違うので，成績だけで評価するのではなく，そのほかの面にも目を向けていく」といった，評価についての意見がみられた。また「私のクラスでは，何か発言をしたらクラスみんなで拍手をするというルールを作っているんです。発言をした人が，発表してよかったなと思えるようにとの工夫です」といった，学びに対して積極的な姿勢を育む学級の雰囲気づくりをめざしている回答もあった。加えて，グループ活動を通して他者とのコミュニケーション能力を高めることにより，自己表現力や他者への理解を深めることが，自己肯定感につながるのではないかという回答があった。

　また，アメリカの教師からは「児童の能力・到達度のレベルを認識する」という回答もあった。日本にみられる「努力すればみんなできるようになる」という信条よりも，児童の能力はそもそも同じではないという前提に立つ合理的な教育観をもっていることがうかがえた。

　少数意見として以下のような回答がみられた。

- ●日本の教員の回答 「到達可能な目標を設定し，わかりやすく子どもに伝える」「ここまでできたんだという達成感を味わえる授業をする」
- ●アメリカの教員の回答 「算数は1対1でチューターをつける」「どのようにして他者とかかわるか，協調性を育むために協同学習の機会を設ける」

「一人一人に成果を発表する機会を与える。その際に，かならずその取り組みをクラスのみんなの前でほめて，肯定的なフィードバックを返すようにする」「失敗しても，"Good！You tried."と励ます」「絶対にStupidといわない」「お互いを尊敬すること，一人一人の理解力のレベルを認識すること」

家族の重要性

　日米の教員ともに，家庭環境が自己概念に与える影響の大きさについて言及している。家庭で親にどのように育てられているかが，学校での行動や成績にも影響を与えるといえよう。特に，安定した母子関係の構築が必須であると主張する教師もみられた。日本では，年に1回家庭訪問といって，教師が各児童の家庭を訪問する機会がある。その際に「両親の前で，子どものいいところを必ずほめる」ことを心がけている教員もいた。アメリカの教員の回答として，「教師と両親との関係をよくすること」「両親との連絡帳に，子どもの良かったところを書く。頻繁にコミュニケーションをとる」など，両親と教師とが協力し合って，子どもの支援をしていく姿勢が重要であるとの意見がみられた。

（9）否定的な自己概念の原因

　否定的な自己概念を生む原因としては，両国とも家庭環境をあげていた。家庭で親から愛されていなかったり，認められていない，孤立しているなどの問題を抱えている子どもは，心が傷つきやすくなっており，他者からのフィードバックに敏感なだけでなく，肯定的に自分をみる機会に恵まれていない。これは，他者からも肯定的にみられていないことが多いため，当然といえよう。その結果，自己概念が低くなる傾向があった。離婚家庭の子どもは，経済状況に関係なく，自己概念が低くなる傾向があった。また，アメリカの場合においては，母親の養育態度や経済的状況も影響を与える。さらに，家庭自体が教育というものをどのように価値づけているかが，経済的状況や本人の学力とは関係なく，自己概念の発達に大きな意味をもつのではという意見が出た。

　アメリカの場合は，男子で，体格的に小さい子，背の低い子などは否定的な自己イメージをもちやすいという意見が出た。友人関係において起こってくる

「ピア・プレッシャーも自己概念に良くない影響をあたえるのではないか」という回答もみられた。また，完全主義の子どもも，自分の基準を高く設定するあまり，現在の状況を否定的にとらえがちであり，自己概念が低くなる傾向にあることがわかった。

また，子どもの失敗体験をどうとらえて対処していくかも，自尊感情の維持に影響を与える可能性が示唆された。自尊感情を低めるのは失敗そのものではなく，失敗に対してどのような態度をとるかによるであろう。試行錯誤学習の価値を子ども自身に理解させる必要があると同時に，教師は失敗について子どもがどのように自己評価を下すかについても注意を払わねばならない。もし子どもたちが要求水準まで達する成績をあげられなかった場合，いつも批判され，責められる状態にあると，低い自尊感情を生む。しかし，失敗したとしても，そこにいたるまでのプロセスを評価され，努力を認められ，励まされ，ほめられれば，自尊感情は維持されやすい。よって，結果だけではなく，子どもたちの取り組みや努力の過程に目を向け，ほめていくことが重要であるとの回答もみられた。

(10) 日米の教師の取り組みの比較考察

最後に，日米の教員の取り組みに関して，その結果にどのような共通性や相違性が見出されたのかについてみていきたい（表7-7，7-8）。

自己概念を高めるための教師の取り組みとしては，日米ともにやはりほめること，受け入れることが大事であると多くの教師が指摘した。家庭でもほめられる機会の少ない子は自信をもつことが難しいので，先生が一人一人に声をかけていって励ますこと，また適切な達成可能な目標を設定し，達成するたびに肯定的なフィードバックを与え，これを一つの好循環にしていく，などの方法があった。日本の教師からは「タイムリーな評価をする」「多面的な評価をする」「失敗しても努力を評価する」などの回答がみられ，児童の活動への評価を支援の一つとしてとらえる姿勢がうかがえた。

また，友人同士の相互評価の機会を多くすることで，教師からだけではなく友人からほめられることが児童の自信や自尊心に大きくつながることが指摘された。

表7-7　肯定的な自己概念のための教師の取り組み（日本）

	日　本（全36名）	
	工夫	人数
1位	いいところを探してほめる	19
2位	間違っても「よくやった」と励ます。笑ったりしない	12
3位	友人同士で評価する。いいところ探しをする。	11
4位	子どもを認めてあげる・受け入れる	7
5位	自信をつけさせる 一人一人が価値ある存在だと気づかせる 人と比べないで，昨日の自分と比べる 叱る時は，短く，でも厳しく。過去のことを持ち出さない。子どもの自尊心を傷つけないように気をつける	各3

表7-8　肯定的な自己概念のための教師の取り組み（アメリカ）

	アメリカ（全23名）	
	工夫	人数
1位	ほめる・positive feedback を返す	15
2位	何か達成するたびにごほうびをあげたりして，子どものやる気を出させる	5
3位	グループワークをさせて，一人一人に仕事を与える	4
4位	一人一人の成功・理解力にレベルがあることを認識する Not everyone can everything, everyone can do something	各3
5位	自分のすることに責任をもつ 両親との関係を密接にする 自分の長所に気づく	各2

　日本とアメリカの取り組みの違いとしては，日本の教員は児童を優しく励ましたり，いわば情緒的に働きかける発言が多かったのに対し，アメリカの教員はもっと合理的に，達成感を味わわせる授業を工夫したり，ルールを守ったらごほうびをあげるというように児童への接し方が明確で一貫しているように見受けられた。こうした情緒的な支援，合理的な支援の方略は日米の社会的文化的背景を反映しているといえるだろう。

　一人一人が価値のある存在であるということに気づかせるために，日本で

は，教師が個々に児童にかかわることが多いのに対し，アメリカではグループワークを多くし，一人一人に役割を与えて，自発的な取り組みから自己肯定や自己受容を促すような取り組みがみられた。教室内でもクラスルールを守ることが非常に重要視されているので，何が大事でこれを守らないとどうなるかが明確に示されている（たとえば教室前方の黒板にルールとそれを破ったときのペナルティについて常に掲示してある）。中学年の児童に対しても，物事に対して常に responsible（責任をもつ）であることが要求されており，初等教育の段階から一個の自立した人間としての行動を求められているといえる。これは個人の自由と責任を尊重するというアメリカの社会的背景が学校文化にも影響している証左ともいえよう。

　このように，自分をどのように知覚し，評価するのかといったことは子どもにとってさまざまな側面に影響を及ぼすといえる。自己概念の向上は成績，友人関係の広がり，精神的安定性などと関連があり，学校現場においても子どもの社会的・精神的発達や学力向上をめざすうえで，肯定的な自己概念を育むことは，これからの課題であろう。また，児童の達成度の評価の仕方に関しても，スタンダードを多く設けて，ある基準への達成を児童に内面化させるアメリカのやり方と，形成的評価を基本にする日本のやり方では違いがみられ，これらの違いが児童の自己概念の形成に影響しているのではないかとも考えられた。

8 これからの自己概念研究の展望

　今まで自己概念に関する先行研究からはじまり，その理論モデルや尺度，筆者の日米の小学生と大学生を対象とした自己概念に関する調査研究についてとりあげるとともに，自己概念や自尊感情を肯定的に育むための方途についても考察してきた。本章では，まとめとして，これからの自己概念研究についての展望と今後の課題について述べる。

1　人間形成における自己概念の重要性

　まずは，なぜ自己概念が人間形成において重要なのかという点についてみていきたい。今までみてきたように，自己概念とは「自分が自分をどう思うかや，人や他人が自分をどう評価しているかなどを含めた，自分の性格や能力，身体的特徴などに関する，比較的永続した自分の考え」となっている。また，自尊感情は自己概念のなかの評価的な部分，つまり自己価値にかかわってくる。つまり，自己の価値や能力について，肯定的か否定的か，または自己の状態に満足かどうかなどの感覚といえる。先行研究から，自己概念は学業成績（Byrne, 1984；Marsh, 1986）や友人関係（Harter, 1998；Tarrant, MacKenzie, & Hewitt, 2006），また精神的健康（McCullough, Huebner, & Laughlin, 2000）とも関連が深く，肯定的な自己概念は，子どもの望ましい心理的・社会的発達の促進に影響を与える重要な要因の一つと考えられている。

　こうした特徴をもつ自己概念であるが，自己概念の研究を進めていくことは，臨床的な場面，学校現場，研究調査などにおいてどのような貢献を成しうるのであろうか。たとえば，臨床場面では，さまざまな事例を集めるためだけでなく，カウンセリングの技法との関連性も考えながら，自己概念を向上させる介入についての理解を深めることができる。何より，目の前で肯定的な自己

概念をもてずに悩んでいる一人の子どもを救うために，さらなる研究が必要といえよう。学校現場においても，子どもを集団としてみて変化を把握するために，自己概念の諸相を分析していくことが必要であると考えられる。さらに，集団的アプローチ，グループ学習などを通しての自己概念・自尊感情向上のプログラムを実施することで，教師にとっても有益な知見を提供することが可能となる。さらに，研究調査においては，数的な調査に関しては，より大規模なサンプルを用いた調査をおこなうことによって，研究成果を一般化することが可能になり，国や文化を超えた枠組みで自己概念という問題を取り扱うことも可能であろう。それによって，普遍的な人間の発達や自己形成という側面と，社会文化的文脈に左右される自己という特殊的な側面についての知見を得ることができる。これは文化心理学や比較教育学といった分野においても，検討されるべき課題の一つでもあると筆者は考える。

2 自己概念尺度の有用性

本書の第4章，第5章にある自己概念に関する調査では，SEI，SDQという自己概念や自尊心を測定するという目的で開発された尺度を用いている。自己についての質的な研究も増えてきたなかで，このような尺度を用いることの意味や主に学校現場における有用性について，筆者の見解を述べたい。

(1) 児童への教育的援助のために

本研究で使用した尺度は教育現場でも教師にとって子どもを理解し，よりよい指導方法や子どもへの働きかけを支援するようなツールとなりうる。まず，子どもを知る手がかりとして，子どもが自分をどのようにとらえているか，知覚しているかを多面的に把握することができる。

たとえば，算数や国語の自己概念スコアが低い子どもを例にとると，教師はそこから多くの情報を読み取ることができる。それを，実際の教師がみた子どもの授業態度や成績と対応させることで，「なぜ低い自己概念を持つに至ったのか」を探ることができる。たとえば，実際に成績が低くて，やる気もあまりみられないような子どもが，低い自己概念をもつことはままあることである。

だが，実際にはよい成績を取りながらも自己概念が低い子どもも存在する。そのような子どもは，その科目だけでなくて，全般的に否定的に自己を評価しがちなのかもしれない。もしくはその科目だけに苦手意識をもっているのかもしれない。もしくは，自分の決めた到達目標やスタンダードが高く，自己批判バイアスが強く働いているため，自分を高く評価することができないのかもしれない。

　第6章でも言及したが，自己評価の日米比較に関する研究（柏木・北山・東，1997）をみると，日本人には自己批判バイアスが働き，欧米人には自己高揚バイアスが働いているとよくいわれる。こうした自己高揚バイアス，自己批判バイアスの傾向は，自己概念尺度への回答の傾向性に多少は反映されると考えられる。そのような子どもの原因をさぐるなかで，統一的な尺度は「どのようにしたらより肯定的な，高い自己概念を育むことができるか」という点において適切な指導方法や接し方を検討するうえの参考データとして有用であるといえる。

　また，「友人との関係」「両親との関係」などの因子をみることにより，対人的なスキルや友人に対する接し方，また家庭生活や両親をどのようにとらえているかなど，教室場面だけではみえてこない児童生徒の側面についても読み取ることができ，教師にとって有益な情報を与えてくれるといえよう。さらに，実際の児童のふるまいと尺度の回答結果を参照することで，自己批判バイアスなどにみられるような児童の現状をより多面的に把握することができ，それらのデータを日常の学習指導・生活指導に役立てることが可能であろう。

　加えて，自己概念の下位尺度得点をスコアとして分析したときに，高い項目をさらに伸ばしたり，低い項目に着目することで，その原因を検討することができ，非学業的・学業的にバランスのとれた自己概念の形成をめざすことも可能となる。このように，主に児童生徒への教育支援という観点や，カリキュラムや指導方法の改善に用いるなどの有用性があるといえる。

（2）国際比較のツールとして

　本研究で使用した尺度は原本が英語であるため，それらを用いて主に西欧諸国や英語が公用語の国と国際比較をおこなうことが可能である。それにより，

国別の比較や，国際的な平均レベルの把握だけでなく，日本人に特有の自己のとらえ方の特徴も知ることが可能になる。特に，日本人は欧米諸国と比べると学業的自己概念はやや低いに留まるが，非学業的自己概念は大きく下回ることが多いので，その原因を探ることも一つの重要な課題といえよう。

（3）他の構成概念との関連付けによる利用

自己概念尺度を用いるメリットの一つとしては，たとえば，友人関係や家族関係，教師との相互作用などとの関連性をあわせて検討することで，多面的に子どもの状況を把握することが可能になる点があげられる。ここでは，主に自己概念と学業成績との関連についてみていきたい。自己概念と学業成績の間には正の相関があるといわれているが，相関係数が0.3から0.4と特別に高いわけではない。ただ，成績の向上がよりよい自己概念を生み出すという研究結果もあるため，縦断的にこれらの尺度を使用することにより，より効果的なカリキュラムや指導方法の模索に役立てることができるであろう。

また，最近の研究では，自己概念と学業成績の間には，成績の向上→自己概念の向上という，一方的な因果関係のベクトルではなく，自己概念の向上→成績の向上もみられ，両者の間には，相互作用的な力が働いていることが示されている（Marsh, Haum, & Kong, 2002）。この関係をみることにより，どれだけ成績と自己概念がかかわっているのかを通して，その国や地域の教育事情や，教師の意図的，また無意識的な働きかけを含んだ教育環境に対する考察を深めることができる。ひいては，子どもにとって，肯定的な自己概念や成績の向上をめざすような教育環境の構築にも貢献しうる重要なツールになるであろう。特にSDQは信頼性も高いので，レッスンプランの前と後に実施するといった形で，自己概念や成績の向上の一つの測定尺度としても使用できる。

3　今後の課題

（1）他の構成概念との関連の検討

ここでは，今後の自己概念研究における検討すべき課題についてみていきたい。まず考えられるのは，学力や社会性といった他の構成概念との関連につい

ての研究である。ハティとマーシュ（Hattie & Marsh, 1996）は，自己概念研究における将来の方向性として，自己概念と学力の関連を，一つのメカニズムとして明らかにする縦断的研究の必要性を主張している。つまり，単に相関をみるのではなく，自己概念と学力の間の因果関係のモデルの構築をめざすべきであるというのである。さらに，彼らが指摘したように，「自己概念と学力の関係」を「自己概念と学習との関係」にまで発展させることによって，子どもたちの学び方と自己概念との間のダイナミックで直接的なつながりを探求することは，自己概念を測定することのメリットを学校現場において検証できるという点においても，これからの課題としても必要なのではないだろうか。

　次に，学校教育における男女の社会化と自己概念の発達との関連性を探る研究や，年齢による自己概念の分化の諸相に関する長期的，縦断的な研究，また異なる年齢層を対象とした研究が考えられる。今回，小学生におこなった調査では，自己概念の性差の傾向性について，男子は身体的能力や算数に関する自己概念が高く，女子は両親との関係や国語についての自己概念が高いという結果がみられ，これは，先行研究とも一致していた。第2章でも述べたが，こうした異なる領域における自己概念の性差は，ジェンダー・ステレオタイプや社会化のパターンを反映していると思われる。だが，こういった傾向が顕著になりすぎると，男女ともに偏った自己概念を発達させることになりかねない。たとえば，自己概念においては，男子はコンピテンスに傾倒し，女子は自己価値に傾倒する傾向がある。クリストファー（Christopher, 1999）は，こうした傾向を概観して，男子が自己の側面のなかでも，特にコンピテンスに傾倒しすぎると，他の側面，たとえば情緒的自己概念や自尊感情などを向上させるのを抑える危険性があると批判している。彼は，社会自体がある意味で性差別主義（sexist）的であり，男性女性双方にとって，適切な自尊感情を発達させるのが難しいと指摘している。この性差別主義的な傾向は見過ごされるべきではなく，男女が性別にかかわらず，より肯定的な自尊感情を育めるようにと是正されるべきだと主張しており，このような自己概念を志向し，その方途を探っていくことも今後の研究課題の一つといえるだろう。

（2）アジアの文化的価値を反映した尺度の開発

　先行研究をみると，自己概念の研究において，その多くが尺度の開発や妥当性の検証に費やされている。このような尺度への多くの関心は，将来にわたっても変わらないだろうとハティら（Hattie & Marsh, 1996）は述べているが，それらの尺度は，適切で厳正な心理測定的基準に合うよう注意深く開発・実施される必要があるとしている。

　国際比較という視点からみると，他の国との比較や，自己概念の構造の共通性／相違性の考察が求められるとともに，日本独自の文化的・社会的背景をふまえた新たな自己概念尺度の構築という観点も忘れてはならないであろう。

　今までの自己概念研究は，先進諸国の西洋人を対象にしたものが多く，理論モデルや尺度も彼らの社会的・文化的文脈を基盤にしたものであった。本書では，日本での自己概念研究ということで，日本でも西洋の尺度が適用可能であることが証明されたが，実際にアジアの文化に適した尺度の開発だけでなく，アジアの社会的・文化的文脈からみた自己，自己概念とは何かということをもう一度考える必要があるのではないだろうか。自己において，どのような側面が重視されるか。たとえば，相互協調的自己をもつとされる日本人にとっては，対人関係（友人や両親，同僚との関係）に関する自己概念をさらに掘り下げて検討する必要があるかもしれない。「集団主義」や「他者との関係性を重視する自己」という観点にみられるような，東洋の文化的文脈をふまえる必要があるともいえる。さらに，謙遜を美徳とする自己批判バイアスがかかっていることからも，そういった心理的特性を測定する領域を入れてもいいかもしれない。そのように，文化的価値を反映した自己概念を考えていくことも，今後の課題として必要であると思われる。

　本書では，自己概念のあり方についてみてきたが，自己概念は単なる自分に対する知覚というだけではなく，自分が重要だと考える領域の自己知覚であり，それは人によって重みづけが異なる。ある人は，身体的能力を重視するし，ある人は学業的コンピテンスを重視する。よって，われわれが，自分の自己概念のある側面を重要だとみなすときにはじめて，その側面における評価が，自尊感情や自己価値感に影響を与えるといえるだろう。われわれは，自分が重要だとみなす領域においては，有能で，価値があると信じたいものである（Hattie

& Marsh, 1996)。よって，個性記述的方法も視野に入れた今後の尺度のあり方を考える必要もあるかと思われる。

(3) 自己概念・自尊感情向上のプログラム開発

　第7章でもふれたが，自己概念向上のためプログラムの多くは，効果は肯定的なものであるが，その効果自体は一般的にかなり小さいことがわかっている。よって，個人の自己概念を維持したり，高揚させるプロセスをより詳細にみるために，フィードバックに対する対処方略といった側面からも検討する研究が必要であろう。また，留学などの外的要因の与えるメリットについても検討したうえで，他のプログラムの探求などもあげられる。

　学校・臨床場面での応用に関しては，「なかなか自信をもつことができない」「肯定的な自己概念をもつことができない」子どもたちに対して，その実態を把握し原因を探索することにより，現場の教員にとって利用可能で効果のある自己概念向上プログラムを開発していくことが求められるといえる。

　このように，自己概念をめぐる問題は，多岐にわたるが，何のために自己概念というテーマを探求していくのかという点を忘れてはならないと思う。自分をどのように知覚し，受け入れるか，また自分自身のもつ能力や特性に対して，どのような評価や感情をもっているのかという問題は，その人のパーソナリティの核ともなりうる重要な問題だといえよう。

　本書では，主に児童期及び青年期の自己概念について，先行研究や日米比較の調査を中心に考察してきた。ここまでの章を書き上げて筆者が感じたことは，自己概念を自らで伸ばしていくスキルがこれからは必要になるのではないかという点である。先行研究にもあるように，自己概念の形成には重要な他者である両親や教師，親しい友人との相互作用が大きな影響を与える。そのような外的要因も重要ではあるが，年齢を経ていくと，内的要因，つまり自身の心理的特性が自己概念にも影響を与えると考えられる。その意味で，自己をどのように確立していくのかというプロセスにも焦点をあてていきたい。

参考文献

Abu-Hilal, M. M., & Aal-Hussain, A. A. (1997). Dimensionality and hierarchy of the SDQ in a Non-Western milieu: A test of self-concept invariance across gender. *Journal of Personality and Social Psychology*, 28, 535-553.
Abu-Hilal, M. M. (2005). Generality of self-perception models in the Arab culture-Results from 10 years of research. In H.W. Marsh, R.G. Craven, & D. M. McInerney (Eds.), *The New Frontiers of Self Research*. Connecticut: IAP-Information Age. pp. 155-194.
Allen, D. M., & Tarnowski, K. G. (1989). Depressive characteristics of physically abused children. *Journal of Abnormal Psychology*, 17, 1-11.
Allport, G. W. (1943). The ego in contemporary psychology. *Psychological Review*, 50, 451-478.
American Psychiatric Association (1994). *Diagnostic and statistical manual of mental disorders*. 4th ed. (*DSM-IV*). Washington, D.C.: American Psychiatric Press.
Anderson, E., Linder, M., & Bennion, L. (1992). The effect of family relationships on adolescent development during family reorganisation. In E. M. Hetherington & W. G. Clingempeel (Eds.) , Growing points of attachment theory and research. *Monograph of the Society of Research in Child Development*, 57 (2-3, Serial No. 227) , 178-199.
荒木紀幸（編）(2007). 教育心理学の最先端―自尊感情の育成と学校生活の充実― あいり出版.
Arend, R., Gove, F., & Sroufe, L. A. (1979). Continuity of individual adaptation from infancy to kindergarten: A predictive study of egoresiliency and curiosity in preschoolers. *Child Development*, 50, 950-959.
Argyle, M. (1994). *The psychology of interpersonal behavior*. Harmondsworth, Penguin Books.
Asher, S. R., Hymel, S., & Renshaw, P. D. (1984). Loneliness in children. *Child Development*, 55, 1456-1464.
東洋・柏木恵子・Hess, R. D. (1986). 母親の態度・行動と子どもの知的発達 東京大学出版会.
Bachman, J. G., & O'Malley, P. M. (1977). Self-esteem in young men: A longitudinal analysis of the impact of educational and occupational attainment. *Journal of Personality and Social Psychology*, 31, 365-380.
Bachman, J. G., & O'Malley, P. M. (1986). Self-concepts, self-esteem, and educational experiences: The frog-pond revisited (again). *Journal of Personality and Social Psychology*, 50, 35-46.
Bailey, R. C. (1971). Self-concept differences in low and high achieving students. *Journal of Clinical Psychology*, 27, 188-191.

Bandura, A. (1977). Self-efficacy: Toward a unifying theory of behavioral change. *Psychological Review*, 84, 191–215.

Bardwell, R. (1984). The development and motivational function of expectations. *American Educational Research Journal*, 21, 461–472.

Barry, H., Child, I. L., & Bacon, M. K. (1959). Relation of child training to subsistence economy. *American Anthropologist*, 61, 51–63.

Battle, J. (1982). *Enhancing self-esteem and achievement: A handbook for professionals*. Seattle: Special Child Publications.

Baumeister, R. (1993). *Self-esteem: The puzzle of low self-regard*. New York: Plenum.

Baumgardner, A. H. (1990). To know oneself is to like oneself: Self-certainty and self-affect. *Journal of Personality and Social Psychology*, 58, 1062–1072.

Baumrind, D. (1978). Parental discipline and social competence in children. *Youth and Society*, 9, 238–276.

Beane, J. A., & Lipka, R. P. (1980). Self-concept and self-esteem: A construct differentiation. *Child Study Journal*, 10, 1–6.

Beck, A., Steer, R. A., Epstein, N., & Brown, G. (1990). Beck Self Concept Test. *Psychological Assessment*, 2, 191–197.

Bednar, R., Wells, G., & Peterson, S. (1989). *Self-esteem: Paradoxes and innovations in clinical theory and practice*. Washington, D.C.: American Psychological Association.

Beer, J. (1989). Relationship of divorce to self-concept, self-esteem, and grade point average of fifth and sixth grade school children. *Psychological Reports*, 65, 1379–1383.

Belsky, J., Gilstrap, B., & Rovine, M. (1984). The Pennsylvania infant and family development project, I: Stability and change in mother-infant and father-infant interaction in a family setting at one, three, and nine months. *Child Development*, 55, 692–705.

Bennett, L., Wolin, S., & Reiss, D. (1988). Cognitive, behavioral, and emotional problems among school-age children of alcoholic parents. *American Journal of Psychiatry*, 145, 185–190.

Berndt, T. J., & Burgy, L. (1996). Social self-concept. In B. A. Bracken (Ed.), *Handbook of self-concept: Developmental, social, and clinical considerations* New York: Wiley. pp. 171–209.

Beyer, S. (1990). Gender differences in the accuracy of self-evaluations of performance. *Journal of Personality and Social Psychology*, 59, 960–970.

Beyer, S., & Bowden, E. M. (1997). Gender differences in self-perceptions: Convergent evidence from three measures of accuracy and bias. *Personality and Social Psychology Bulletin*, 23, 157–172.

Bhatti, B., Derezotes, D., Kim, S., & Specht, H. (1989). The association between child maltreatment and low self-esteem. In A. M. Mecca, N. J. Smelser, & J. Vasconcellos (Eds.), *The social importance of self-esteem*. Berkeley: University of California Press. pp. 24–71.

Bledsoe, J. C. (1964). Self concepts of children and their intelligence, achievement, inter-

ests, and anxiety. *Journal of Individual Psychology*, 20, 55-88.
Bledsoe, J. C., & Garrison, K. G. (1962). *The self-concepts of elementary school children in relation to their academic achievement, intelligence, interests and manifest anxiety.* Athens: The University of Georgia, College of Education.
Block, J., & Robins, R. W. (1993). A longitudinal study of consistency and change in self-esteem from early adolescence to early adulthood. *Child Development*, 64, 909-923.
Blumer, H. (1969). *Symbolic interactionism.* Prentice-Hall.
Bohrnstedt, G. W., & Felson, R. B. (1983). Explaining the relationships among children's actual and perceived performances and self-esteem: A comparison of several causal models. *Journal of Personality and Social Psychology*, 45, 43-56.
Boivin, M., & Begin, G. (1989). Peer status and self-perception among early elementary school children: The case of the rejected children. *Child Development*, 60, 591-596.
Bond, M. H., & Cheung, T. (1983). College students' spontaneous self-concept: The effect of culture among respondents in Hong Kong, Japan, and the United States. *Journal of Cross-Cultural Psychology*, 14, 153-171.
Borkenau, P., & Liebler, A. (1993). Convergence of stranger ratings of personality and intelligence with self-ratings, partner ratings, and measured intelligence. *Journal of Personality and Social Psychology*, 65, 546-553.
Bowlby, J. (1951). *Child care and the growth of love.* Harmondsworth, Penguin.
Bowlby, J. (1969). *Attachment and loss.* Vol. 1. *Attachment.* New York: Basic Books.
Bowlby, J. (1973). *Attachment and loss.* Vol 2. *Separation.* New York: Basic Books.
Bowlby, J. (1980). *Attachment and loss.* Vol 3. *Loss, sadness and depression.* New York: Basic Books.
Bracken, B. A. (1992). *Multidimensional Self Concept Scale.* Austin, TX: Pro-Ed.
Bracken, B. A. (Ed.) (1996). *Handbook of self-concept: Developmental, social, and clinical considerations.* New York: John Wiley & Sons. (梶田叡一・浅田匡（監訳）(2009). 自己概念研究ハンドブック―発達心理学，社会心理学，臨床心理学からのアプローチ―金子書房.)
Bronstein, P. (1984). Differences in mothers' and fathers' behaviors toward children: A cross-cultural comparison. *Developmental Psychology*, 20, 995-1003.
Brookover, W. B., Thomas, S., & Paterson, A. (1964). Self-concept of ability and school achievement. *Sociology of Education*, 37, 271-278.
Brophy, J. E., & Good, T. L. (1974). *Teacher-student relationships: Causes and consequences.* New York: Holt, Rinehart & Winston.
Broughton, J. (1978). The development of concepts of self, mind, reality, and knowledge. *New Directions for Child Development*, 1, 75-100.
Brown, L., & Alexander, J. (1991). *Self-Esteem Index.* Austin, TX: Pro-Ed.
Brown, J. D., & Dutton, K. A. (1995). Truth and consequences: The costs and benefits of accurate self-knowledge. *Personality and Social Psychology Bulletin*, 21, 1288-1296.
Burnett, P. C. (1994). Self-concept and self-esteem in elementary school children. *Psychol-

ogy in the Schools, 31, 164-171.
Burns, R. (1975). Attitudes to self and to three categories of others in a student group. *Educational Studies*, 1, 181-189.
Burns, R. (1982). *Self-concept development and education.* London: Holt Rinehart & Winston.
Burde, K., & Jensen, L. C. (1983). The self-concept and aggressive behavior among elementary school children from two socioeconomic areas and two grade levels. *Psychology in the Schools*, 3, 370-175.
Byrne, B. M. (1984). The general/academic self-concept nomological network: A review of construct validation research. *Review of Educational Research*, 54, 427-456.
Byrne, B. M. (1988). Measuring adolescent self-concept: Factorial validity and equivalency of the SDQ III across gender. *Multivariate Behavioral Research*, 23, 361-375.
Byrne, B. M., & Shavelson, R. J. (1986). On the structure of adolescent self-concept. *Journal of Educational Psychology*, 78, 474-481.
Byrne, B. M., & Shavelson, R. J. (1987). Adolescent self-concept: Testing the assumption of equivalent structure across gender. *American Educational Research Journal*, 24, 365-385.
Byrne, B. M., & Shavelson, R. J. (1996). On the structure of social self-concept for pre-, early, and late adolescents: A test of the Shavelson, Hubner, and Stanton (1976) model. *Journal of Personality and Social Psychology*, 70, 599-613.
Calhoun, G. Jr., & Morse, W. C. (1977). Self-concept and self-esteem: Another perspective. *Psychology in the Schools*, 14, 318-322.
Callahan, C. M., Cornell, D. G., & Loyd, B. (1990). Perceived competence and parent-adolescent communication in high ability adolescent females. *Journal for the Education of the Gifted*, 13, 256-269.
Calsyn, R. J., & Kenny, D. (1977). Self-concept of ability and perceived evaluation of others: Cause or effect of academic achievement. *Journal of Educational Psychology*, 69, 136-145.
Caplin, M. D. (1969). The relationship between self concept and academic achievement. *Journal of Experimental Education*, 37, 13-16.
Carmines, E. G., & Zeller, R. A. (1974). On establishing the empirical dimensionality of theoretical terms: An analytical example. *Political Methodology*, 1, 75-96.
Carroll, J. L., Friedrich, D., & Hund, J. (1984). Academic self-concept and teachers' perceptions of normal, mentally retarded, and learning disabled elementary students. *Psychology in the Schools*, 21, 343-348.
Caudill, W., & Weinstein, H. (1969). Maternal care and infant behavior in Japan and America. *Psychiatry*, 32, 12-43.
Chang, T. S. (1975). The self-concept of children in ethnic groups: Black American and Korean-American. *Elementary School Journal*, 76, 52-58.
Chang, L., McBridge-Chang, C., Stewart, S., & Au, E. (2003). Life satisfaction, self-concept,

and family relations in Chinese adolescents and children. *International Journal of Behavioral Development,* 27, 182–189.

Chapman, J. W. (1988). Learning disabled children's self-concepts. *Review of Educational Research,* 58, 347–371.

Christopher, J. M. (1999). *Self-esteem: Research, theory, and practice.* 2nd ed. New York: Springer.

Chui, L. H. (1987). Development of the self-esteem rating scale for children (revised). *Measurement and Evaluation in Counseling and Development,* 20, 36–51.

Clarke-Stewart, K. A. (1978). And daddy makes three: The father's impact on mother and young child. *Child Development,* 49, 466–478.

Cochran, M. M., & Brassard, J. (1979). Child development and personal social networks. *Child Development,* 50, 601–616.

Coie, J. D., Dodge, K. A., & Coppotelli, H. (1982). Dimensions and types of social status in the school: A cross-age comparison. *Developmental Psychology,* 18, 557–570.

Cooley, C. H. (1902). *Human nature and the social order.* Scribner's.

Coopersmith, S. (1967). *The Antecedents of self-esteem.* W. H. Freeman.

Cornell, D. G., Pelton, G. M., Bassin, L. E., Landrum, M., Ramsay, S. G., Cooley, M. R., Lynch, K. A., & Hamrick, E. (1990). Self-concept and peer status among gifted program youth. *Journal of Educational Psychology,* 82, 456–463.

Costanzo, P. R. (1970). Conformity development as function of self-blame. *Journal of Personality and Social Psychology,* 14, 366–374.

Crain, R. M. (1996). The influence of age, race, and gender on child and adolescent multidimensional self-concept. In B. A. Bracken (Ed.), *Handbook of self-concept: Developmental, social, and clinical considerations* New York: Wiley. pp. 395–420.

Crain, R. M., & Bracken, B. A. (1994). Age, race, and gender differences in child and adolescent self-concept: Evidence from a behavioral-acquisition, context-dependent model. *School Psychology Review,* 23, 496–511.

Cuffel, B. J., & Akamatsu, J. (1989). The structure of loneliness: A factor analytic investigation. *Cognitive Therapy and Research,* 13, 459–474

Cushman, P. (1990). Why the self is empty: Towards a historically situated psychology. *American Psychologist,* 45, 599–611.

Dai, D. Y. (2001). A comparison of gender differences in academic self-concept and motivation between high-ability and average Chinese adolescents. *Journal of Secondary Gifted Education,* 13, 22–32.

Damon, W., & Hart, D. (1982). The development of self-understanding from infancy through adolescence. *Child Development,* 53, 841–864.

Damon, W., & Hart, D. (1988). *Self-understanding in childhood and adolescence.* Cambridge: Cambridge University Press.

Das, R., & Berndt, T. J. (1992). Relations of preschoolers' social acceptance to peer ratings and self-perceptions. *Early Education and Development,* 3, 221–231.

Daubman, K. A., Heatherington, L., & Ahn, A. (1992). Gender and the self-presentation of academic achievement. *Sex Roles*, 27, 187-204.

DeBlassie, R. R., & Healy, G. W. (1970). *A comparison of Spanish-American, negro, and anglo adolescents across ethnic, sex, and socio-economic variables*. Las Cruces, NM: Eric-Cress.

DeFrancesco, J. J., & Taylor, J. (1985). Dimensions of self-concept in primary and middle school learning disabled and nondisabled students. *Child Study Journal*, 15, 99-105.

Dunning, D., Meyerowitz, J. A., & Holzberg, A. D. (1989). Ambiguity and self-evaluation: The role of idiosyncratic trait definitions in self-serving assessments of ability. *Journal of Personality and Social Psychology*, 57, 1082-1090.

Durand, V. M., & Barlow, D. (1997). *Abnormal psychology: An introduction*. Pacific Grove, CA: Brooks/Cole.

Dusek, J. B., & Flaherty, J. F. (1981). The development of self-concept during adolescent years. *Monographs of the Society for Research in Child Development*, 46 (4, Serial No. 191).

Eagly, A. H. (1987). *Sex differences in social behavior: A social-role interpretation*. Hillsdale, NJ: Erlbaum.

Eccles, J. S., & Blumenfeld, P. (1985). Classroom experiences and student gender: Are there differences and do they matter. In L. C. Wilkinson & C. B. Marrett (Eds.), *Gender influences in classroom interaction*. Hillsdale, NJ: Erlbaum. pp. 79-114.

Elicker, J., Englund, M., & Sroufe, L. A. (1992). Predicting peer competence and peer relationships in childhood from early parent-child relationships. In R. D. Parke & G. W. Ladd (Eds.), *Family-peer relationships: Modes of linkage*. Hillsdale, NJ: Erlbaum. pp. 77-106.

Elliott, G. C. (1988). Gender differences in self-consistency: Evidence from an investigation of self-concept structure. *Journal of Youth and Adolescence*, 17, 41-57.

遠藤辰雄・井上祥治・蘭千尋（編）(1992). セルフ・エスティームの心理学—自己価値の探求— ナカニシヤ出版.

榎本博明 (1998).「自己」の心理学—自分探しへの誘い— サイエンス社.

Epstein, S. (1973). The self-concept revisited: Or a theory of a theory. *The American Psychologist*, 28, 404-416.

Epstein, S. (1979). The ecological study of emotions in humans. In K. Blankstein (Ed.), *Advances in the study of communications and affect*. New York: Plenum. pp. 47-83.

Evans, F. B., & Anderson, J. G. (1973). The psychocultural origins of achievement and achievement motivation: The Mexican-American family. *Sociology of Education*, 46, 396-416.

Eysenck, H. J., & Eysenck S. B. G. (1983). Recent advances in the cross-cultural study of personality. In C. D. Spielberger, & J. N. Butcher (Eds.), *Advances in personality assessment*. Hillsdale, New York: Erlbaum. pp. 41-69.

Feiring, C., & Taska, L. (1996). Family self-concept: Ideas on its meaning. In B. Bracken

(Ed.), *Handbook of self-concept: Developmental, social, and clinical considerations.* New York: Wiley. pp. 317–373.

Felson, R. B. (1981). Ambiguity and bias in the self-concept. *Social Psychology Quarterly*, 44, 64–69.

Fennema, E., & Sherman, J. (1977). Sex-related differences in mathematics achievement, spatial visualization, and affective factors. *American Educational Research Journal*, 14, 51–71.

Festinger, L. (1954). A theory of social comparison processes. *Human Relations*, 7, 117–140.

Findley, M. J., & Cooper, H. M. (1983). Locus of control and academic achievement: A literature review. *Journal of Personality and Social Psychology*, 44, 419–427.

Fitts, W. H. (1964). *Tennessee Self-Concept Scale: Test booklet.* Nashville, TN: Counselor Recordings and Tests.

Fox, K. R., & Corbin, C. B. (1989). The physical self-perception profile: Development and preliminary validation. *Journal of Sport and Exercise Psychology*, 11, 408–430.

Fox, D., & Jordan, V. (1973). Racial preference and identification of American Chinese, Black and White children. *Genetic Psychology Monographs*, 88, 139–143.

Franzoi, S. L., & Shields, S. A. (1984). The Body Esteem Scale: Multidimensional structure and sex differences in a college population. *Journal of Personality Assessment*, 48, 173–178.

Frey, D., & Carlock, C. J. (1989). *Enhancing self-esteem.* Muncie, IN: Accelerated Development.

Frodi, A., Bridges, L., & Grolnick, W. S. (1985). Correlates of mastery-related behaviour: A short term longitudinal study of infant in their second year. *Child Development*, 56, 1291–1298.

福武書店教育研究所（1992）．モノグラフ・小学生ナウ，12-4　福武書店．

船津衛・安藤清志（編）（2002）．自我・自己の社会心理学　ニューセンチュリー社会心理学1　北樹出版．

Gallup, G. G. Jr. (1970). Chimpanzees: Self recognition. *Science*, 167, 86–87.

Gallup, G. G. Jr. (1977). Self-recognition in primates: A comparative approach to the bidirectional properties of consciousness. *American Psychologist*, 32, 329–338.

Garber, R. J. (1991). Long-term effects of divorce on the self-esteem of young adults. *Journal of Divorce and Remarriage*, 17, 131–137.

Gergen, K. J. (1968). Personal consistency and the presentation of self. In C. Gordon & K. J. Gergen (Eds.), *The self in social interaction.* New York: Wiley. pp. 299–308.

Gibby, R. G., & Gabler, R. (1967). The self-concept of Negro and White children. *Journal of Clinical Psychology*, 23, 114–148.

Gibson, J. J. (1979). *The ecological approach to visual perception.* Boston: Houghton Mifflin.

Gordon, S. (1970). Reversing a negative self-image. In L. Anderson (Ed.), *Helping the adolescent with the hidden handicap.* Belomont, CA: Fearon. pp.71–86.

Greenwald, A. G., & Pratkanis, A. R. (1984). The self. In R. S. Wyer & T. K. Srull (Eds.), *Handbook of social cognition*. Vol. 3. Hillsdale, NJ: Erlbaum. pp.129-178.

Griggs, S. A., & Price, G. E. (1981). Self-concept relates to learning style in the junior high. *Phi Delta Kappan*, 62, 604.

Grin, P., Grin, G., & Morrison, B. M. (1978). Personal and ideological aspects of internal and external control. *Social Psychology*, 41, 275-296.

Guardo, C. J., & Bohan, J. B. (1971). Development of a sense of self-identity in children. *Child Development*, 42, 1909-1921.

Guerin, F., Marsh, H.W., & Famose, J. P. (2003). Construct validity of the Self-description Questionnaire II with a French sample. *European Journal of Psychological Assessment*, 19, 142-150.

Haertel, G. D., Walberg, H. J., & Haertel, E. H. (1981). Socio-psychological environments and learning: A quantitative synthesis. *British Educational Research Journal*, 7, 27-36.

Hall, C. W., & Richmond, B. O. (1985). Non-verbal communication, self-esteem and interpersonal relations of learning disabled and non-learning disabled students. *Exceptional Children*, 32, 87-91.

Hamachek, D. (1995). Self-concept and school achievement: Interaction dynamics and a tool for assessing the self-concept component. *Journal of Counseling & Development*, 73, 419-425.

濱口恵俊 (1982). 間人主義の社会 日本 東洋経済新報社.

Hansford, B. C., & Hattie, J. A. (1982). The relationship between self and achievement/performance measures. *Review of Educational Research*, 52, 123-142.

Harter, S. (1982). The perceived competence scale for children. *Child Development*, 53, 87-97.

Harter, S. (1983). Developmental perspectives on the self system. In P. H. Mussen (Series Ed.) & E. M. Hetherington (Vol. Ed.), *Handbook of child psychology*. Vol. 4. *Socialization, personality, and social development*. New York: Wiley. pp. 275-385.

Harter, S. (1985). *Self-Perception Profile for children*. Denver, CO: University of Denver Press.

Harter, S. (1986). Processes underlying the construction, maintenance, and enhancement of the self-concept in children. In J. Suls & A. G. Greenwald (Eds.), *Psychological perspectives on the self*. Hillsdale, NJ: Lawrence Erlbaum. pp. 136-181.

Harter, S. (1987). The determinants and mediational role of global self-worth in children. In N. Eisenberg (Ed.), *Contemporary topics in developmental psychology*. New York: Wiley & Sons. pp. 219-241.

Harter, S. (1988). *Self-Perception Profile for adolescents*. Denver, CO: University of Denver Press.

Harter, S. (1998). The development of self-representation. In W. Damon & N. Eisenberg (Eds.), *Handbook of child psychology*. 5th ed., Vol. 3. *Social, emotional, and personality development*. New York: Wiley. pp. 553-617.

Harter, S. (1990). Identity and self development. In S. Feldman & G. Elliott (Eds.), *At the threshold: The developing adolescent.* Cambridge, MA: Harvard University Press. pp. 352-387.

Harter, S. (1993). Causes and consequences of low self-esteem in children and adolescents. In R. F. Baumeister (Ed.), *Self-esteem: The puzzle of low self-regard.* New York: Plenum. pp.87-116.

Harter, S., Marold, D. B., & Whitesell, N. R. (1991). A model of psychological risk factors leading to suicidal ideation in young adolescents. *Development and Psychopathology*, 4, 167-188.

Harter, S., & Monsour, A. (1992). Developmental analysis of conflict caused by opposing attributes in the adolescent self-portrait. *Developmental Psychology*, 28, 251-260.

Harter, S., & Pike, R. (1984). The pictorial scale of perceived competence and social acceptance. *Child Development*, 55, 1969-1982.

Hartup, W. W. (1983). Peer relations. In P. H. Mussen (Series Ed.), E. M. Hetherington (Vol. Ed.), *Handbook of child psychology.* Vol. 4. *Socialization, personality, and social development.* New York: Wiley. pp. 103-196.

Hattie, J. (1992). *Self-concept.* Hillsdale, NJ: Erlbaum.

Hattie, J. A., & Marsh, H. W. (1996). Future research in self-concepts. In B. A. Bracken (Ed.), *Handbook of self-concept: Developmental, social, and clinical considerations.* New York: Wiley. pp. 421-462.

Hau, K. T., Kong, C. K., & Marsh, H. W. (2003). Chinese self-description questionnaire-Cross-cultural validation and extension of theoretical self-concept models. In H. W. Marsh, R. G. Craven, & D. M. McInerney (Eds.), *International advances in self research.* Connecticut: IAP-Information Age. pp. 49-65.

Hauser, S. T., Powers, S. I., Noam, G. G., Jacobson, A. M., Weiss, B., & Folansbee, D. J. (1984). Familial contexts of adolescent ego development. *Child Development*, 55, 195-213.

Haynes, N. M., & Johnson, S. (1983). Self-and-teacher-expectancy effects on academic performance of college students enrolled in an academic reinforcement program. *American Educational Research Journal*, 20, 511-516.

Heatherton, T., & Ambady, N. (1993). Self-esteem, self-prediction, and living up to commitments. In R. Baumeister (Ed.), *Self-esteem: The puzzle of low self-regard.* New York: Plenum. pp. 131-145.

Heine, S. J., Lehman, D. R., Peng, K., & Greenholtz, J. (2002). What's wrong with cross-cultural comparisons of subjective likert scales? : The reference-group effect. *Journal of Personality and Social Psychology*, 82, 903-918.

Helmreich, R., & Stapp, J. (1974). Short forms of the Texas Social Behavior Inventory (TSBI), an objective measure of self-esteem. *Bulletin of the Psychonomic Society*, 4, 473-475.

Henderson, G. G. (1984). The academic self-concept of black female children within differential school settings. *Journal of Afro-American Issues*, 2, 248-266.

Hetherington, E. M., & Clingempeel, W. G. (1992). Coping with marital transitions: A family systems perspective. *Monographs of the Society for Research in Child Development*, 57, (2-3, Serial No. 227).

Higgins, E. T. (1987). Self-discrepancy theory: A theory relating self and affect. *Psychological Review*, 94, 314-340.

Higgins, E. T. (1998). Promotion and prevention: Regulator focuses as a motivational principle. In L. Berkowitz (Ed.), *Advances in experimental social psychology*. Vol. 30. CA: Academic Press. pp. 1-46.

Hirsch, B. J., & DuBois, D. L. (1991). Self-esteem in early adolescence: The identification and prediction of contrasting longitudinal trajectories. *Journal of Youth and Adolescence*, 20, 53-72.

Hirsch, B. J., & Rapkin, B. D. (1987). The transition to junior high school: A longitudinal study of self-esteem, psychological symptomatology, school life, and social support. *Child Development*, 58, 1235-1243.

Hishiki, P. C. (1969). The self-concepts of sixth grade girls of Mexican-American descent. *California Journal of Educational Research*, 20, 56-62.

Horwitz, R. A. (1976). Psychological effects of the 'Open Classroom. *Review of Educational Research*, 49, 71-86.

Hughes, M., & Demo, D. H. (1989). Self-perceptions of Black Americans: Self-esteem and personal efficacy. *American Journal of Sociology*, 95, 132-159.

池田寛 (2000). 学力と自己概念 解放出版社.

今井康夫 (1990). アメリカ人と日本人―教科書が語る「強い個人」と「優しい一員」― 創流出版.

井上信子 (1986). 児童の自尊心と失敗課題の対処との関連 教育心理学研究, 34, 10-19.

井上比呂子 (2009). 小学生の自己概念：学校現場における有用性の観点から 創大教育研究, 18, 69-83.

Inoue, H. (2001). *Self-concept in Japanese students: Its relation to teacher ratings*. Doctoral dissertation, University of California, Los Angeles.

石井実 (2009). 幸せの環境づくりを考える―子どもたちの「自尊感情」 文芸社.

James, W. (1910). *Psychology: The briefer course*. Holt.

John, O. P., & Robins, R. W. (1994). Accuracy and bias in self-perception: Individual differences in self-enhancement and the role of narcissism. *Journal of Personality and Social Psychology*, 66, 206-219.

Johnson, D. S. (1981). Naturally acquired learned helplessness: The relationship of school failure to achievement behavior, attributions, and self-concept. *Journal of Educational Psychology*, 73, 174-180.

Johnson, B. W., & Eastburg, M. C. (1992). God, parent and self concepts in abused and non-abused children. *Journal of Psychology and Christianity*, 11, 235-243.

Johnson, D. W., Maruyama, G., Johnson, R. T., Nelson, D., & Skon, L. (1981). Effects of cooperative, competitive and individualistic goal structure on achievement: A meta-analysis. *Psychological Bulletin*, 89, 47–62.

Johnston, J. R. (1990). Role diffusion and role reversal: Structural variations in divorced families and children's functioning. *Family Relations*, 39, 405–413.

Jones, S. C. (1973). Self and interpersonal evaluations: Esteem theories versus consistency theories. *Psychological Bulletin*, 79, 185–199.

Jones, E. E., & Berglas, S. (1978). Control of attributions about the self through self-handicapping strategies: The appeal of alcohol and the role of underachievement. *Personality and Social Psychology Bulletin*, 4, 200–206.

Kagan, J. (1981). *The second year: The emergence of self-awareness*. Cambridge, MA: Harvard University Press.

梶田叡一（1985）．子どもの自己概念と教育　東京大学出版会．

梶田叡一（1993）．内面性の心理学　大日本図書．

梶田叡一（1996）．子どもの発達と教育2　〈自己〉を育てる―真の主体性の確立　金子書房．

Kaminski, P. L., Shafer, M. E., Neumann, C. S., & Ramos, V. (2005). Self-concept in Mexican American girls and boys: Validating the Self-Description Questionnaire-I. *Cultural Diversityand Ethnic Minority Psychology*, 11, 321–338.

Kanagawa, C., Cross, S. E., & Markus, H. R. (2001). 'Who am I ?' The cultural psychology of the conceptual self. *Personality and Social Psychology Bulletin*, 27, 90–103.

加藤孝義（2001）．パーソナリティ心理学―自分を知る・他者を知る　新曜社．

柏木惠子・北山忍・東洋（編）（1997）．文化心理学―理論と実証　東京大学出版会．

川崎直樹・小玉正博（2007）．対人恐怖傾向と自己愛傾向の共通構造としての自己概念の乖離性及び不安定性の検討．パーソナリティ研究，15，149-160．

Keefe, K., & Berndt, T. J. (1996). Relations of friendship quality to self-esteem in early adolescence. *Journal of Early Adolescence*, 16, 110–129.

Keller, A., Ford, L. H., & Meacham, J. A. (1978). Dimensions of self-concept in preschool children. *Developmental Psychology*, 14, 483–489.

Kernis, M. (1993). The roles of stability and level of self-esteem in psychological functioning. In R. Baumeister (Ed.), *Self-esteem: The puzzle of low self-regard*. New York: Plenum. pp. 167–182.

Kernis, M. H., Granneman, B. D., & Mathis, L. C. (1991). Stability of self-esteem as a moderator of the relation between level of self-esteem and depression. *Journal of Personality and Social Psychology*, 61, 80–84.

北尾倫彦（1994）．自己教育の心理学　有斐閣．

北山忍（1998）．認知科学モノグラフ⑨自己と感情―文化心理学による問いかけ―　共立出版．

北山忍・唐澤真弓(1995)．自己：文化心理学的視座　実験社会心理学研究，35，133-163．

岸俊彦（1997）．肯定的自己概念の発達の調査（3）―日米比較―．明星大学人文学部

研究紀要, 3, 37-49.
小林亮 (1998). 独立的自己と相互依存的自己に関する8歳女児の日独比較　発達心理学研究, 9, 88-94.
Kohr, R. L., Coldiron, J. R., Skiffington, E. W., Master, J. R., & Blust, R. S. (1988). The influence of race, class, and gender on self-esteem for fifth, eighth, and eleventh grade students in Pennsylvania schools. *Journal of Negro Education*, 57, 467-481.
Kravitz, H., & Boehm, J. J. (1971). Rhythmic habit patterns in infancy: Their sequence, age of onset, and frequency. *Child Development*, 42, 399-413.
Lamb, M. E. (1976). Interactions between eight-month-old children and their fathers and mothers. In M. E. Lamb (Ed.), *The role of the father in child development*. New York: John Wiley. pp. 307-327.
Lamb, M. E. (1977). Father-infant and mother-infant interaction in the first year of life. *Child Development*, 48, 167-181.
Larned, D. T., & Muller, D. (1979). Development of self-concept in Mexican American and Anglo students. *Hispanic Journal of Behavioral Sciences*, 1, 179-185.
Lawrence, D. (1982). Development of a self-esteem questionnaire. *British Journal of Education Psychology*, 51, 245-249.
Lawrence, D. (2006). *Enhancing self-esteem in the classroom*. London: Sage .(小林芳郎 (訳) (2008). 教室で自尊感情を高める―人格の成長と学力の向上をめざして―　田研出版.)
Lay, R., & Wakstein, J. (1985). Race, academic achievement, and self-concept of ability. *Research in Higher Education*, 22, 43-64.
Lerner, R.M., & Karabenick, S. A. (1974). Physical attractiveness, body attitudes, and self-concept in the adolescents. *Journal of Youth and Adolescence*, 3, 307-316.
Levant, R. F. (1984). *Family therapy: A comprehensive overview*. Englewood Cliffs, NJ: Prentice-Hall.
Lewis, M. (1992). *Shame: The exposed self*. New York: Free.
Lewis, M. (1995). Aspects of self: From systems to ideas. In P. Rochat (Ed.), *The self in infancy: Theory and research*. Amsterdam: Elsevier. pp. 95-115.
Lewis, M., & Brooks-Gunn, J. (1979). *Social cognition and the acquisition of self*. New York: Plenum.
Lewis, M., & Feiring, C. (1978). The child's social world. In R. M. Lerner & J. D. Spanier (Eds.), *Child influences on marital and family interaction: A life-span perspective*. New York: Academic Press. pp. 43-69.
Liu, W. C., & Wang, C. K. J. (2005). Academic self-concept: A cross-sectional study of grade and gender differences in a Singapore secondary school. *Asia Pacific Education Review*, 6, 20-27.
Locke, E. A., & Latham, G. P (1990). *A theory of goal setting and task performance*. Englewood Cliffs, NJ: Prentice Hall.
Long, A., & Hamlin, C. (1988). Use of the Piers-Harris Children's Self-Concept Scale with

Indian children: Cultural considerations. *Nursing Research,* 37, 42–46.

Luhtanen, R., & Crocker, J. (1992). A collective self-esteem scale: Self-evaluation of one's social identity. *Personality and Social Psychology Bulletin,* 18, 302–318.

Lytton, H. (1980). *Parent-child interaction: The socialization process observed in twin and singleton families.* New York: Plenum.

MacDonald, K., & Parke, R. D. (1984). Bridging the gap: Parent-child play interaction and peer interactive competence. *Child Development,* 55, 1265–1277.

Maddux, J. E. (2001). Self-efficacy: The power of believing you can. In C. R. Snyder & S. J. Lopez (Eds.), *Handbook of positive psychology.* Oxford, England: Oxford University Press., pp. 277–287.

Markus, H., & Kitayama, S. (1991). Culture and self: Implications for cognition, emotion, and motivation. *Psychological Review,* 98, 224–253.

Markus, H., & Nurius, P. (1986). Possible selves. *American Psychologist,* 41, 954–969.

Marsh, H. W. (1986). Verbal and math self-concepts: An internal/external frame of reference model. *American Educational Research Journal,* 23, 129–149.

Marsh, H. W. (1987). The big-fish-little-pond effect on academic self-concept. *Journal of Educational Psychology,* 79, 280–295.

Marsh, H. W. (1988). *Self-description questionnaire: A theoretical and empirical basis for the measurement of multiple dimensions of preadolescent self-concept: A test manual and a research monograph.* San Antonio, TX: Psychological Corporation.

Marsh, H. W. (1989a). Age and sex effects in multiple dimensions of self-concept: Preadolescence to early adulthood. *Journal of Educational Psychology,* 81, 417–430.

Marsh, H. W. (1989b). Sex differences in the development of verbal and mathematics constructs: The high school and beyond study. *American Educational Research Journal,* 26, 191–225.

Marsh, H. W. (1990a). Confirmatory factor analysis of multitrait-multimethod data: The construct validation of multidimensional self-concept responses. *Journal of Personality,* 58, 661–692.

Marsh, H.W. (1990b). The structure of academic self-concept: The Marsh/Shavelson model. *Journal of Educational Psychology,* 82, 623–636.

Marsh, H. W. (1990c). *Self-Description Questionnaire, II.* San Antonio, TX: The Psychological Corporation.

Marsh, H. W. (1992). Content specificity of relations between academic achievement and academic self-concept. *Journal of Educational Psychology,* 84, 35–12.

Marsh, H. W. (1993). Academic self-concept: Theory measurement and research. In J. Suls (Ed.), *Psychological perspectives on the self.* Vol. 4. Hillsdale, NJ: Lawrence Erlbaum. pp. 59–98.

Marsh, H. W., Barnes, J., Cairns, L., & Tidman, M. (1984). Self-Description Questionnaire: Age and sex effects in the structure and level of self-concept for preadolescent children. *Journal of Educational Psychology,* 76, 940–956.

Marsh, H. W., & Byrne, B. M. (1991). Differentiated additive androgyny model: Relations between masculinity, femininity, and multiple dimensions of self-concept. *Journal of Personality and Social Psychology*, **61**, 811–828.

Marsh, H. W., Byrne, B. M., & Shavelson, R. J. (1988). A multifaceted academic self-concept: Its hierarchical structure and its relation to academic achievement. *Journal of Educational Psychology*, **79**, 366–380.

Marsh, H. W., Craven, R. G., & Debus, R. L. (1991). Self-concepts of young children aged 5 to 8 : Their measurement and multidimensional structure. *Journal of Educational Psychology*, **83**, 377–392.

Marsh, H. W., Dowson, M., Pietsch, J., & Walker, R. (2004). Why multicollinearity matters: A reexamination of relations between self-efficacy, self-concept, and achievement. *Journal of Educational Psychology*, **96**, 518–522.

Marsh, H. W., & Hattie, J. (1996). Theoretical perspectives on the structure of self-concept. In B. A. Bracken (Ed.), *Handbook of self-concept: Developmental, social, and clinical considerations*. New York: Wiley. pp. 38–90.

Marsh, H. W., Haum, K., & Kong, C. (2002). Multilevel causal ordering of academic self-concept and achievement: Influence of language of instruction (English compared with Chinese) for Hong Kong students, *American Educational Research Journal*, **39**, 727–763.

Marsh, H. W., & Holmes, I. (1990). Multidimensional self-concepts: Construct validation of responses by children. *American Educational Research Journal*, **27**, 89–118.

Marsh, H. W., & O'Neill, R. (1984). Self-Description Questionnaire III (SDQ III) : The construct validity of multidimensional self-concept ratings by late adolescents. *Journal of Educational Measurement*, **21**, 153–174.

Marsh, H. W., Parker, T., & Barnes, J. (1985). Multidimensional adolescent self-concept: Their relationship to age, sex and academic measures. *American Educational Research Journal*, **12**, 422–444.

Marsh, H. W., Parker, J. W., & Smith, I. D. (1983). Preadolescent self-concept: Its relation to self-concept as inferred by teachers and to academic ability. *British Journal of Educational Psychology*, **74**, 60–78.

Marsh, H. W., & Peart, N. D. (1988). Competitive and cooperative physical fitness training programs for girls: Effects on physical fitness and multidimensional self-concepts. *Journal of Sport and Exercise Psychology*, **10**, 390–407.

Marsh, H. W., & Redmayne, R. S. (1994). A multidimensional physical self-concept and its relations to multiple components of physical fitness. *Journal of Sport and Exercise Psychology*, **16**, 43–55.

Marsh, H. W., Relich, J. D., & Smith, I. D. (1983). Self-concept: The construct validity of interpretations based upon the SDQ. *Journal of Personality and Social Psychology*, **45**, 173–187.

Marsh, H.W., & Richards, G. E. (1988). The outward bound bridging course for lowachieving high school males: Effect on academic achievement and multidimensional self-concepts. *Australian Journal of Psychology*, 40, 281-298.

Marsh, H. W., Richards, G. E., & Barnes, J. (1986a). Multidimensional self-concepts: The effect of participation in an Outward Bound Program. *Journal of Personality and Social Psychology*, 50, 195-204.

Marsh, H. W., Richards, G. E., & Barnes, J. (1986b). Multidimensional self-concepts: A long term follow-up of the effect of participation in an outward bound program. *Personality and Social Psychology Bulletin*, 12, 475-492.

Marsh, H. W., Richards, G. E., Johnson, S., Roche, L., & Tremayne, P. (1994). Physical Self-Description Questionnaire: Psychometric properties and a multitrait-multimethod analysis of relations to existing instruments. *Journal of Sport and Exercise Psychology*, 16, 270-305.

Marsh, H. W., & Shavelson, R. (1985). Self-concept: Its multifaceted, hierarchical structure. *Educational Psychologist*, 11, 107-123.

Marsh, H. W., & Smith, I. D. (1982). Multitrait-multimethod analyses of two self-concept instruments. *Journal of Educational Psychology*, 73, 430-440.

Marsh, H. W., Smith, I. D., & Barnes, J. (1985). Multidimensional self-concepts: Relations with sex and academic achievement. *Journal of Educational Psychology*, 76, 581-596.

Marsh, H. W., & Yeung, A. S. (1998). Longitudinal structural equation models of academic self-concept and achievement: Gender differences in the development of Math and English constructs. *American Educational Research Journal*, 35, 705-738.

Martin, J. I. (1976). *The migrant presence: Australian responses 1947-1977*. Sydney, NSW: Allen & Unwin.

Marx, R. W., & Winne, P. H. (1978). Construct interpretations of three self-concept inventories. *American Educational Research Journal*, 15, 99-108.

Marx, R. W., & Winne, P. H. (1980). Self-concept validation research: Some current complexities. *Measurement and Evaluation*, 13, 72-82.

Maslow, A. H. (1954). *Motivation and personality*. New York: Harper & Row.

Mboya, M. M. (1993). Development and construct validity of a self-description inventory for African students. *Psychological Reports*, 72, 83-191.

Mboya, M. M. (1994). Cross-cultural study of the structure and level of multidimensional self-concepts in secondary school students. *School Psychology International*, 15, 163-171.

McCrae, R. R., & Costa, P. T, Jr. (1982). Self-concept and the stability of personality: Cross-sectional comparisons of self-reports and ratings. *Journal of Personality and Social Psychology*, 43, 1282-1292.

McCullough, G., Huebner, E. S., & Laughlin, J. E. (2000). Life events, self-concept, and adolescents' positive subjective well-being. *Psychology in the Schools*, 37, 281-290.

McGuire, W. J., & McGuire, C. V. (1982). Significant others in self: Sex differences and developmental trends in social self. In J. Suls (Ed.), *Psychological perspectives on the self,*

Hillsdale, NJ: Erlbaum. pp. 71-96.
Mead, G. H. (1934). *Mind, self, and society*. The University of Chicago Press.
Messer, B., & Harter, S. (1986). *Adult Self-Perception Profile*. Denver, CO: University of Denver Press.
Miller, D. T. (1976). Ego involvement and attributions for success and failure. *Journal of Personality and Social Psychology*, 34, 901-906.
Miller, P. (1979). Sex of subject and self-concept variables. In R. C. Wylie (Ed.), *The self-concept*. Vol. 2. Lincoln, NE: University of Nebraska Press. pp. 241-238.
Miller, T. (1984). Parental absence and its effect on adolescent self-esteem. *International Journal of Social Psychiatry*, 30, 293-296.
水間玲子 (1998). 理想自己と自己評価及び自己形成意識の関連について 教育心理学研究, 46, 131-141.
水間玲子 (2004). 理想自己への志向性の構造について―理想自己に関する主観的評定との関係から 心理学研究, 75, 16-23.
Montemayor, R., & Eisen, M. (1977). The development of self-conception from childhood to adolescence. *Developmental Psychology*, 13, 314-319.
Moreno, J. L. (1951). *Sociometry, experimental method and the science of society: An approach to a new political orientation*. Beacon, NY: Beacon House.
森尾博昭・山口勧 (2007). 自尊心の効果に対する調節変数としての自己概念の力動性 実験社会心理学, 46, 120-132.
守﨑誠一 (2002). 日本人とアメリカ人の自己呈示行動 *Human Communication Studies*, 30, 45-67.
Namok, C. (2005). Self-efficacy and self-concept as predictors of college students' academic performance. *Psychology in the Schools*, 42, 197-205.
鳴海喜代子・星野秀人・奥山貴弘 (2005). 在宅後期高齢者の自己概念について―後期高齢者に対するライフ・レビュー・インタビューレポートの分析から 日本看護学会論文集, 36, 171-173.
Neeman, J., & Harter, S. (1986). *Self-Perception Profile for college students*. Denver, CO: University of Denver Press.
Neisser, U. (1988). Five kinds of self-knowledge. *Philosophical Psychology*, 1, 35-59.
Neisser, U. (1993). The self perceived. In U. Neisser (Ed.), *The perceived self: Ecological and interpersonal sources of self-knowledge*. Cambridge: Cambridge University Press. pp. 3-21.
Nicholls, J. G. (1978). The development of the concepts of effort and ability, perception of academic attainment, and the understanding that difficult tasks require more ability. *Child Development*, 49, 800-814.
Nikkari, D., & Harter, S. (1994). The antecedents of behaviorally-presented self-esteem in young children. Unpublished manuscript, University of Denver.
日本青少年研究所 (1983). 第2回日米小学生調査.
Nolen-Hoeksema, S. (1987). Sex differences in unipolar depression: Evidence and theory.

Psychological Bulletin, 101, 259-282.
Norem-Hebeisen, A. A., & Johnson, D. W. (1981). The relationship between cooperative, competitive, and individualistic attitudes and differentiated aspects of self-esteem. *Journal of Personality*, 49, 415-426.
Oanh, N. T., & Michael, W. B. (1977). The predictive validity of each of ten measures of self-concept relative to teacher's ratings of achievement in mathematics and reading. *Educational and Psychological Measurement*, 37, 1005-1016.
Offer, D., Ostrov, E., Howard, K. I., & Dolan, S. (1992). *Offer Self-Image Questionnaire*. Revisited. Los Angeles, CA: Western Psychological Services.
Omwake, K. (1954). The relation between acceptance of self and acceptance of others as shown by three personality inventories. *Journal of consulting Psychology*, 18, 443-446.
Osborne, W. L., & LeGette, H. R. (1982). Sex, race, grade level, and social class differences in self-concept. *Measurement and Evaluation in Guidance*, 14, 195-201.
Pajares, F., & Miller, M. D. (1994). The role of self-efficacy and self-concept beliefs in mathematical problem-solving: A path analysis. *Journal of Educational Psychology*, 86, 193-203.
Parke, R. D., MacDonald, K. B., Beitel, A., & Bhavnagri, N. (1988). The role of the family in the development of peer relationships. In R. D. Peters & R. J. McMahon (Eds.), *Social learning and systems approaches to marriage and the family*. Philadelphia: Brunner/Mazel. pp. 17-44.
Parrish, T. (1987). Children's self concepts: Are they affected by parental divorce and remarriage? *Journal of Social Behavior and Personality*, 2, 559-562.
Patterson, C. J., Kupersmidt, J. B., & Griesler, P. C. (1990). Children's perceptions of self and of relationships with others as a function of sociometric status. *Child Development*, 61, 1335-1349.
Pelham, B. W., & Swann, W. B. (1989). From self-conceptions to self-worth: The sources and structure of self-esteem. *Journal of Personality and Social Psychology*, 57, 672-680.
Pickar, D. B., & Ton, C. D. (1986). The learning disables adolescent: Eriksonian psychosocial development, self-concept, and delinquent behavior. *Journal of Youth and Adolescence*, 15, 429-440.
Piers, E. V. (1969). *Manual for the Piers-Harris Children's Self-Concept Scale*. Nashville, TN: Counselor Recordings and Tests.
Piers, E. V. (1984). *Piers-Harris Children's Self-Concept Scale: Revisited manual*. Los Angeles, CA: Western Psychological Services.
Porter, J. R., & Washington, R. E. (1979). Black identity and self-esteem: A review of studies of black self-concept, 1968-1978. In A. Inkeles, K. Coleman, & R. H. Turner (Eds.), *Annual Review of Sociology*, 5, 53-74. Palo Alto, CA; Annual Reviews.
Powers, J. M., Drane, H. T., Close, B. L., Noonan, M. P., Wines, A. M., & Marshall, J. C. (1971). A research note on the self-perception of youth. *American Educational Research Journal*, 8, 665-670.

Prout, H., & Prout, S. (1996). Global self-concept and its relationship to stressful life condition. In B. Bracken (Ed.), *Handbook of self-concept: Developmental, social, and clinical considerations.* New York: Wiley. pp. 259–286.

Purkey, W. W. (1970). *Self-concept and school achievement.* Englewood Cliffs, NJ: Prentice-Hall.

Radin, N., & Russell, G. (1983). Increased father participation and child development outcomes. In M. E. Lamb & A. Sagi (Eds.), *Fatherhood and family policy.* Hillsdale, NJ: Erlbaum. pp. 191–218.

Raw, J. S., & Marjoribanks, K. (1991). Family and school correlates of adolescents' creativity, morality, and self-concept. *Educational Studies,* 22, 183–190.

Renick, M. J., & Harter, S. (1988). *Self-Perception Profile for learning disabled students.* Denver, CO: University of Denver Press.

Roberts, T., & Nolen-Hoeksema, S. (1989). Sex differences in reactions to evaluative feedback. *Sex Roles,* 21, 725–747.

Robinson, N. S. (1992). *Evaluating the nature of perceived support and its relation to perceived self-worth in adolescents.* Unpublished manuscript, Peabody College, University of Vanderbilt.

Rogers, C. (1951). *Client-centered therapy: Its current practice, implications and theory.* Oxford, England: Houghton Mifflin.

Rogers, C. R. (1961). *On becoming a person: A therapist's view of psychotherapy.* London: Constable.

Rogers, C. R., & Dymond, R. F. (Eds.). (1954). *Psychotherapy and personality change.* Chicago: University of Chicago Press.

Roid, G. H., & Fitts, W. H. (1988). *Tennessee Self-Concept Scale, Revised Manual.* Los Angeles, CA: Western Psychological Services.

Rosenberg, M. (1965). *Society and the adolescent self-image.* Princeton, NJ: Princeton University Press.

Rosenberg, M. (1979). *Conceiving the self.* New York: Basic Books.

Rosenberg, M. (1986). Self-concept from middle childhood through adolescence. In J. Suls & A. G. Greenwald (Eds.), *Psychological perspectives on the self.* Vol. 3. Hillsdale, NJ: Lawrence Erlbaum. pp. 107–136.

Rosenberg, M., & Simmons, R. G. (1971). *Black and white self-esteem: The urban school child.* Washington, D. C.: American Sociological Association.

Rosenkrantz, P., Bee, H., Vogel, S., & Broverman, I. (1968). Sex-role stereotypes and self-concepts in college students. *Journal of Consulting & Clinical Psychology,* 32, 287–295.

Rosenthal, R., & Jacobson, L. (1992). *Pygmalion in the classroom: Teacher expectation and pupils' intellectual development.* expanded edition. New York: Irvington.

Ross, A., & Parker, M. (1980). Academic and social self-concepts of the academically gifted. *Exceptional Children,* 47, 6–10.

Rotenberg, K. J., & Cranwell, F. R. (1989). Self-concept in Native American and White chil-

dren. A cross-cultural comparison. *Journal of Cross-Cultural Psychology*, 20, 39-53.
Rotherman, M. J. (1987). Children's social and academic competence. *The Journal of Educational Research*, 80, 206-211.
Rotter, J. B. (1954). *Social learning and clinical psychology*. New York: Prentice-Hall.
Russell, R. W. (1974). The dilemma of the handicapped adolescent. In R. E. Weber (Ed.), *Handbook of learning disabilities*. Englewood Cliffs, NJ: Prentice-Hall. pp. 111-132.
Russell, D., Peplau, L. A., & Ferguson, M. L. (1978). Developing a measure of loneliness. *Journal of Personality Assessment*, 42, 290-294.
Russell, G., & Russell, A. (1987). Mother-child and father-child relationships in middle childhood. *Child Development*, 58, 1573-1585.
Ryan, R. M., & Lynch, J. H. (1989). Emotional autonomy versus detachment: Revisiting the vicissitudes of adolescence and young adulthood. *Child Development*, 60, 340-356.
Ryckman, R. M., Robbins, M. A., Thornton, B., & Cantrell, P. (1982). Development and validation of physical self-efficacy scale. *Journal of Personality and Social Psychology*, 42, 891-900.
佐久間（保崎）路子・遠藤利彦・無藤隆（2000）．幼児期・児童期における自己理解の発達：内容的側面と評価の側面に着目して　発達心理学研究，11，176-187.
Samuels, S. C. (1973). An investigation into self concepts of lower- and middle-class black and white kindergarten children. *Journal of Negro Education*, 42, 467-472.
Savin-Williams, R. C. (1987). *Adolescence: An ethological perspective*. New York: Springer-Verlag.
Scheirer, M. A., & Kraut, R. E. (1979). Increasing educational achievement via self-concept change. *Review of Educational Research*, 49, 131-150.
Schneider, B. H. (1987). *The gifted child in peer group perspective*. New York: Springer-Verlag.
Searcy, S. (1988). Developing self-esteem. *Academic Therapy*, 23, 453-460.
Sears, P. S. (1963). *The effect of classroom conditions on the strength achievement motive and work output on elementary school children*. Palo Alto, Stanford University. U. S. Office of Education Coop. Research Project, No. 873.
Seligman, M. (1990). *Learned optimism: How to change your mind and your life*. New York: Simon & Schuster.
Seligman, M. (1995). *The optimistic child: A proven program to safeguard children against depression and build lifelong resilience*. New York: HarperCollins.
千石保（1984）．いつ〈日本人〉になるか―日米母親調査にみる育児と変化―　小学館.
Sharp, G., & Muller, D. (1978). The effects of lowering self-concept on associative learning. *Journal of Psychology*, 100, 233-242.
Shavelson, R. J., & Bolus, R. (1982). Self-concept: The interplay of theory and methods. *Journal of Educational Psychology*, 74, 3-17.
Shavelson, R. J., Hubner, J. J., & Stanton, G. C. (1976). Self-concept: Validation of construct interpretations. *Review of Educational Research*, 46, 407-441.

Sher, K. J., Walitzer, K. S., Wood, P. K., & Brent, E. E. (1991). Characteristics of children of alcoholics: Putative risk factors, substance use and abuse, and psychopathology. *Journal of Abnormal Psychology*, 100, 427–448.

Shrauger, J. S., & Sorman, P. B. (1977). Self-evaluation, initial success and failure, and improvements determinants of persistence. *Journal of Consulting and Clinical Psychology*, 45, 784–795.

Shwerder, R. A., & Bourne, E. J. (1984). Does the concept of the person vary cross-culturally? In R. A. Shweder & R. A. LeVine (Eds.), *Culture theory: Essays on mind, self, and emotion*. New York: Cambridge University Press. pp. 158–199.

Silber, E., & Tippett, J. S. (1965). Self-esteem: Clinical assessment and measurement validation. *Psychological Reports*, 16, 1017–1071.

Singer, M. (1980). Signs of the self: An exploration in semiotic anthropology. *American Psychologist*, 82, 485–507.

Skaalvik, E. M., & Hagtvet, K. A. (1990). Academic achievement and self-concept: An analysis of causal predominance in a development perspective. *Journal of Personality and Social Psychology*, 58, 292–307.

Skager, R., & Kerst, E. (1989). Alcohol and drug use and self-esteem: A psychological perspective. In A. M. Mecca, N. J. Smelser, & J. Vasconcellos (Eds.), *The social importance of self-esteem*. Berkeley: University of California Press. pp. 248–293.

Soares, L. M., & Soares, A. T. (1977). *The self-concept: Mini, maxi, multi*. Paper presented at the annual meeting of the American Educational Research Association, New York.

Soares, L. M., & Soares, A. T. (1983). *Components of students' self-related cognitions*. Paper presented at the annual meeting of the American Educational Research Association, Montreal, Quebec, Canada.

Song, I. S. (1982). *The dimensionality and relationships between home environment, self-concept and academic achievement*. Unpublished Doctoral Dissertation, University of New England, Armidale, New South Wales, Australia.

Song, I. S., & Hattie, J. A. (1984). Home environment, self-concept, and academic achievement: A causal modeling approach. *Journal of Educational Psychology*, 76, 1269–1281.

Staines, J. W. (1958). Self picture as a factor in the classroom. *British Journal of Psychology*, 28, 97–111.

Stenner, A. J., & Katzenmeyer, W. G. (1976). Self concept, ability and achievement in a sample of sixth grade students. *Journal of Educational Research*, 69, 270–273.

Stone, B. (1984). Ecological view of self-concept. *RASE: Remedial and Special Education*, 5, 43–44.

Strein, W. (1993). Advances in research on academic self-concept: Implications for school psychology. *School Psychology Review*, 22, 273–284.

Swann, W. B., Jr., Griffin, J. J., Predmore, S., & Gaines, B. (1987). The cognitive-affective crossfire: When self-consistency confronts self-enhancement. *Journal of Personality and Social Psychology*, 52, 881–889.

Swann, W. B., Hixon, J. G., Stein-Seroussi, A., & Gilbert, D. T. (1990). The fleeting gleam of praise: Psychological processes underlying reactions to self-relevant information. *Journal of Personality and Social Psychology*, 59, 17-26.

Swann, W. B., & Pelham, B. W. (2002). Who wants out when the going gets good? Psychological investment and preference for self-verifying college roommates. *Journal of Self and Identity*, 1, 219-233.

Swann, W., Stein-Seroussi, A., & Giesler, R. B. (1992). Why people self-verify. *Journal of Personality and Social Psychology*, 62, 392-401.

Tajfel, H. (1974). Social identity and intergroup behaviour. *Social Science Information*, 13, 65-93.

高田利武（1992）．セレクション社会心理学-3 他者と比べる自分　サイエンス社．

高田利武（1993）．青年の自己概念形成と社会的比較：日本人大学生にみられる特徴　教育心理学研究，41, 339-348.

高田利武（1999）．日本文化における相互独立性・相互協調性の発達過程—比較文化的・横断的資料による実証的検討—　教育心理学研究，47, 480-489.

高田利武（2004）．「日本人らしさ」の発達社会心理学—自己・社会的比較・文化　ナカニシヤ出版．

高橋あつ子（2002）．自己肯定感促進のための実験授業が自己意識の変化に及ぼす効果　教育心理学研究，50, 103-112.

Tarrant, M., MacKenzie, L., & Hewitt, L. A. (2006). Friendship group identification, multi-dimensional self-concept, and experience of developmental tasks in adolescence. *Journal of Adolescence*, 29, 627-640.

Taylor, S. E. (1989). *Positive illusions: Creative self-deception and the healthy mind.* New York: Basic Books.

Taylor, S. E., & Brown, J. D. (1988). Illusion and well-being: A social psychological perspective on mental health. *Psychological Bulletin*, 103, 193-210.

Teri, L. (1982). Depression in adolescence: Its relationship to assertion and various aspects of self-image. *Journal of Clinical Child Psychology*, 11, 101-106.

Tice, D. M. (1991). Esteem protection or enhancement? Self-handicapping motives and attributions differ by trait self-esteem. *Journal of Personality and Social Psychology*, 60, 711-725.

Tippett, J. S., & Silber, E. (1965). Self-image stability: The problem of validation. *Psychological Reports*, 23, 323-329.

塘利枝子（1995）．日英の教科書に見る家族：子どもの社会化過程としての教科書　発達心理学研究，6, 1-16.

富岡比呂子（2011）．日米の小学生の自己概念：自己記述質問票（SDQ-I）の心理測定的検討　パーソナリティ研究，19, 191-205.

Traub, R., Weiss, J., Fisher, C. W., & Musella, D. (1972). Closure on openness: Describing and quantifying open education. *Interchange*, 3, 69-84.

Triandis, H. C. (1994). *Culture and social behavior.* New York: McGraw-Hill.

Triandis, H. C. (1995a). *Individualism and collectivism*. Westview Press. (神山貴弥・藤原武弘（訳編）(2002). 個人主義と集団主義—2つのレンズを通して読み解く文化— 北大路書房.)

Triandis, H. C. (1995b). Motivation and achievement in collectivist and individualist cultures. In M. L. Maehr & P. R. Pintrich (Eds.), *Advances in motivation and achievement*. Vol. 9. Greenwich, CT: JAI Press. pp. 1-30.

Turner, J. C. (1987). *Rediscovering the social group: A self-categorization theory*. Blackwell.

植村美民 (1979). 乳幼児期におけるエゴ (ego) の発達について 心理学評論, 22, 28-44.

Vaughn, S., Haager, D., Hogan, A., & Kouzekanani, K. (1992). Self-concept and peer acceptance in students with learning disabilities: A four-to five-year prospective study. *Journal of Social Psychology*, 84, 43-50.

若本純子・無藤隆 (2004). 中年期の多次元的自己概念における発達的特徴：自己に対する関心と評価の交互作用という観点から 教育心理学研究, 52, 382-391.

Wallerstein, J., & Blakeslee, S. (1989). *Second chances*. New York: Ticknor & Fields.

Wastlund, E., Norlander, T., & Archer, T. (2001). Exploring cross-cultural differences in self-concept: A meta-analysis of the self-description questionnaire-1. *Cross-Cultural Research*, 35, 280-302.

Waters, E., Wippman, J., & Sroufe, L. A. (1979). Attachment, positive affect, and competence in the peer group: Two studies in construct validation. *Child Development*, 50, 821-829.

Watkins, D., & Dong, Q. (1997). Age and gender differences in the self-esteem of Chinese children. *Journal of Social Psychology*, 137, 374-380.

Watkins, D., & Gutierrez, M. (1989). The structure of self-concept: Some Filipino evidence. *Australian Psychologist*, 24, 401-410.

Watkins, D., & Gutierrez, M. (1990). Causal relationships among self-concept, attributions, and achievement in Filipino students. *Journal of Social Psychology*, 130, 625-631.

Watkins, D., & Hattie, J. A. (1985). A longitudinal study of the approaches to learning of Australian Tertiary students. *Human Learning*, 4, 127-141.

Watkins, D., & Hattie, J. A. (1990). Individual and contextual differences in the approaches to learning of Australian secondary school students. *Educational Psychologist*, 10, 331-342.

Watkins, D., Kan, A. K., & Ismail, M. (1996). The self-conceptions of Malaysian adolescents: Assessment and cross-cultural comparisons. *Psychologia*, 39, 144-149.

Watkins, D., Kai, L. M., & Regmi, M. (1991). Cross-cultural assessment of self-esteem: A Nepalese investigation. *Psychologia*, 34, 98-108.

Wells, E. L., & Marwell, G. (1976). *Self-esteem: Its conceptualization and measurement*. Beverly Hills, CA: Sage.

Wentzel, K. R., & Erdley, C. A. (1993). Strategies for making friends: Relations to social behavior and peer acceptance in early adolescence. *Developmental Psychology*, 29, 819-

826.

West, C. K., Fish, J. A., & Stevens, R. J. (1980). General self-concept, self-concept of academic ability and school achievement: Implications for "causes" of self-concept. *The Australian Journal of Education*, 24, 194-213.

White, B. L. (1979). The family: The major influence on the development of competence. In N. Stinnett, B. Chesser, & J. DeFrain (Eds.), *Building family strengths: Blueprints for action*. Lincoln: University of Nebraska Press. pp. 175-193.

Winne, P. H., & Marx, R. W. (1981). *Convergent and discriminant validity in self-concept measurement*. Paper presented at the annual meeting of the American Educational Research Association, Los Angeles, CA.

Winne, P. H., Woodlands, M. J., & Wong, B. Y. (1982). Comparability of self-concept among learning disabled, normal, and gifted students. *Journal of Learning Disabilities*, 15, 470-475.

Wolfe, D. A., & St. Pierre, J. (1989). Child abuse and neglect. In T. H. Ollendick & M. Hersen (Eds.), *Handbook of child psychopathology*. 2nd ed. New York: Plenum. pp. 377-398.

Wood, J. V. (1989). Theory and research concerning social comparisons of personal attributes. *Psychological Bulletin*, 106, 231-248.

Wylie, R. C. (1974). *The self-concept: A review of methodological considerations and measuring instruments*. University of Nebraska Press.

Wylie, R. C. (1979). *The self-concept*. Vol. 2. *Theory and research on selected topics*. Lincoln/London: University of Nebraska Press.

山田亮・粥川道子・山谷敬三郎・正武家重治（2006）．アドベンチャー・プログラムが大学生の自己概念に及ぼす効果．浅井学園大学生涯学習システム学部研究紀要，6，59-67．

Zirkel, P. A., & Moses, E. G. (1971). Self-concept and ethnic group membership among public school students. *American Educational Research Journal*, 8, 253-265.

あとがき

　本書では，主に児童期および青年期の自己概念について，先行研究や日米比較の調査を中心に考察してきた。筆者が大学院時代に「自己概念」を研究テーマに定めたのは今から10年以上前のことであるが，まだ本書では語り尽くせないテーマや発展途上の分野もあり，これからの変動する社会や文化のなかで自己概念や自己形成についての理論や研究も，今後益々発展していくことが望まれる。

　今後の研究としては，子どもの自己概念の発達をさまざまな観点から多角的に検証していきたい。特に，自分をどうみるかという自尊感情や自己肯定感は，幼児期・児童期にどのように扱われ，育てられたかという養育者の信念や態度が大きく影響すると考えられるので，家庭教育の場面においては母親の養育態度と子どもの自尊感情との関連について検討を試みたい。学校教育においては教師の児童に対する働きかけや，児童生徒の相互作用について観察・質問紙・インタビュー等さまざまな方法を用いて子どもの自己形成のダイナミズムを探ることも必要といえよう。また，子どもだけでなく教師自身の自尊感情の向上を図ることも，長い目でみればよりよい教育へと結びつくと考えられるので，教師のメンタルヘルスの問題も考慮に入れて教師・児童がともに自尊感情を高めることのできる学校文化のあり方についても考察していきたい。さらに，本書では日米比較の観点から国際比較を試みたが，日本とアジアの他の国との比較をすることで，アジアに特有の自己観が見えてくる可能性もあるであろうし，異なる文化的・社会的背景で育つ子どもの自己形成についても比較文化的視点で考察していきたいと考えている。

　また，この場をお借りして多くの方々のご協力や支えによってここまで研究を進めてくることができたことに感謝申し上げたい。創価大学の坂本辰朗先生には，学部時代のゼミより現在に至るまで，論文執筆や研究デザインなどについて数えきれないほど多くのご指導やお力添えをいただいた。坂本先生のアド

ヴァイスがなかったら，アメリカの大学院への進学を決意することはなかったであろうし，こうして研究の道を進むこともなかったであろう。大学院時代，UCLA の指導教授であった John Hawkins 教授（現名誉教授）には，博士論文の執筆にあたり，国際比較調査の進め方について指導くださるだけでなく，専門的知識のヒアリングなどで学外の研究者をご紹介くださるなど，さまざまなお力添えをいただいた。同じく UCLA の Kazuo Nihira 名誉教授には，精神医学がご専門であるにもかかわらず，博士論文に対して学部外の審査員として加わっていただき，統計的な分析や心理的な構成概念を扱う調査について，詳しく教えていただいた。

日本学術振興会の特別研究員（PD）の時分には，受け入れ先となってくださった国立教育政策研究所の塚原修一先生にも調査の実施にあたって具体的なアドヴァイスをいただき，個人がおこなう調査としては比較的規模の大きい日米の小学生・大学生から合計2000名近くのデータ収集をおこなうことができた。このような調査が実施できたこと一つとっても，小学校・大学をはじめとした教育現場の先生方のご協力やご理解があってこそのことと言える。すべてのお名前をあげることはできないが，特に日本の小学校での調査に際してご協力をいただいた加藤康紀先生，田中健一先生，山本誠一先生，野崎仁先生，広瀬豊先生，小学校よりお世話になった伊藤譲先生，高校時代の恩師の狩野俊一先生，創価大学の関田一彦先生，東北大学の有本昌弘先生に改めて深謝の意を表したい。そして，私事ではあるが，今までさまざまな形で研究活動を支えてくれた家族の協力にも感謝している。

自己という人間研究の最も根源にある問題は，まだまだ探求の余地があるといえるし，本書もその一端を示したものにすぎない。本書が，自己概念について興味のある人に少しでも役立つことがあれば，望外の喜びである。

最後に，本書の出版にあたってご尽力いただいたナカニシヤ出版編集部の宍倉由高様，山本あかね様に心からの感謝を申し上げたい。

2012年12月吉日　富岡比呂子

事項索引

あ

I/E モデル (Internal/Esternal Frame of Reference Model) 78
一次元モデル 17
「井の中の蛙効果」(big-fish-little-pond effect；BFLPE) 78
意味空間 (psychological interior) 214
意味のあるシンボル (significant symbol) 3
SDQ-Ⅰ 53
SDQ-Ⅱ 54
SDQ-Ⅲ 54
親の養育態度 83

か

外国留学プログラム 252
外的統制 (external-control) 241
学習障害 97
　　──児用自己知覚プロフィール (Self-Perception Profile for Learning Disabled Students) 49
学習スタイルと成績との関連性 94
家族自己概念 80
可能自己 7
感情的支援 87
「間人 (the contextual)」 229
客観的自己覚知 (objective self-awareness) 34
鏡映的自己 2
共感 (empathy) 239
教師期待効果→ピグマリオン効果
教師の自尊感情 245
鏡像認知 34
協調性の育成 225
勤勉性感覚 254
グループ活動 247
言語的なコミュニケーション 244
現実自己 7
謙遜 227

攻撃性 97

肯定的なフィードバック 239
行動的叙述 36
個人主義 228
個性記述的 (idiographic) 215
子育てにおける価値観の文化差 222
孤独感 96
子ども用自己知覚プロフィール (Self-Perception Profile for Children) 47
コンフリクトの解決 251

さ

自己愛 92
自己イメージ記述質問紙改訂版 (Offer Self-Image Questionnaire-Revisited) 50
自己概念 (self-concept) 1
　アジアの── 220
　学業的── (academic self-concept) 31, 101
　感情的── 31
　行動的── 37
　──と学業成績 74
　──と性差 63
　──と年齢 61
　──の形成プロセス 226
　──の他者規定性 126
　──の不安定性 99
　──のゆがみ 58
　──の力動性 13
　──目録 (Sears Self-concept Inventory) 42
自己確証 (self-verification) 231
自己価値 12
自己カテゴリー化理論 14
自己観 233
自己記述質問票 (SDQ：Self-Description Questionnaire) 53
自己高揚 (self-enhancement) 232
　──バイアス 219

——モデル　76
自己効力感　13
自己主張力を伸ばす活動　250
自己受容感覚　254
自己像についての国際比較　224
自己中心主義（ego-centrism）　217
自己統制感　232
自己の信念への一貫性　232
自己批判バイアス　219
自己評価　13
自己不一致理論　7
自己防衛　237
自尊感情　11
　　　——指標（The Self-Esteem Index）　46
　　　——尺度（Self-esteem Scale）　41
　　　——の安定性　96
自尊感情目録（Coopersmith Self-Esteem Inventory）　42
自尊心　11
児童用自己概念尺度（Piers-Harris Children's Self-Concept Scale）　45
社会中心主義（socio-centrism）　217
社会的アイデンティティ　14
社会的自己　2
　　　——概念　28
社会的比較　78
社交性感覚　254
シャベルソン・モデル　20
集合的自尊心　15
集団主義　228
重要な他者（significant others）　1
主観的自己覚知（subjective self-awareness）　33
手段的支援　87
受容（acceptance）　84, 239
純粋性（自己一致, congruence）　239
条件つきの支援　87
自立的自己（independent self）システム　218
人種的・文化的背景　69
身体的自己概念　26
身体的自己記述質問票　27
シンボリック相互作用論　4
親和志向の強い社会　225
スキル発達モデル　76

生活満足度　225
成功や失敗の原因帰属の方略　234
脆弱さ（vulnerability）　237
精神的自己　2
成人用自己知覚プロフィール（Self-Perception Profile for Adults）　48
生態学的自己　33
成長のモデルをもつ　255
セルフ・ハンディキャッピング　233
相互協調的自己観（interdependent construal of self）　217
相互協調的自己（interdependent self）システム　218
相互独立的自己観（independent construal of self）　216
ソシオメトリー　91

た
大学生用自己知覚プロフィール（Self-Perception Profile for College Students）　47
多次元自己概念尺度（The Multidimensional Self-Concept Scale）　51
多次元相関因子モデル　18
多次元独立因子モデル　18
多次元分類多相モデル　19
達成志向社会　225
達成体験　254
父親の役割　86
調整焦点理論　8
包み込まれ感覚　254
テネシー自己概念尺度（Tennessee Self-Concept Scale）　44
天才児（gifted children）　93
当為自己　7

な
内的／外的準拠枠モデル　21
内的作業モデル　85
内的統制（internal-control）　241
20答法（Twenty Statement Test）　40
日本，オーストラリア，マレーシアの3か国のSDQの下位尺度得点　119
人気者群　91
認知的方略　231

は

排斥者群　91
母親との愛着関係　85
反映的評価（reflected appraisals）　240
ピア・プレッシャー　268
非学業的な自己概念（nonacademic self-concept）　101
比較の対処方略　233
ピグマリオン効果　246
非言語的なコミュニケーション　244
批判的な思考力　243
物質的自己　2
物質的叙述　36
プロプリウム　5
文化化（enculturation）　215
文化心理学　213
文化的意味体系　214
文化的自己観　216
文化的同一性と自己　221
文化とパーソナリティ　214
　「──」学派　215
法則定立的（nomothetic）　215
方法論的関係体主義（methodological relatumism）　229
方法論的個別体主義（methodological individuum-ism）　228
ポジティブ・イリュージョン　57
補償モデル　18

ま

ミシガン州能力的自己概念尺度（Michigan State Self-Concept of Ability Scale）　43
無関心群　91
無条件の支援　88
無力感　236

や

友人関係　89
幼児期の母親の養育やしつけ　223
抑うつ　95

ら

理想自己　7
レジリエンシー（resiliency）　86
Locus of Control（統制の位置）　241
ローレンス自尊感情質問紙法（Lawrence Self-Esteem Questionnarie）　46

人名索引

A
Aal-Hussain, A. A. 55
Abu-Hilal, M. M. 55, 227
Ahn, A. 59
Akamatsu, J. 96
Alexander, J. 46
Allen, D. M. 82
Allport, G. W. 4
Ambady, N. 237
Anderson, E. 83
Anderson, J. G. 72, 148
安藤清志 34
荒木紀幸 62
蘭 千尋 101
Archer, T. 127, 226
Arend, R. 86
Argyle, M. 244
浅田 匡 15, 51
Asher, S. R. 30
Au, E. 61
東 洋 59, 213–216, 223, 226, 273

B
Bachman, J. G. 62, 79
Bacon, M. K. 222
Bailey, R. C. 77
Bandura, A. 13, 254
Bardwell, R. 234
Barlow, D. 237
Barnes, J. 53, 62, 63, 66, 67, 90, 246
Barry, H. 222
Bassin, L. E. 90
Battle, J. 236
Baumeister, R. 237
Baumgardner, A. H. 234
Baumrind, D. 89
Beane, J. A. 11

Beck, A. 95
Bednar, R. 239
Bee, H. 67
Beer, J. 82
Begin, G. 91
Beitel, A. 86
Belsky, J. 86
Benedict, R. F. 215
Bennett, L. 82
Bennion, L. 83
Berglas, S. 233
Berndt, T. J. 89, 90, 97
Beyer, S. 59
Bhatti, B. 239
Bhavnagri, N. 86
Blakeslee, S. 82
Bledsoe, J. C. 72, 75
Block, J. 65
Blumenfeld, P. 65
Blumer, H. G. 4, 240
Blust, R. S. 70
Boehm, J. J. 33
Bohan, J. B. 37
Bohrnstedt, G. W. 58, 90, 93, 220
Boivin, M. 91
Bolus, R. 1, 76
Bond, M. H. 127
Borkenau, P. 57
Bourne, E. J. 217
Bowden, E. M. 59
Bowlby, J. 83, 85
Bracken, B. A. 15, 16, 19, 21, 31, 51–53, 66, 219
Brassards, J. 85
Brent, E. E. 82
Bridges, L. 88
Bronstein, P. 86
Brookover, W. B. 43, 70, 74

Brooks-Gunn, J. 35
Brophy, J. E. 95
Broughton, J. 38
Broverman, I. 67
Brown, G. 95
Brown, J. D. 57
Brown, L. 46
Burde, K. 97
Burgy, L. 89, 90, 97
Burnett, P. C. 11
Burns, R. 245, 255
Byrne, B. M. 17, 29, 32, 63, 64, 67, 75, 77–79, 95, 154, 271

C
Cairns, L. 53
Calhoun, G. Jr. 12
Callahan, C. M. 92
Calsyn, R. J. 76
Cantrell, P. 28
Caplin, M. D. 74
Carlock, C. J. 239
Carmines, E. G. 41
Carroll, J.L. 98
Caudill, W. 222
Chang, L. 61
Chang, T. S. 73
Chapman, J. W. 97
Cheung, T. 127
Child, I. L. 222
Christopher, J. M. 67, 217, 236–238, 275
Chui, L. H. 231
Clarke-Stewart, K. A. 86
Clingempeel, W. G. 81
Coldiron, J. R. 70
Close, B. L. 69

C

Cochran, M. M.   85
Coie, J. D.   91
Cooley, C. H.   i , 2, 3
Cooley, M. R.   90
Cooper, H. M.   234
Coopersmith, S.   17 , 42 , 70 , 83 , 84 , 101 , 231 , 235 , 237
Coppotelli, H.   91
Corbin, C. B.   26
Cornell, D. G.   90, 93
Costa, P. T. Jr.   62
Costanzo, P. R.   236
Crain, R. M.   63, 66
Cranwell, F. R.   72
Craven, R. G.   39, 64
Crocker, J.   15
Cross, S. E.   127
Cuffel, B. J.   96
Cushman, P.   215

D

Dai, D. Y.   64, 154
Damon, W.   38, 40, 218
Das, R.   90
Daubman, K. A.   59
DeBlassie, R. R.   72
Debus, R. L.   39, 64
DeFrancesco, J. J.   98
Demo, D. H.   70
Derezotes, D.   239
Dodge, K. A.   91
Dolan, S.   50
Dong, Q.   61
Dowson, M.   14
Drane, H. T.   69
DuBois, C.   214
DuBois, D. L.   65
Dunning, D.   58
Durand, V. M.   237
Dusek, J. B.   62
Dutton, K. A.   57
Dymond, R. F.   87

E

Eagly, A. H.   67
Eastberg, M. C.   82
Eccles, J. S.   65
Eisen, M.   40
Elicker, J.   86
Elliot, G. C.   68
遠藤辰雄   101
遠藤利彦   218
Englund, M.   86
榎本博明   4, 18, 23, 24, 29, 36, 37
Epstein, N.   95
Epstein, S.   6, 67
Erdley, C. A.   30
Evans, F. B.   72, 73, 148
Eysenck, H. J.   214
Eysenck, S. B. G.   214

F

Famose, J. P.   55
Feiring, C.   80, 83, 85, 88
Felson, R. B.   58 , 90 , 93 , 220
Fennema, E.   65
Ferguson, M. L.   96
Festinger, L.   78, 153
Findley, M. J.   234
Fish, J. A.   57, 76
Fisher, C. W.   94
Fitts, W. H.   19, 44
Flaherty, J. F.   62
Folansbee, D. J.   88
Ford, L. H.   36
Fox, D.   73
Fox, K. R.   26
Franzoi, S. L.   26
Frey, D.   239
Friedrich, D.   98
Frodi, A.   88
Fromm, E.   214
船津　衛   34

G

Gabler, R.   72
Gaines, B.   232
Gallup, G. G. Jr.   34, 35
Garber, R. J.   82
Garrison, K. G.   72
Gergen, K. J.   6
Gibby, R. G.   72
Gibson, J. J.   33
Giesler, R. B.   231
Gilbert, D. T.   233
Gilstrap, B.   86
Good, T. L.   95
Gordon, S.   97
Gove, F.   86
Granneman, B. D.   96
Greenholtz, J.   228
Greenwald, A. G.   235
Griesler, P. C.   91
Griffin, J. J.   232
Griggs, S. A.   235
Grin, G.   70
Grin, P.   70
Grolnick, W. S.   88
Guardo, C. J.   37
Guerin, F.   55
Gutierrez, M.   55, 74, 102

H

Haager, D.   98
Haertel, E. H.   93
Haertel, G. D.   93
Hagtvet, K. A.   77
Hall, C. W.   98
Hamachek, D.   74
濱口恵俊   228, 229
Hamlin, C.   71
Hamrick, E.   90
Hansford, B. C.   75
Hart, D.   38, 40, 218
Harter, S.   6, 12, 28, 30, 31, 36, 39, 47-49, 66, 87, 90, 96, 231, 237, 271
Hartup, W. W.   30, 90

Hattie, J. A.   1, 18, 22, 55, 67, 75, 77, 81, 84, 153, 154, 215, 216, 221, 232, 233, 246, 247, 252, 275, 276
Hau, K. T.   55, 227
Haum, K.   274
Hauser, S. T.   88
Haynes, N. M.   234
Healy, G. W.   72
Heatherington, L.   59
Heatherton, T.   237
Heine, S. J.   228
Helmreich, R.   96
Henderson, G. G.   94
Hess, R. D.   223
Hetherington, E. M.   81
Hewitt, L. A.   271
Higgins, E. T.   7, 8
Hirsch, B. J.   65, 69
Hishiki, P. C.   72, 148
Hixon, J. G.   233
Hogan, A.   98
Holmes, I.   30
Holzberg, A. D.   58
Horwitz, R. A.   94
星野秀人   99
Howard, K. I.   250
Hubner, J. J.   ii, 17, 20, 101, 128
Huebner, E. S.   271
Hughes, M.   70
Hund, J.   98
Hymel, S.   30

I
池田 寛   254, 255
今井康夫   224
井上比呂子（Inoue, H.）   63, 64, 126, 128, 154, 228
井上信子   101
井上祥治   101
石井 実   11, 225, 256
Ismail, M.   55, 102, 118, 124

J
Jacobson, A. M.   88
Jacobson, L.   246
James, W.   i, 2, 3, 28
Jensen, L. C.   97
Jones, B. B.   233
Jones, S. C.   232
John, O. P.   92, 220
Johnson, B. W.   82
Johnson, D. S.   234
Johnson, D. W.   94
Johnson, R. T.   94
Johnson, S.   27, 234
Johnston, J. R.   81
Jones, E. E.   233
Jordan, V.   73

K
Kagan, J.   36
Kai, L. M.   55, 102
梶田叡一   15, 51, 125, 255
Kaminski, P. L.   124
Kan, A. K.   55, 102, 118, 124
Kanagawa, C.   127
Karabenick, S. A.   28
唐澤真弓   217
Kardiner, A.   214
柏木惠子   59, 213-216, 223, 226, 273
Katzenmeyer, W. G.   69
川崎直樹   99
粥川道子   99
Keefe, K.   89
Keller, A.   36
Kenny, D.   76
Kernis, M. H.   96, 237
Kerst, E.   237
Kim, S.   239
岸 俊彦   125
北尾倫彦   224
北山 忍（Kitayama, S.）   59, 126, 213-218, 220, 226, 227, 273

小林 亮   227
小玉正博   99
Kohr, R. L.   70
Kong, C. K.   55, 226, 274
Kouzekanani, K.   98
Kraut, R. E.   77, 246
Kravitz, H.   33
Kupersmidt, J. B.   91

L
Lamb, M. E.   86
Landrum, M.   90
Larned, D. T.   153
Latham, G. P.   242
Laughlin, J. E.   271
Lawrence, D.   46, 238, 240-243, 245, 247-251
Lay, R.   69
LeGette, H. R.   64, 69, 70
Lehman, D. R.   228
Lerner, R. M.   28
Levant, R. F.   81
Lewis, M.   33, 35, 36, 85
Liebler, A.   57
Linder, M.   83
Linton, R.   214
Lipka, R. P.   11
Liu, W. C.   62
Locke, E. A.   242
Long, A.   71
Loyd, B.   93
Luhtanen, R.   15
Lynch, J. H.   88
Lynch, K. A.   90
Lytton, H.   86

M
MacDonald, K. B.   86, 87
MacKenzie, L.   271
Maddux, J. E.   14
Marjoribanks, K.   80
Markus, H. R.   7, 126, 127, 215, 216, 218, 226, 227
Marold, D. B.   87

Marsh, H. W.   ii, 1, 14, 17, 18, 21, 22, 26, 27, 29-32, 38, 39, 53-55, 61-67, 75, 78, 79, 90, 101, 102, 115, 117, 123, 127, 128, 154-156, 226, 232, 233, 246, 252, 253, 271, 274-277
Marshall, J. C.   69
Martin, J. I.   73
Maruyama, G.   94
Marwell, G.   235, 236
Marx, R. W.   18, 19, 22, 52, 78
Maslow, A. H.   8
Master, J. R.   70
Mathis, L. C.   96
Mboya, M. M.   64, 71
McBridge-Chang, C.   61
McCrae, R. R.   62
McCullough, G.   271
McGuire, W. J.   87
McGuire, C. V.   87
Meacham, J. A.   36
Mead, G. H.   i, 3, 4
Mead, M.   215, 222
Messer, B.   48
Meyerowitz, J. A.   58
Michael, W. B.   70, 73
Miller, D. T.   59
Miller, M. D.   14
Miller, P.   66
水間玲子   8, 100
Monsour, A.   6
Montemayor, R.   40
Moreno, J. L.   91
森尾博昭   13
守﨑誠一   225
Morrison, B. M.   70
Morse, W. C.   2
Moses, E. G.   69, 72
Muller, D.   245
Muller, T.   153
Musella, D.   94
無藤 隆   99, 218

N

Namok, C.   14
鳴海喜代子   99
Neeman, J.   47
Neisser, U.   4, 5, 33
Nelson, D.   94
Neumann, C. S.   124
Nicholls, J. G.   78
Nikkari, D.   87
Noam, G. G.   88
Nolen-Hoeksema, S.   68
Noonan, M. P.   69
Norem-Hebeisen, A. A.   94
Norlander, T.   127, 226
Nurius, P.   7

O

Oanh, N. T.   70, 73
Offer, D.   50
奥山貴弘   99
O'Malley, P. M.   62, 79
Omwake, K.   245
O'Neill, R.   53, 55, 75, 90, 156
Osborne, W. L.   64, 69, 70
Ostrov, E.   50

P

Pajares, F.   14
Parke, R. D.   86, 87
Parker, J. W.   1, 30, 66, 90
Parker, M.   93
Parrish, T.   82
Paterson, A.   43, 70, 74
Patterson, C. J.   91
Peart, N. D.   252
Pelham, B.   232
Pelton, G. M.   90
Peng, K.   228
Peplau, L. A.   96
Peterson, S.   239
Pickar, D. B.   97
Piers, E. V.   45, 64, 70
Pietsch, J.   14

Pike, R.   90
Porter, J. R.   70
Powers, J. M.   69
Powers, S. I.   88
Pratkanis, A. R.   235
Predmore, S.   232
Price, G. E.   235
Prout, H.   95, 96
Prout, S.   95, 96
Purkey, W. W.   1

R

Radin, N.   86
Ramos, V.   124
Ramsay, S. G.   90
Rapkin, B. D.   69
Raw, J. S.   80
Redmayne, R. S.   26
Regmi, M.   55, 102
Reiss, D.   82
Relich, J. D.   63
Renick, M. J.   49
Renshaw, P. D.   30
Richards, G. E.   27, 246, 252
Richmond, B. O.   98
Robbins, M. A.   28
Roberts, T.   68
Robins, R. W.   65, 92, 220
Robinson, N. S.   87
Roche, L.   27
Rogers, C. R.   85, 87, 239
Roid, G. H.   44
Rosenberg, M.   12, 17, 22, 39, 41, 42, 61, 69, 71, 83, 84, 96, 221, 237, 254
Rosenkrantz, P.   67
Rosenthal, R.   246
Ross, A.   93
Rotenberg, K. J.   72
Rotherman, M. J.   231, 235
Rotter, J. B.   241
Rovine, M.   86
Russel, A.   86
Russell, D.   96

Russel, G. 86
Russell, R. W. 97
Ryan, R. M. 88
Ryckman, R. M. 28

S
佐久間（保崎）路子 218
Samuels, S. C. 70
Savin-Williams, R. C. 30
Scheirer, M. A. 77, 246
Schneider, B. H. 93
Searcy, S. 240
Sears, P. S. 42
Seligman, M. 238
千石 保 222
Shafer, M. E. 124
Sharp, G. 245
Shavelson, R. J. ii, 1, 17, 20-22, 29, 31, 32, 51, 53, 54, 63, 64, 74, 76, 78, 95, 99, 101, 126, 128, 221
Sher, K. J. 82
Sherman, J. 65
Shields, S. A. 26
Shrauger, J. S. 234
Shwerder, R. A. 217
Silber, E. 41
Simmons, R. G. 71
Singer, M. 215
Skaalvik, E. M. 77
Skager, R. 237
Skiffington, E. W. 70
Skon, L. 94
Smith, I. D. 1, 17, 30, 62, 63, 67
Soares, L. M. 15, 18, 61
Soares, A. T. 15, 18, 61
Song, I. S. 22, 76, 81, 84, 154
Sorman, P. B. 234
Specht, H. 239
Sroufe, L. A. 85, 86
Staines, J. W. 244
Stanton, G. C. ii, 17, 20, 101, 128
Stapp, J. 96
Steer, R. A. 95
Stein-Seroussi, A. 231, 233
Stenner, A. J. 69
Stevens, R. J. 57, 76
Stewart, S. 61
Stone, B. 98
St. Pierre, J. 83
Strein, W. 32
Swann, W. B. 231-233
正武家重治 99

T
Tajfel, H. 14
高田利武 112, 126, 215, 219
高橋あつ子 1
Tarnowski, K. G. 82
Tarrant, M. 271
Taska, L. 80, 83, 88
Taylor, J. 98
Taylor, S. E. 57
Teri, L. 95
Thomas, S. 43, 70, 74
Thornton, B. 28
Tice, D. M. 233
Tidman, M. 53
Tippett, J. S. 41
富岡比呂子 73
Ton, C. D. 97
Traub, R. 94
Tremayne, P. 27
Triandis, H. C. 217, 225, 227
塘利枝子 224
Turner, J. C. 14, 15

U
植村美民 35

V
Vaughn, S. 98
Vogel, S. 67

W
若本純子 99
Wakstein, J. 69
Walberg, H. J. 93
Walker, R. 14
Wallerstein, J. 82
Waltizer, K. S. 82
Wang, C. K. J. 62
Washington, R. E. 70
Wastlund, E. 127, 226
Waters, E. 85
Watkins, D. 55, 61, 74, 102, 118, 119, 124, 154
Weinstein, H. 222
Weiss, B. 88
Weiss, J. 94
Wells, E. L. 236
Wells, G. 239
Wentzel, K. R. 30
West, C. K. 57, 76
White, B. L. 88
Whitesell, N. R. 87
Wines, A. M. 69
Winne, P. H. 18, 19, 22, 52, 78, 97
Wippman, J. 85
Wolfe, D. A. 83
Wolin, S. 82
Wong, B. Y. 97
Wood, J. V. 233
Wood, P. K. 82
Woodlands, M. J. 97
Wylie, R. C. 57, 69, 72, 75, 80, 81, 246

Y
山田 亮 99
山口 勤 13
山谷敬三郎 99
Yeung, A. S. 65

Z
Zeller, R. A. 41
Zirkel, P. A. 69, 72

著者紹介

富岡　比呂子（とみおか　ひろこ）
創価大学創価教育研究所講師
カリフォルニア大学ロサンゼルス校（UCLA）教育学専攻博士課程（Ph. D）卒業。日本学術振興会特別研究員（PD）を経て現職。
主著に,「日米の小学生の自己概念：自己記述質問票（SDQ-Ⅰ）の心理測定的検討」(『パーソナリティ研究』第19巻, 191-205頁, 2010),『はじめて学ぶ教育心理学』(ミネルヴァ書房, 2010：分担執筆), 訳書に『大学の責務』(東信堂, 2009：共訳),『個に応じた学習集団の編成』(ナカニシヤ出版, 2006：分担翻訳) など。

児童期・青年期の自己概念

2013年2月20日　初版第1刷発行	（定価はカヴァーに表示してあります）

著　者　富岡比呂子
発行者　中西　健夫
発行所　株式会社ナカニシヤ出版
〒606-8161　京都市左京区一乗寺木ノ本町15番地
　　　　　　Telephone　075-723-0111
　　　　　　Facsimile　075-723-0095
Website　http://www.nakanishiya.co.jp/
Email　iihon-ippai@nakanishiya.co.jp
郵便振替　01030-0-13128

装幀＝白沢　正／印刷・製本＝西濃印刷㈱
Printed in Japan.
Copyright © 2013 by H. Tomioka
ISBN978-4-7795-0720-5

◎本書のコピー, スキャン, デジタル化等の無断複製は著作権法上での例外を除き禁じられています。本書を代行業者等の第三者に依頼してスキャンやデジタル化することはたとえ個人や家庭内の利用であっても著作権法上認められておりません。